总第92辑（2022.4）

中国审判指导丛书

民事审判指导与参考

最高人民法院民事审判第一庭 编

人民法院出版社

图书在版编目（CIP）数据

民事审判指导与参考. 总第92辑 / 最高人民法院民事审判第一庭编. -- 北京 : 人民法院出版社, 2023.7
（中国审判指导丛书）
ISBN 978-7-5109-3082-9

Ⅰ. ①民… Ⅱ. ①最… Ⅲ. ①民事诉讼—审判—中国—丛刊 Ⅳ. ①D925.118.2

中国国家版本馆CIP数据核字(2023)第016015号

民事审判指导与参考　2022 年第 4 辑（总第 92 辑）
最高人民法院民事审判第一庭　编

责任编辑　丁丽娜
出版发行　人民法院出版社
地　　址　北京市东城区东交民巷 27 号（100745）
电　　话　（010）67550608（责任编辑）　67550558（发行部查询）
　　　　　65223677（读者服务部）
客服 QQ　2092078039
网　　址　http://www.courtbook.com.cn
E - mail　courtpress@sohu.com
印　　刷　河北鑫兆源印刷有限公司
经　　销　新华书店

开　　本　787 毫米×1092 毫米　1/16
字　　数　253 千字
印　　张　17
版　　次　2023 年 7 月第 1 版　2023 年 7 月第 1 次印刷
书　　号　ISBN 978-7-5109-3082-9
定　　价　68.00 元

特约编委

特约通讯员

北京高院	程惠炳
天津高院	段昊博
河北高院	孙　雷
山西高院	张华峰
内蒙古高院	党宏艳
辽宁高院	郝　宁
吉林高院	岳　航
黑龙江高院	韩馨仪
上海高院	洪　波
江苏高院	秦岸东
浙江高院	陈逸群
安徽高院	王惠玲
福建高院	齐传楠
江西高院	吴玉萍
山东高院	陈东强
河南高院	朱正宏
湖北高院	王　艳
湖南高院	胡翔俊
广东高院	刘史丹
广西高院	张　芳
海南高院	麦　琳
重庆高院	明　鹭
四川高院	蔡源原
贵州高院	龙　龑
云南高院	王俊杰
西藏高院	旦增罗布
陕西高院	滕欣燕
甘肃高院	刘建军
青海高院	王　微
宁夏高院	宋成祥
新疆高院	马忠雄
兵团法院	张志伟
军事法院	田昕鑫

目　录

【理论前沿】

【审判实务热点问题研究】

【地方法院调研】

【司法政策专题】

最高人民法院发布《关于为促进消费提供司法服务和保障的意见》和《关于为稳定就业提供司法服务和保障的意见》

2022年12月27日，最高人民法院发布《关于为促进消费提供司法服务和保障的意见》和《关于为稳定就业提供司法服务和保障的意见》。

为深入学习贯彻党的二十大精神以及中央经济工作会议精神，完整、准确、全面贯彻新发展理念，加快构建新发展格局，着力推动高质量发展，助推国务院关于扎实稳住经济一揽子政策措施在司法领域落实落地，推动实现稳增长稳就业稳物价，助力恢复和扩大消费，不断满足人民群众日益增长的美好生活需要，最高人民法院结合审判实践，打好“组合拳”，制定出台《关于为促进消费提供司法服务和保障的意见》和《关于为稳定就业提供司法服务和保障的意见》。

《关于为促进消费提供司法服务和保障的意见》从四大方面提出30条具体服务保障举措：一是加强消费者权益司法保护。以最严举措保护食品、药品安全，加强预付式消费中消费者权益保护，依法整治消费领域“霸王条款”；不得以商品已拆封为由主张不适用七日无理由退货制度，不能依免责条款对暴力分拣快递等故意或者重大过失行为提出免责抗辩，不得以消费者不同意处理个人信息为由拒绝提供商品或者服务；严格保护依法成立生效的房屋买卖合同，依法治理哄抬物价、收取高额快递费用导致合同显失公平等侵害消费者权益的行为；对未成年消费者、老年消费者和农村消费者权益保护作出特别规定。二是加强生产经营者权益司法保护。全面依法平等保护各类产权，依法规范违法限制生产经营者、无理阻碍业主建设汽车充电设施的行为；依法惩治生产销售假种子、假化肥、假农药等农业生产资料、伪劣商品等违法犯罪行为；依法整治知识产权领域虚假诉讼、恶意诉讼、滥用诉权等不诚信诉讼行为；把握好平台经济发展“红绿灯”，激发投资活力；依法保护新零售业态、共享经济、新个体经济。三是维护诚信公平的市场环境。依法规制平台强制“二选一”、歧视性待遇、虚假宣传、刷单炒信、强制搭售等垄断和不正当竞争行为；积极对接消费领域失信名单制度，推动共建失信违法生产经营者信息披露平台，构建有利于增强消费信心的社会信用体系；妥善处理涉商品流通等案件，依法纠正违法设卡、阻碍物流等不当行政行为，推动跨区域物流畅通有序。四是进一步提升司法服务水平。准确适用在线诉讼规则、在线调解规则等规定，实现提升消费纠纷在线化解质效与保障人民群众合法诉讼权益相统一；完善消费民事公益诉讼与私益诉讼衔接机制，探索建立食品安全民事公益诉讼惩罚性赔偿制度和消费者集体诉讼制度，不断增加农村消费者司法服务供给。

《关于为稳定就业提供司法服务和保障的意见》从四大方面提出 14 条具体服务保障举措：一是推动落实就业优先政策。妥善审理社会保险纠纷、房屋租赁合同纠纷、金融借款合同纠纷等案件，推动落实阶段性缓缴社会保险费、阶段性减免房产租金、金融支持等就业优先政策；依法支持脱贫人口稳岗就业，推动农村劳动力转移就业；妥善审理平等就业权纠纷案件，坚决纠正用人单位性别、地域歧视行为，支持高校毕业生多渠道灵活就业。二是依法规范新就业形态用工。坚持保护新就业形态劳动者权益与支持新就业形态和平台经济发展相结合；明确据实认定新就业形态法律关系原则和根据用工事实认定劳动关系的考量因素；推动平台企业制定注重遵守交通规则等社会秩序的算法规则，引导外卖骑手等新业态劳动者养成遵守社会秩序的习惯；推动形成科学合理的劳动者受损责任分担机制。三是妥善处理劳动争议案件。贯彻落实国家保就业保生产、复工复产等政策，准确把握新阶段疫情防控各项措施，审慎处理涉疫情劳动争议纠纷，依法保障用人单位和劳动者权益；依法对劳动者居家办公或灵活办公工资支付问题作出规范；积极引导和支持用人单位与劳动者依法协商，采取有关措施稳定工作岗位，推动构建和谐劳动关系。四是依法保障诉讼权利。根据疫情形势变化以及证据情况综合考虑是否准许当事人顺延期限，符合条件的依法在线开展诉讼活动；依法高效妥善处理涉企业复工复产纠纷案件，及时作出免、减、缓交诉讼费决定，审慎采取财产保全措施，灵活采取保全措施或担保方式，助力复工复产。

最高人民法院民事审判第一庭负责人就《关于为促进消费提供司法服务和保障的意见》和《关于为稳定就业提供司法服务和保障的意见》答记者问

2022年12月27日，最高人民法院发布《关于为促进消费提供司法服务和保障的意见》（以下简称《促进消费意见》）和《关于为稳定就业提供司法服务和保障的意见》（以下简称《稳定就业意见》），最高人民法院民事审判第一庭负责人就《促进消费意见》和《稳定就业意见》回答了记者提问。

问：中央经济工作会议指出，要把恢复和扩大消费摆在优先位置。请问《促进消费意见》在增强居民消费信心和消费意愿方面有什么有力举措？

答：消费对经济发展具有基础性作用，《促进消费意见》从三方面入手，增强消费信心，提升消费意愿。

一是在消费端，加强消费者权益保护，让消费者放心消费。首先，贯彻落实“四个最严”要求，斩断“黑作坊”食品、药品生产经营链条，保护人民群众“舌尖上的安全”和“针尖上的安全”。其次，严厉整治“霸王条款”、消费欺诈、预付式消费“套路”消费者等消费领域顽疾。《促进消费意见》规定，对格式条款发生争议的，应当依法作出有利于消费者的解释；夸大或虚构治疗、保健、养生等功能，向老年消费者销售质次价高的商品或者服务构成欺诈的，应当依法承担惩罚性赔偿责任；消费者预存费用后，经营者卷款“跑路”构成欺诈的，应当依法承担惩罚性赔偿责任。最后，加强在线消费中消费者权益保护。未成年人网络游戏充值或者网络直播打赏数额过大的，消费者有权依法请求返还；经营者不得以消费者不同意处理个人信息为由拒绝提供商品或者服务；经营者盲发快递，消费者有权请求无条件退货。

二是在生产经营端，保护企业产权、经营自主权和知识产权，鼓励公平竞争、科技创新，发挥供给侧对消费的支撑引领作用。《促进消费意见》规定，依法规范违法限制生产经营者建设汽车充电设施、无理阻碍业主建设汽车充电设施的行为，助力化解电动汽车消费中的堵点；依法整治知识产权领域虚假诉讼等不诚信诉讼行为，为科技创新营造良好法治环境；把握好平台经济发展中的“红绿灯”，稳定发展预期，激发投资活力；依法支持线上线下商品消费融合发展，助力培育新型消费；妥善处理共享经济领域产生的纠纷，支持和引导新的生活和消费方式健康发展；依法保护新个体经济，支持社交电商、网络直播等多样化经营模式；妥善处理小微企业、个体工商户租房纠纷，确保生产经营有序、消费供给稳定。

三是在市场秩序方面，维护诚信公平高效的市场秩序，促进经营者诚实守信经营，保障消费者明明白白消费。《促进消费意见》要求，严厉打击电信网络诈骗等犯罪活动，遏制欺诈消费者的不诚信行为；依法规制电子商务平台等市场主体实施收取垄断高价、强制“二选一”、歧视性待遇、刷单炒信、强制搭售等垄断和不正当竞争行为，营造公平竞争的市场环境；积极对接市场监管部门消费领域失信名单制度，完善守信激励和失信惩戒机制，助力加强消费信用体系建设，推动构建有利于增强消费信心的社会信用体系；妥善处理涉商品流通等案件，保障商品正常流通，落实“统筹疫情防控和经济社会发展”要求，促进全国统一大市场建设。

问：中共中央、国务院印发了《扩大内需战略规划纲要（2022—2035年）》，请问《促进消费意见》对于人民法院如何贯彻实施纲要提出了哪些重要举措？

答：《扩大内需战略规划纲要（2022—2035年）》对“全面促进消费，加快消费提质升级”提出明确要求。《促进消费意见》对标对表纲要规定，提出了以下四方面重要举措。

一是助力提升传统消费。首先，以最严的举措保护食品、药品安全，引导生产经营者通过提高商品和服务质量获得竞争优势，助力提高吃穿等基本消费品质。其次，妥善处理消费者出行纠纷，助力释放出行消费潜力。最后，妥善处理房屋买卖合同纠纷。依法认定房屋买卖合同效力，严格保护依法成立生效的房屋买卖合同，维护市场秩序，促进居住消费健康发展，助力实现稳地价、稳房价、稳预期的目标。

二是保障发展服务消费。首先，加强文化创意作品著作权保护，助推优质文化资源开发和中华优秀传统文化创造性转化、创新性发展，助力增加优质文化产品和服务供给。其次，保护老年消费者合法权益，服务养老事业和养老产业协同发展，助力发展银发经济，妥善处理生育、托育、教育等服务合同纠纷，促进养老育幼服务消费发展。最后，妥善处理医疗健康服务和体育消费纠纷，依法严惩“医闹”，构建和谐医患关系，引导医疗机构等主体增加高质量的医疗、养生保健、康复、健康旅游等服务。妥善处理体育消费中产生的各类纠纷，促进群众体育消费。

三是服务培育新型消费。首先，助推传统线下业态数字化改造和转型升级，助力智慧超市、智慧商店、智慧餐厅等新零售业态发展。其次，妥善处理“互联网+社会服务”“互联网+医疗健康”服务等新服务类型引发的纠纷，依法支持无接触交易服务等新类型消费模式发展。再次，妥善处理共享出行、共享住宿、共享旅游等共享经济领域产生的纠纷，合理认定相关民事主体的注意义务和法律责任，支持和引导新的生活和消费方式健康发展。最后，依法保护新个体经济，支持和保护社交电商、网络直播等多样化经营模式。

四是完善促进消费工作机制。首先，准确适用在线诉讼规则、在线调解规则等规定，不断提升消费纠纷在线化解质效。其次，完善消费民事公益诉讼与私益诉讼衔接机制，探索建立食品安全民事公益诉讼惩罚性赔偿制度和消费者集体诉讼制度，充分利用小额诉讼制度，及时、高效保护消费者合法权益。再次，积极构建司法机关、行政机关、消费者组织、行业协会等多方参与的多元治理体系，完善多元化消费维权机制和纠纷解决机制。最后，充分发挥司法裁判示范引领作用，引导生产经营者诚实守信经营，倡导节约集约的绿色生活方式，营造安全诚信放心的消费环境。

问：中央经济工作会议指出，要落实落细就业优先政策，把促进青年特别是高校毕业生就业工作摆在更加突出位置。《稳定就业意见》为高校毕业生就业提供了哪些司法服务和保障举措？

答：高校毕业生就业关系民生福祉、经济发展和国家未来。据统计，2022年我国高校毕业生突破1000万大关，创历史新高。中央高度重视高校毕业生就业，采取一系列政策措施，国务院办公厅专门印发《关于进一步做好高校毕业生等青年就业创业工作的通知》，为做好当前和今后一个时期高校毕业生等青年创业就业工作作出安排部署。《稳定就业意见》立足人民法院职能作用，为高校毕业生就业提供有力司法服务保障举措。

一是坚决反对就业歧视。妥善审理平等就业权纠纷案件，坚决纠正用人单位因性别歧视、地域歧视等不予招录、拒绝签订劳动合同的行为，破除各种不合理限制，推动高校毕业生平等就业。

二是维护合法就业权益。依法打击“黑职介”、虚假招聘、售卖简历等违法犯罪活动，依法审理涉就业见习纠纷案件，妥善认定涉就业见习用工法律关系。对于因受疫情影响不能按时离校的应届毕业生，在处理相关案件时要引导用人单位推迟签约时间，相应延长报到接收、档案转递、落户办理时限。

三是妥善处理涉试用期纠纷案件。高校毕业生在试用期内因受疫情影响不能返岗的，可以引导用人单位采取灵活的试用考察方式考核其是否符合录用条件；无法采取灵活考察方式实现试用期考核目的的，无法实施考察实现试用期考核目的期间可以协商不计算在原约定试用期内，用人单位通过顺延试用期变相突破法定试用期上限的，人民法院不予支持。

四是完善政法专业毕业生便捷招录机制。人民法院科学设置司法辅助岗位，深化落实基层法官助理规范便捷招录机制，畅通政法专业高校毕业生进入基层人民法院就业渠道，扩大就业岗位。

问：党的二十大报告指出，要加强灵活就业和新就业形态劳动者权益保障，支持和规范发展新就业形态。近年来，平台经济、新就业形态不断发展，保护劳动者合法权益、推动平台经济有序健康发展已成为基本共识，《稳定就业意见》对新就业形态劳动关系认定作了哪些规定？

答：近年来，平台经济和新就业形态蓬勃发展，各种灵活就业模式吸纳了许多劳动力就业。国家统计局数据显示，2021年我国灵活就业人员已经达2亿人左右；一些平台外卖骑手数量达到400多万。《稳定就业意见》推进落实2021年人力资源和社会保障部、最高人民法院等八部门印发的《关于维护新就业形态劳动者劳动保障权益的指导意见》，坚持保护新就业形态劳动者合法权益与促进平台经济有序健康发展相结合，就如何认定新就业形态劳动关系作了以下规定。

一是明确根据用工事实认定劳动关系的考量因素。平台企业及其用工合作单位与劳动者建立劳动关系，应当订立书面劳动合同。未订立书面劳动合同，劳动者主张与平台企业或者用工合作单位存在劳动关系的，人民法院应当根据用工事实和劳动管理程度，综合考虑劳动者对工作时间及工作量的自主决定程度、劳动过程受管理控制程度、劳动者是否需要遵守有关工作规则、劳动纪律和奖惩办法、劳动者工作的持续性、劳动者能否决定或者改变交易价格等因素，依法审慎予以认定。

二是明确据实认定用工法律关系原则。平台企业或者用工合作单位要求劳动者登记为个体工商户后再签订承揽、合作等合同，或者以其他方式规避与劳动者建立劳动关系，劳动者请求根据实际履行情况认定劳动关系的，人民法院应当在查明事实的基础上依法作出相应认定。

三是不完全符合确立劳动关系情形的参照保障。不完全符合确立劳动关系情形但企业对劳动者进行劳动管理的，可以结合《关于维护新就业形态劳动者劳动保障权益的指导意见》有关规定，依法保护劳动者获得劳动报酬、休息保障、安全卫生保障、相应社会保障等权益。劳动者因不可抗力、见义勇为、紧急救助以及工作量或者劳动强度明显不合理等非主观因素，超时完成工作任务或者受到消费者差评，主张不能因此扣减应得报酬的，人民法院应当依法支持。

四是对用工管理算法作出规范。就用工管理算法规则效力、算法不合理致劳动者损害时的责任承担等作出指引规定，要求妥善审理机动车交通事故责任纠纷、非机动车交通事故责任纠纷等案件，推动平台企业制定注重遵守交通规则等社会秩序的算法规则和规章制度，强化外卖快递从业人员遵守社会秩序意识。

最高人民法院

关于为促进消费提供司法服务和保障的意见

2022年12月26日　　法发〔2022〕35号

消费对经济发展具有基础性作用，最终消费是经济增长的持久动力。促进消费对释放内需潜力、推动经济转型升级、保障和改善民生具有重要意义。为完整、准确、全面贯彻新发展理念、加快构建新发展格局、着力推动高质量发展，进一步发挥人民法院职能作用，服务保障全面促进消费、加快消费提质升级，助力实施扩大内需战略，提出如下意见。

一、加强消费者权益司法保护

1. 以最严的举措保护食品、药品安全。严格贯彻落实“四个最严”要求，充分发挥审判职能，对食品和药品生产、运输、仓储、销售全链条所涉制假售假行为进行严厉打击，确保人民群众“舌尖上的安全”和“针尖上的安全”。严格依法适用首负责任制，避免生产者和经营者相互推诿，及时保护消费者合法权益。依法支持和监督行政机关管理生产经营不符合食品安全标准食品的食品生产经营者、违法生产经营行为造成严重后果的食品生产经营者，以及生产、销售、使用假药、劣药的生产经营者，维护市场秩序。依法严厉惩治生产、销售不符合安全标准的食品罪和生产、销售有毒、有害食品罪，以及生产、销售假药罪和生产、销售劣药罪，充分发挥刑罚对涉食品、药品安全犯罪行为的震慑作用。

2. 以最严的手段斩断“黑作坊”生产经营链条。生产经营未依法标明生产者名称、地址、生产日期、保质期的预包装食品，消费者主张生产经营者承担惩罚性赔偿责任的，人民法院应当依法支持，但法律、行政法规、食品安全国家标准对标签标注事项另有规定的除外。未取得药品相关批准证明文件而生产药品或者明知是该类药品而销售，药品的适应症、功能主治或者成分不明的，按妨害药品管理罪惩处；药品被依法认定为假劣药，生产经营者同时构成生产、销售假药罪或者生产、销售劣药罪的，依照处罚较重的规定定罪处罚。既要依法追究生产者责任，也要依法追究经营者责任，坚决斩断“黑作坊”食品、药品的生产经营链条。

3. 以最严的赔偿责任遏制食品、药品制假售假行为。充分发挥惩罚性赔偿责任对制假售假行为的遏制作用。生产不符合食品安全标准的食品或者经营明知是不符合食品安全标准的食品，生产假药、劣药或者明知是假药、劣药仍然销售、使用，消费者、受害人或者其近亲属请求生产经营者承担惩罚性赔偿责任的，人民法院应当依法支持。

4. 加强预付式消费中消费者权益保护。经营者以打折、低价吸引消费者预存费用、办卡消费后，不兑现承诺，随意扣费、任意加价、降低商品或者服务质量，消费者请求经营者承担违约责任的，人民法院应当依法支持。经营者收取消费者预付款后未与消费者签订书面合同，导致双方对合同内容产生争议的，可依据交易习惯和民法典第五百一十一条规定认定合同内容。经营者收取预付款后，终止营业却不通知消费者退款，导致消费者既无法继续获得商品或者服务也无法申请退款，构成欺诈的，对消费者请求经营者承担惩罚性赔偿责任的诉讼请求，人民法院应当依法支持。经营者的行为构成犯罪的，依法追究刑事责任。

5. 依法整治消费领域“霸王条款”。提供格式条款的经营者未依法履行提示或者说明义务，致使消费者没有注意或者理解与其有重大利害关系的条款的，消费者有权主张该条款不成为合同的内容。消费者主张经营者提供的排除或者不合理地限制消费者主要权利的格式条款，以及不合理地免除或者减轻经营者责任的格式条款无效的，人民法院应当依法支持。对格式条款的理解发生争议，消费者主张依照民法典第四百九十八条规定进行解释，经营者以其享有最终解释权为由进行抗辩的，人民法院对其抗辩不予支持。

6. 妥善审理直播电商、平台纠纷案件。结合直播间运营者是否尽到标明义务以及交易外观、直播间运营者与经营者的约定、与经营者的合作模式、交易过程以及消费者认知等因素认定直播间运营者责任。网络餐饮服务平台经营者未尽实名登记、审查许可证等法定义务，消费者主张网络餐饮服务平台经营者与入网餐饮服务提供者承担连带责任的，人民法院应当依法支持。综合销售者出售商品的性质、来源、数量、价格、频率、是否有其他销售渠道、收入等因素，能够认定销售者系从事商业经营活动，在二手商品网络交易平台购买商品受到损害的消费者主张销售者依据消费者权益保护法承担经营者责任的，人民法院应当依法支持。

7. 加强新业态下消费者权益保护。消费者通过网络购买商品，有权依法自收到商品之日起七日内退货，无需说明理由，但是法律另有规定的除外。消费者因检查商品的必要对商品进行拆封查验且不影响商品完好，电子商务经营者不得以商品已拆封为由主张不适用七日无理由退货制度。电子商务经营者作出更优承诺的，应当遵守。收到商品七日后符合法定或者约定的合同解除条件，消费者主张及时退货的，人民法院应当依法支持。

8. 加强快递服务消费者权益保护。因快递人员擅自使用快递商品、违规打开快递包装、暴力分拣快递等故意或者重大过失行为导致快递商品丢失、毁损，消费者请求赔偿损失，快递服务提供者依据免责条款提出免责抗辩的，人民法院对其抗辩不予支持。经营者向消费者盲发快递，消费者请求无条件退货的，人民法院应当依法支持。

9. 加强消费者个人信息保护。经营者处理敏感个人信息、跨境转移个人信息等行为应当取得消费者单独同意，经营者以其获得消费者概括同意为由进行免责抗辩的，人民法院对其抗辩不予支持。经营者过度收集消费者个人信息、在消费者撤回同意后未停止处理或者未及时删除消费者个人信息、未取得未成年消费者父母或者其他监护人的同意处理不满十四周岁未成年消费者个人信息，消费者请求经营者承担停止侵害等民事责任的，人民法院应当依法支持。经营者以消费者不同意处理个人信息为由拒绝提供商品或者服务，致使消费者被迫同意经营者处理个人信息，消费者请求经营者承担停止侵害等民事责任的，人民法院应当依法支持。经营者处理个人信息侵害个人信息权益造成损害，不能证明自己没有过错的，应当承担损害赔偿等侵权责任。

10. 加强住房消费者权益保护。严格保护依法成立生效的房屋买卖合同，维护市场秩序，助力实施房地产市场平稳健康发展长效机制，积极保护居民合理自住需求，遏制投资投机性需求，促进居住消费健康发展，推动实现稳地价、稳房价、稳预期。对当事人逾期付款、逾期交房、逾期办证等违约行为引起的商品房买卖合同纠纷，人民法院要加强调解，引导当事人协商解决纠纷；当事人请求违约方承担逾期付款、逾期交房、逾期办证的违约责任的，人民法院应当依照合同约定或者商品房买卖合同司法解释第十三条和第十四条规定处理。出卖人出售房屋后又与第三人恶意串通，另行订立商品房买卖合同并将已出售房屋交付第三人使用，导致原来的买受人无法取得房屋的，人民法院应当依法认定出卖人与第三人订立的商品房买卖合同无效。

11. 妥善处理消费者出行纠纷。疫情或者疫情防控措施导致消费者不能履行旅游、客运、住宿等合同，消费者请求解除合同、退还定金和价款等费用的，人民法院应当依法支持。消费者请求变更经营者提供服务的时间等合同内容的，人民法院应当加强调解；调解不成的，人民法院可综合考虑交易习惯、合同目的、案件具体情况等因素作出裁判。经营者仅以消费者超出其公布的退款时间为由，主张拒退、少退定金和价款等费用的，人民法院不予支持。充分发挥旅游巡回法庭作用，就地、快速解决旅游纠纷，方便消费者景区维权。

12. 妥善处理涉疫情消费购物纠纷。经营者明知口罩、护目镜、防护服、消毒液等防疫物品属于假冒伪劣商品仍然经营，构成欺诈，消费者请求经营者承担惩罚性赔偿责任的，人民法院应当依法支持。经营者的行为构成犯罪的，依法追究刑事责任。疫情期间，经营者利用消费者处于危困状态、缺乏判断能力等情形，哄抬物价、收取高额快递费等费用，致使所订立合同显失公平，消费者请求撤销合同的，人民法院应当依法支持。合同被撤销后，消费者不能返还或者没有必要返还合同标的物的，人民法院可根据相关法律规定、交易习惯和公平原则认定消费者应折价补偿的价款。

13. 妥善处理医疗健康服务和体育消费纠纷。依法审理医疗损害责任纠纷案件，积极保护患者等各方当事人的合法权益。依法惩处涉医违法犯罪，严惩“医闹”，维护正常医疗秩序，构建和谐医患关系。积极引导医疗机构等主体增加高质量的医疗、养生保健、康复、健康旅游等服务，助力推进健康中国建设。准确适用自甘风险等民事法律制度，妥善处理体育消费中产生的各类纠纷，促进群众体育消费，助力实施全民健身战略。

14. 加强未成年消费者权益保护。妥善处理生育、托育、教育等服务合同纠纷，促进育幼服务消费发展，助力提升教育服务质量。学校、托幼机构等单位的食堂未严格遵守法律、行政法规和食品安全标准，未从取得食品生产经营许可的企业订餐，或者未按照要求对订购的食品进行查验，导致提供的食品不符合食品安全标准，消费者请求其承担赔偿责任的，人民法院应当依法支持。依法办理危害食品安全刑事案件，将“危害专供婴幼儿的主辅食品安全”作为加重处罚情节，加强对未成年人食品安全的特殊保护。网络游戏、网络直播服务提供者违反法律规定向未成年人提供网络游戏、网络直播服务，收取充值费用、接受直播打赏，消费者请求返还游戏充值费、打赏费的，人民法院应当依法支持。限制民事行为能力人未经其监护人同意，通过参与网络付费游戏或者网络直播平台打赏等方式支出与其年龄、智力不相适应的款项，消费者请求返还该款项的，人民法院应当依法支持。加大对网络违法行为整治力度，积极营造健康、清朗、有利于未成年人成长的网络环境。

15. 加强老年消费者权益保护。通过夸大宣传、虚构商品或者服务的治疗、保健、养生等功能，向老年消费者销售质次价高的商品或者服务，构成欺诈，消费者请求生产经营者承担惩罚性赔偿责任的，人民法院应当依法支持。经营者诱导老年消费者购买不符合其需求或者明显超出其需求范围的保健食品等商品或者服务，致使合同显失公平，消费者请求撤销合同的，人民法院应当依法支持。经营者的行为构成诈骗罪的，依法追究刑事责任；同时构成生产、销售伪劣产品罪等其他犯罪的，依照处罚较重的规定定罪处罚。通过营造良好法治环境，服务养老事业和养老产业协同发展，助力发展银发经济。

16. 加强农村消费者权益保护。依法严厉打击农村食品市场存在的假冒知名品牌、滥用食品添加剂、销售过期食品以及制售无生产厂家、无生产日期、无保质期、无食品生产许可的食品等违法行为。助推“快递进村”，为大型商贸流通企业、电子商务平台和现代服务企业向农村延伸、开拓农村消费市场提供优质司法服务，让农村消费者充分享受好商品、好服务、好价格。

二、加强生产经营者权益司法保护

17. 依法保护生产经营者的产权和经营自主权。加强产权司法保护，全面依法平等保护各类产权，完善以公平为原则的产权保护制度，充分发挥产权保护对激励商品和服务产出的作用，助力扩大消费供给。依法审理涉市场准入和经营自主权等行政案件，充分保障生产经营者依法自行组织生产经营的权利。对于行政机关违法限制生产经营者建设汽车充电设施、物业管理公司无理阻碍业主建设汽车充电设施的行为，应依法予以规范，助力解决电动汽车消费中的痛点、堵点问题。

18. 依法保护农村各类市场主体权益。依法惩治生产销售假种子、假化肥、假农药等不符合国家强制性技术标准或者安全标准的农业生产资料、伪劣商品等违法犯罪行为，依法保护农村市场主体合法权益。严厉打击种子套牌侵权行为，切实维护种业创新主体合法权益，净化种业市场，维护粮食安全。助推实施“数商兴农”和“互联网+”农产品出村进城等工程，助力实现质量兴农、科技兴农和绿色发展目标，为实施乡村振兴战略提供有力司法服务和保障。

19. 加强知识产权保护。严格实施知识产权侵权惩罚性赔偿制度，有效遏制知识产权侵权行为，通过加强司法保护促进科技创新成果的产出和运用，助力科技强国建设。依法整治知识产权领域虚假诉讼、恶意诉讼、滥用诉权等不诚信诉讼行为，积极为广大市场主体技术研发和科技创新创造良好法治环境。加大对“专精特新”中小企业关键核心技术和原始创新成果的司法保护力度，支持和引导市场主体通过技术进步和科技创新提升核心竞争力，积极发挥供给侧对消费升级的支撑引领作用。加强文化创意产品著作权保护，鼓励文化创意产品创作，助推优质文化资源开发和中华优秀传统文化创造性转化、创新性发展，助力增加优质文化产品和服务供给。

20. 保障平台经济健康有序发展。准确认定电子商务平台经营者、平台内经营者以及货运物流服务提供者等主体的法律责任。依法保护、引导电子商务平台经营者、快递物流经营者等市场主体在疫情防控中做好防疫物资和重要民生商品保供“最后一公里”的线上线下联动。引导电子商务平台经营者等市场主体加快人工智能、云计算、区块链、操作系统、处理器等领域技术研发突破和商业模式创新，不断开拓新的消费市场。把握好平台经济发展中的“红绿灯”，稳定发展预期，激发投资活力，助力构建电子商务平台经营者、平台内经营者、消费者等各方权益均得到有效保护、各方积极性均得到充分激发的平台发展环境，让资本在促消费、稳增长、惠民生方面发挥更大更好的作用。

21. 助力培育新型消费。依法支持线上线下商品消费融合发展。助推传统线下业态数字化改造和转型升级，助力智慧超市、智慧商店、智慧餐厅等新零售业态发展。依法保护5G网络和千兆光网应用，依法支持自动驾驶、无人配送等技术应用。妥善处理“互联网+社会服务”、“互联网+医疗健康”服务等新服务类型引发的纠纷，既要依法保护消费者合法权益，又要依法支持无接触交易服务等新类型消费模式发展。妥善处理共享出行、共享住宿、共享旅游等共享经济领域产生的纠纷，合理认定相关民事主体的注意义务和法律责任，支持和引导新的生活和消费方式健康发展。依法保护新个体经济，支持社交电商、网络直播等多样化经营模式。

22. 妥善处理房屋租赁合同纠纷。疫情或者疫情防控措施导致小微企业、个体工商户等承租人没有收入或者收入明显减少，造成支付租金困难，出租人请求解除房屋租赁合同、由承租人承担违约责任的，人民法院应当加强调解，引导出租人和承租人合理分担损失，共克时艰。对国有房屋租金数额发生争议，承租人请求按照有关政府机关的规定减免租金的，人民法院应当依法支持。出租人减免租金后主张税务机关按照相关规定减免当年房产税、城镇土地使用税，符合法律规定或者国家税收政策的，人民法院应当依法支持。

三、维护诚信公平高效的市场秩序

23. 营造诚实守信的市场环境。生产经营者虚构、夸大商品和服务的功效，构成欺诈，消费者请求生产经营者承担惩罚性赔偿责任的，人民法院应当依法支持。生产经营者的行为构成犯罪的，依法追究刑事责任。坚决打击电信网络诈骗等犯罪活动，遏制欺诈消费者的不诚信行为，引导生产经营者通过提高商品和服务质量获得竞争优势。促进经营者诚实守信经营，保障消费者明明白白消费。

24. 维护有利于促进消费的公平竞争市场秩序。依法规制具有市场支配地位的电子商务平台经营者等市场主体实施收取垄断高价、强制“二选一”等滥用市场支配地位行为。积极营造有利于小微企业、个体工商户发展的营商环境，遏制因垄断、不正当竞争导致市场竞争环境恶化而损害消费者权益的行为，充分发挥小微企业、个体工商户在丰富商品和服务供给、增加群众收入、促进消费发展中的作用。依法规范歧视性待遇、虚假宣传、刷单炒信、强制搭售等直接损害消费者权益的垄断和不正当竞争行为，积极营造公平竞争的市场环境。

25. 推动构建有利于增强消费信心的社会信用体系。加强与行政机关等单位的信息沟通，积极对接市场监管部门消费领域失信名单制度，推动共建失信违法生产经营者信息披露平台。完善守信激励和失信惩戒机制，增加违法经营成本，营造不敢、不能、不愿违法经营的市场环境。依法支持、引导行业协会、电子商务平台经营者等主体构建协会内和平台内信用惩戒机制，通过行业自治、平台规制防范和减少欺诈等违法生产经营行为，助力加强消费信用体系建设。积极推动建设多力量参与、多渠道共建、多平台共促，有利于遏制欺诈、增强消费信心的社会信用体系。

26. 依法保障安全高效的物流体系。进一步加强行政审判，妥善处理涉商品流通等行政案件，既要依法支持行政机关采取的必要防疫举措，又要依法纠正违法设卡、阻碍物流等不当干预微观经济活动的行政行为，保障商品正常流通，推动跨区域物资运输畅通有序，助力生活必需品“保供稳价”。按照“统筹疫情防控和经济社会发展”的要求，助力防疫、生产、消费统筹兼顾、有序开展，促进全国统一大市场建设。

四、进一步提升司法服务水平

27. 提升消费纠纷在线化解质效。当事人及其诉讼代理人等因受疫情影响不能正常出庭参加诉讼，符合条件的，依法在线开展诉讼活动。推动完善电子认证等数字应用基础设施，主动适应互联网时代消费发展要求，回应人民群众公正、高效、便捷解纷的司法需求。准确适用在线诉讼规则等规定，充分发挥在线诉讼灵活、简便、全天候、易操作等优势。准确适用在线调解规则等规定，充分发挥在线调解多元化参与、全流程在线、开放式融合、一体化解纷等优势，实现提升消费纠纷在线化解质效与保障人民群众合法诉讼权益相统一。

28. 完善消费者权益司法救济制度。进一步完善消费民事公益诉讼与私益诉讼衔接机制，探索建立食品安全民事公益诉讼惩罚性赔偿制度。依法办理消费公益诉讼案件，充分发挥公益诉讼保护消费者合法权益、遏制违法生产经营行为、维护诚信高效市场秩序的作用。探索建立消费者集体诉讼制度，充分利用小额诉讼制度，降低消费者维权成本，及时、高效保护消费者合法权益。不断增加对农村消费者的司法服务供给，积极引导和协调消费者组织、公益诉讼主体、司法救助力量向农村地区倾斜。充分发挥人民法庭立足基层、面向群众、服务农村的优势，妥善处理涉休闲农业、乡村旅游、民宿经济等纠纷。

29. 推动构建有利于促进消费的综合治理体系。坚持系统思维，综合治理。充分发挥一站式多元纠纷解决和诉讼服务体系作用，广泛邀请人民调解、行业专业调解、行政调解的调解员，以及人大代表、政协委员、行业专家、退休法律工作者等参与消费纠纷调解，多元化解纠纷。通过发出司法建议、交换信息、联合信用惩戒等方式，对制售假冒伪劣商品、侵害个人信息权益、虚假宣传等违法生产经营行为形成规制合力。积极构建司法机关、行政机关、消费者组织、行业协会等多方参与的多元治理体系，完善多元化消费维权机制和纠纷解决机制，为保护消费者权益、促进消费营造良好法治环境。

30. 加强消费者权益司法保护宣传工作。充分发挥司法裁判的示范引领作用，通过以案说法、发布典型案例、开展巡回审判、送法进村进企进校等方式加强消费者权益司法保护宣传工作，普及消费者权益保护法律知识；依法保护新闻媒体对制售假冒伪劣商品等违法生产经营行为的舆论监督；引导生产经营者诚实守信经营，倡导节约集约的绿色生活方式，营造安全诚信放心的消费环境。

最高人民法院

关于为稳定就业提供司法服务和保障的意见

2022年12月26日　　法发〔2022〕36号

就业是最基本的民生。坚持突出做好稳就业工作，落实落细就业优先政策，是实施就业优先战略的内在要求和重要基础。为完整、准确、全面贯彻新发展理念，加快构建新发展格局，着力推动高质量发展，更好统筹疫情防控和经济社会发展，现就进一步发挥人民法院职能作用，服务保障稳就业大局，提出如下意见。

一、推动落实就业优先政策，支持稳市场主体保就业

1. 推动落实阶段性缓缴社会保险费政策，减轻用人单位用工负担。依法受理因就业优惠政策实施引发的行政案件，坚决依法支持符合条件的用人单位享受阶段性降低社会保险费率、缓缴社会保险费、失业保险费稳岗返还等优惠政策，切实减轻用人单位在用工、社保等方面的经营压力和负担，帮助受疫情严重冲击的行业、中小微企业和个体工商户复工复产。妥善审理用人单位因拖欠社会保险费等被责令补缴的行政案件，依法依规考虑企业复工复产实际情况，可以通过延展补缴期限等方式协调解决，平衡好为用人单位减负与维护劳动者合法权益的关系，促进行政争议实质性化解。依法妥善审理社会保险纠纷案件，参保单位享受阶段性缓缴社会保险费政策，劳动者主张缓缴期间用人单位未依法缴纳社

会保险费，依据劳动合同法第三十八条第一款第三项的规定解除劳动合同的，人民法院应当依法审慎处理。

2. 推动落实阶段性减免房产租金等助企纾困政策，支持中小微企业稳就业规模。依法妥善审理房屋租赁合同纠纷等案件，推动落实阶段性减免国有房产租金等政策，引导出租人减免或者缓收租金，依法减轻中小微企业、个体工商户等负担，稳住中小微企业就业规模。承租国有企业房屋或者行政事业单位房屋用于经营，符合政策条件的服务业中小微企业、个体工商户等请求按照国家有关政策减免一定期限内租金的，人民法院应当依法支持。承租非国有房屋的承租人请求减免或者延期支付租金的，可以引导当事人参照有关租金减免政策、条件进行和解；和解不成的，结合案件实际情况，依照民法典有关规定处理。

3. 推动落实金融支持政策，增强服务行业就业吸纳能力。依法审理金融借款合同纠纷案件，充分考虑延期还本付息、加大普惠小微贷款支持等金融支持政策，对金融机构违反金融支持政策提出的借款提前到期、解除合同等诉讼请求，人民法院不予支持。批发零售、住宿餐饮、物流运输、文化旅游等服务行业企业、个体工商户等，因受疫情影响生产经营、复工复产暂时困难、无力还款，主张延期还款、分期还款、减免逾期利息、降低利率的，应当积极引导当事人双方协商解决纠纷；协商解决不成，借款人的主张依据充分或者符合政策条件的，人民法院应当依法支持。

4. 依法支持脱贫人口稳岗就业，推动农村劳动力转移就业。为巩固拓展脱贫攻坚成果、全面推进乡村振兴、实施乡村建设行动提供有效司法服务，妥善处理涉“三农”领域传统纠纷以及休闲农业、乡村旅游、民宿经济、健康养老等农村新业态纠纷，妥善处理涉农担保融资纠纷案件，促进农村产业融合发展，推动提升富农产业、本地特色产业就业吸纳能力。深入推进新型城镇化和乡村振兴战略有效衔接，为农村劳动力转移就业提供有效司法服务，依法保障进城落户农民农村土地承包权、宅基地使用权、集体收益分配权，依法平等保护其就业、教育、住房、医疗等民生权益，推动在城镇稳定就业生活、具有落户意愿的农业转移人口便捷落户。推动形成平等竞争、规范有序、城乡统一的劳动力市场，落实城乡劳动者平等就业、同工同酬，完善办理拖欠农民工工资案件的快立快审快执通道，依法适用先予执行，推动完善欠薪治理长效机制，依法推动农业转移人口全面融入城市。

5. 依法支持高校毕业生就业，促进多渠道灵活就业。妥善审理平等就业权纠纷案件，依法纠正用人单位因性别歧视、地域歧视等不予招录、拒绝签订劳动合同的行为，破除各种不合理限制，推动高校毕业生平等就业、多渠道灵活就业创业。依法打击“黑职介”、虚假招聘、售卖简历等违法犯罪活动，依法审理涉就业见习纠纷案件，妥善认定涉就业见习用工法律关系，维护高校毕业生合法就业权益。对因受疫情影响不能按时离校的应届毕业生，在处理相关案件时要引导用人单位推迟签约时间，相应延长报到接收、档案转递、落户办理时限。高校毕业生在试用期内因受疫情影响不能返岗的，可以引导用人单位采取灵活的试用考察方式考核其是否符合录用条件；无法采取灵活考察方式实现试用期考核目的的，无法实施考察实现试用期考核目的期间可以协商不计算在原约定试用期内，用人单位通过顺延试用期变相突破法定试用期上限的，人民法院不予支持。科学设置司法辅助岗位，深化落实基层法官助理规范便捷招录机制，畅通政法专业高校毕业生进入基层人民法院就业渠道。

二、依法规范新就业形态用工，推动平台经济可持续发展

6. 准确把握新就业形态民事纠纷案件审判工作要求。推进落实《人力资源社会保障部、国家发展改革委、交通运输部、应急部、市场监管总局、国家医保局、最高人民法院、全国总工会关于维护新就业形态劳动者劳动保障权益的指导意见》（以下简称新业态劳动者权益保障指导意见）有关制度和要求，加强灵活就业和新就业形态劳动者权益保障，支

持和规范发展新就业形态，合理认定平台企业责任，支持网约配送、移动出行、网络直播等平台企业在引领发展、创造就业、国际竞争中大显身手。依法支持劳动者依托互联网平台就业，支持用人单位依法依规灵活用工，引导平台企业与劳动者就劳动报酬、工作时间、劳动保护等建立制度化、常态化沟通协调机制，保障新就业形态劳动者合法劳动权益。适时制定司法政策，发布典型案例，统一裁判标准，发挥个案裁判和司法政策引领作用，推动形成新就业形态用工综合治理机制。

7. 依法合理认定新就业形态劳动关系。平台企业及其用工合作单位与劳动者建立劳动关系的，应当订立书面劳动合同。未订立书面劳动合同，劳动者主张与平台企业或者用工合作单位存在劳动关系的，人民法院应当根据用工事实和劳动管理程度，综合考虑劳动者对工作时间及工作量的自主决定程度、劳动过程受管理控制程度、劳动者是否需要遵守有关工作规则、劳动纪律和奖惩办法、劳动者工作的持续性、劳动者能否决定或者改变交易价格等因素，依法审慎予以认定。平台企业或者用工合作单位要求劳动者登记为个体工商户后再签订承揽、合作等合同，或者以其他方式规避与劳动者建立劳动关系，劳动者请求根据实际履行情况认定劳动关系的，人民法院应当在查明事实的基础上依法作出相应认定。

8. 加强新就业形态劳动者合法权益保障。不完全符合确立劳动关系情形但企业对劳动者进行劳动管理的，可以结合新业态劳动者权益保障指导意见有关规定，依法保障劳动者权益。依法保护劳动者按照约定或者法律规定获得劳动报酬的权利；劳动者因不可抗力、见义勇为、紧急救助以及工作量或者劳动强度明显不合理等非主观因素，超时完成工作任务或者受到消费者差评，主张不能因此扣减应得报酬的，人民法院应当依法支持。推动完善劳动者因执行工作任务遭受损害的责任分担机制。依法认定与用工管理相关的算法规则效力，保护劳动者取得劳动报酬、休息休假等基本合法权益；与用工管理相关的算法规则存在不符合日常生活经验法则、未考虑遵守交通规则等客观因素或者其他违背公序良俗情形，劳动者主张该算法规则对其不具有法律约束力或者请求赔偿因该算法规则不合理造成的损害的，人民法院应当依法支持。

9. 推动健全新业态用工综合治理机制。依法妥善审理涉新就业形态社会保险纠纷案件，支持完善基本养老保险、医疗保险参保办法，推动企业引导和支持不完全符合确立劳动关系情形的新就业形态劳动者，根据自身情况参加相应社会保险。依法妥善审理保险合同纠纷案件，促进平台企业通过购买人身意外、雇主责任等商业保险，提升平台灵活就业人员保障水平。妥善审理机动车交通事故责任纠纷、非机动车交通事故责任纠纷等案件，依法合理认定各方责任，推动平台企业制定注重遵守交通规则等社会秩序的算法规则和规章制度，强化外卖快递从业人员遵守交通规则等社会秩序意识。配合有关部门推动行业协会、头部企业或者企业代表与工会组织、职工代表开展协商，签订行业集体合同或者协议，推动制定行业劳动标准；畅通裁审衔接程序，完善多元化解机制，支持各类调解组织、法律援助机构等依法为新就业形态劳动者提供更加便捷、优质高效的纠纷调解、法律咨询、法律援助等服务。

三、妥善处理劳动争议案件，依法保护双方权益

10. 注重依法保护原则。积极贯彻落实国家助企纾困、促稳定促发展、复工复产等政策要求，正确理解和参照适用国务院有关行政主管部门以及省级人民政府等制定的相关政策文件，准确把握新阶段疫情防控各项政策，妥善处理涉疫情劳动争议案件，积极引导用人单位与职工协商，推动构建和谐劳动关系，确保用人单位有序复工复产，保障劳动者合法权益。坚持依法保护劳动者合法权益和促进用人单位稳定有序发展相结合，努力寻找用人单位和劳动者之间的最佳利益平衡点和结合点，保障劳动者合法权益和就业稳定，为用人单位生存发展、有序运转创造条件。

11. 妥善审理劳动合同纠纷案件。用人单位生产经营困难，按照法定程序经与职工代表大会讨论或者经与工会、职工代表等民主协商，对在合理期限内延迟支付工资、轮岗轮休等事项达成一致意见的，可以作为认定双方权利义务的依据。除依法按协商程序降低劳动报酬外，用人单位安排劳动者通过居家办公或者灵活办公等方式提供正常劳动，劳动者请求按正常工资标准支付其工资的，人民法院应当依法支持。依法妥善审理相关案件，积极引导和支持用人单位与劳动者依法协商，采取协商薪酬、调整工时、轮岗轮休、在岗培训等措施稳定工作岗位。

12. 推动劳动争议纠纷多元化解。准确适用《人力资源社会保障部、最高人民法院关于劳动人事争议仲裁与诉讼衔接有关问题的意见（一）》，推动劳动争议仲裁和诉讼有序衔接，逐步统一裁审受理范围和法律适用标准；加强与人社部门、工会、行业协会联动协作，促使劳动者与企业和解协商、共克时艰，推动构建和谐劳动关系。对于群体性、突发性、敏感性、涉重大利益等劳动争议，应当坚持把非诉讼纠纷解决机制挺在前面，积极推动诉源治理，及时做好风险预警，“调、裁、审”协作发力，充分维护劳动者与用人单位合法权益。

四、准确适用程序法律规定，依法保障诉讼权利行使

13. 准确适用期限顺延规定。当事人依据民事诉讼法第八十六条规定申请顺延期限的，应当根据疫情防控形势变化以及当事人提供的证据情况综合考虑是否准许，依法保护当事人诉讼权利。当事人及其诉讼代理人等因受疫情影响不能正常出庭参加诉讼，符合条件的，依法在线开展诉讼活动。当事人受疫情影响耽误起诉期限的，对耽误的时间依法予以扣除。劳动争议当事人提供证据证明其因受疫情影响无法在法定仲裁时效期间内申请仲裁，主张仲裁时效中止的，人民法院应当依法支持。

14. 切实提高诉讼服务水平。对于企业以及其他市场主体涉及的复工复产纠纷案件，应当高度重视其立案、审理、执行工作，依法高效妥善

处理。对于确有困难的当事人申请免交、减交或者缓交诉讼费用的，人民法院应当依法审查并及时作出相应决定；确实需要其他司法救助的，依法及时采取救助措施。对于陷入困境的市场主体特别是中小微企业、个体工商户等，依法审慎采取财产保全措施，依法及时纠正超标的查封、乱查封，可以采取灵活的诉讼财产保全措施或者财产保全担保方式，减轻企业负担，助力复工复产。完善一站式多元解纷机制，加强线上诉讼服务和互联网审判，持续推动案件繁简分流、简案快审，使合法权益尽快得以实现，各种争议得到依法快速解决，切实降低诉讼成本。

【英烈权益保护专题】

涉英烈权益保护十大典型案例新闻发布稿

（2022 年 12 月 8 日）

2022 年是我国现行宪法公布实施四十周年，12 月 4 日至 10 日是第五个“宪法宣传周”。党的二十大报告强调要完善以宪法为核心的中国特色社会主义法律体系，加快建设法治社会。为深入学习贯彻党的二十大精神，维护宪法权威，弘扬社会主义核心价值观，服务和保障加强新时代烈士褒扬工作，促进社会公平正义，最高人民法院今天发布涉英烈权益保护十大典型案例。

英雄烈士是民族的脊梁、时代的先锋，英雄烈士的事迹和精神是中华民族的共同历史记忆和社会主义核心价值观的重要体现。党的十八大以来，习近平总书记从实现中国梦、强军梦的战略高度作出一系列重要指示批示，强调要永远铭记英雄烈士的牺牲和奉献。党的二十大报告单独把实现建军一百年奋斗目标、开创国防和军队现代化新局面作为专章论述、专门部署，强调要加强军人军属荣誉激励和权益保障。

最高人民法院坚持以习近平新时代中国特色社会主义思想为指导，深入贯彻习近平法治思想，深入贯彻习近平总书记关于烈士褒扬工作等重要指示批示精神，切实实施《中华人民共和国民法典》《中华人民共和国英雄烈士保护法》等法律法规，先后发布《关于加强“红色经典”和英雄烈士合法权益司法保护弘扬社会主义核心价值观的通知》（法〔2018〕68 号）、《关于贯彻落实〈关于加强新时代烈士褒扬工作的意见〉

的通知》(法〔2022〕113 号)等一系列司法政策性文件，会同最高人民检察院、公安部联合发布《关于依法惩治侵害英雄烈士名誉、荣誉违法犯罪的意见》(公通字〔2022〕5 号)，发布保护英雄人物人格利益等典型案例，以司法手段捍卫英雄烈士合法权益，维护社会公共利益。

此次发布的涉英烈权益保护十大典型案例，涉及维护英烈人格利益、烈属合法权益、烈士纪念设施等案件。重点涵盖以下四个方面。

一是加大对英雄烈士人格利益保护力度。依法审理涉及英雄烈士保护的刑事案件，依法惩治侵害英雄烈士名誉、荣誉的违法犯罪活动，坚决维护中国特色社会主义制度、维护社会公共利益。妥善审理英雄烈士近亲属及检察机关提起的侵害英雄烈士姓名、肖像、名誉、荣誉等人格利益的民事案件，依法认定侵权行为人应当承担的民事责任。推动落实英烈保护工作联动协调制度，严厉打击歪曲、丑化、亵渎、否定英烈事迹和精神的言行。此次发布的涉英烈权益保护典型案例中，八起案件涉及侵害英雄烈士姓名、名誉、荣誉等人格利益，既有刑事案件也有民事案件，集中体现人民法院严厉打击和制裁抹黑英雄烈士形象行为的坚定立场和鲜明态度。

二是推动落实烈属抚恤优待政策。贯彻落实烈士褒扬政策法规，依法审理侵害烈属合法权益的刑事、民事、行政案件，切实维护烈属的人身财产权益。注重人文关怀和精神抚慰，突出解决烈属家庭后续生活保障、救助帮扶援助等实际问题。以司法之力推动保障烈属按照国家规定享受烈士褒扬金、抚恤金，以及在教育、就业、养老、住房、医疗等方面的优待，树立关爱尊崇烈属的良好社会风尚，褒扬烈士家庭甘于牺牲奉献的精神风范。此次发布的典型案例中关于依法保障烈属居住权益的案件，彰显人民法院对烈属合法权益的有力保护，是弘扬英烈精神、褒恤烈属的生动司法实践。

三是服务保障烈士纪念设施保护。依法惩治侵占烈士纪念设施保护范围内土地、设施，在英雄烈士纪念设施保护范围内从事有损纪念英雄烈士环境和氛围的活动，破坏、污损烈士纪念设施等行为，有力保护烈士纪念设施不受侵犯。为充分发挥烈士纪念设施褒扬英烈、教育后人的红色主阵地作用，推进宣传英烈事迹、弘扬英烈精神提供司法服务和保障。此次发布的王某诉杨某排除妨害纠纷案和李某、吴某侵害英雄烈士荣誉民事公益诉讼案都体现了人民法院对烈士纪念设施保护范围内土地、设施的有力司法保护。

四是大力弘扬社会主义核心价值观。英雄烈士是民族最闪亮的坐标，英雄烈士事迹和精神是社会主义核心价值观的重要体现，是实现中华民族伟大复兴的强大精神动力，每一位公民都应当自觉维护英雄烈士的尊严和合法权益。人民法院通过司法裁判旗帜鲜明地维护广大人民群众对英雄烈士事迹的价值认同和英雄烈士公知公认的光辉形象，传承和弘扬英雄烈士精神、爱国主义精神，推动培育和践行社会主义核心价值观。

最高人民法院将深入学习宣传贯彻党的二十大精神，认真贯彻落实党的二十届一中全会精神，准确把握新时代党和国家事业发展对烈士褒扬工作新要求，充分发挥审判职能作用，服务保障加强新时代烈士褒扬工作，为推进中国式现代化提供有力司法服务，为全面建设社会主义现代化国家作出新的更大贡献。

最高人民法院民事审判第一庭负责人就涉英烈权益保护十大典型案例答记者问

问：我们注意到此次发布的涉英烈权益保护十大典型案例中，不仅有战争年代的英雄烈士，也有当代社会为国家安全和社会建设作出突出贡献的英雄烈士，请介绍一下英雄烈士的具体范围和发布案例的考虑。

答：《中华人民共和国英雄烈士保护法》第二条第二款规定："近代以来，为了争取民族独立和人民解放，实现国家富强和人民幸福，促进世界和平和人类进步而毕生奋斗、英勇献身的英雄烈士，功勋彪炳史册，精神永垂不朽。"该法保护的英雄烈士包括近代以来，为国家、为民族、为人民作出牺牲和贡献的英烈先驱和革命先行者，重点是中国共产党、人民军队和人民共和国历史上涌现的无数英烈，其中既包括个人也包括群体，既包括有名英烈也包括无名英烈，包括为了人民利益英勇斗争而牺牲，堪为楷模的人，还包括在保卫国家和国家建设中作出巨大贡献、建立卓越功勋，已经故去的人。

此次发布的典型案例中，涉及的有在抗日战争、解放战争中壮烈牺牲的革命烈士，也有在国家建设中无私奉献的英雄烈士；有中国人民志愿军"冰雕连"英烈等抗美援朝英雄，也有近年誓死捍卫国土的戍边卫国英雄烈士；有我们身边因公殉职的缉毒民警，也有"杂交水稻之父""共和国勋章"获得者袁隆平院士。需要说明的是，袁隆平院士虽然不属于烈士，但他为人民自由幸福和国家繁荣富强作出重大贡献，属于英雄人物，适用英雄烈士人格利益保护的相关法律规定是应有之义。英雄烈士的姓名、肖像、名誉、荣誉等人格利益受法律保护，他们的荣光不容亵渎。

“天地英雄气，千秋尚凛然。”一个有希望的民族不能没有英雄，一个有前途的国家不能没有先锋。包括抗战英雄在内的一切民族英雄，都是中华民族的脊梁，他们的事迹和精神都是激励我们前行的强大力量。我们希望通过发布这些典型案例，推动全社会永远铭记英烈的英雄事迹，世代发扬英烈的英雄精神，坚定信心、勇毅前行，为实现党的第二个百年奋斗目标而不懈努力。

问：对于侵害英雄烈士名誉、荣誉等行为，行为人应当如何承担法律责任？

答：近年来，社会上有些人受历史虚无主义等错误思想影响，以“还原历史”“探究细节”等为名，通过网络媒体等歪曲历史，诋毁、贬损英雄烈士，造成恶劣影响，引起社会各界强烈愤慨。由于英雄烈士的事迹和精神已经成为社会公共利益的重要组成部分，这些行为不仅构成对英雄烈士人格利益的侵害，同时也对社会公共利益造成损害。行为人应当承担的法律责任主要包括以下三类：

一是民事责任。《中华人民共和国民法典》第一百八十五条、第一千条规定，侵害英雄烈士等的姓名、肖像、名誉、荣誉，损害社会公共利益的，应当承担消除影响、恢复名誉、赔礼道歉等民事责任，且应当与行为的具体方式和造成的影响范围相当。例如，叶某等诉某信息公司名誉权纠纷案中，某信息公司篡改叶挺烈士革命诗作，造成恶劣社会影响，伤害烈属感情，叶挺烈士近亲属提起诉讼，法院依法判决该公司承担在国家级媒体上公开发布赔礼道歉公告，向原告赔礼道歉、消除影响，以及支付精神抚慰金等民事责任。需要注意的是，对侵害英雄烈士姓名、肖像、名誉、荣誉行为提起民事诉讼的主体，可以是英雄烈士的近亲属；英雄烈士没有近亲属或者近亲属不提起诉讼的，检察机关可以依法向人民法院提起诉讼，我们发布的三个民事公益诉讼典型案例就属于此类情况。

二是行政处罚。依据《中华人民共和国英雄烈士保护法》相关规定，以侮辱、诽谤或者其他方式侵害英雄烈士的姓名、肖像、名誉、荣誉，在英雄烈士纪念设施保护范围内从事有损纪念英雄烈士环境和氛围的活动，侵占、破坏、污损英雄烈士纪念设施等，构成违反治安管理行为的，由公安机关依法给予治安管理处罚。例如，李某、吴某侵害英雄烈士荣誉民事公益诉讼案中，李某、吴某身着仿纳粹军服在萧山烈士陵园拍照并在网络上传播，损害社会公共利益，除承担赔礼道歉、消除影响等民事责任外，还因构成违反治安管理行为，被公安机关处以行政拘留的行政处罚。

三是刑事责任。《中华人民共和国刑法修正案（十一）》增设“侵害英雄烈士名誉、荣誉罪”，将侮辱、诽谤英雄烈士的行为明确规定为犯罪。人民法院依法严惩侮辱、诽谤英雄烈士行为，保护英雄烈士的人格利益和社会公共利益，旗帜鲜明反对和抵制历史虚无主义等错误思想。例如，这次发布的三个刑事诉讼（包括两个刑事附带民事公益诉讼）典型案例中，罗某、肖某、仇某在网络平台上公然侮辱、诋毁英雄烈士，损害社会公共利益，严重破坏社会公共秩序，人民法院依法认定其构成侵害英雄烈士名誉、荣誉罪，科以刑事处罚。

人民法院通过司法裁判，不断传承和弘扬爱国主义精神，推动在全社会培育和践行社会主义核心价值观。

问：请介绍一下关于烈属权益保护的政策措施和相关典型案例。

答：《中华人民共和国英雄烈士保护法》明确规定，国家实行英雄烈士抚恤优待制度，英雄烈士遗属按照国家规定享受教育、就业、养老、住房、医疗等方面的优待。中共中央办公厅、国务院办公厅、中央军委办公厅印发的《关于加强新时代烈士褒扬工作的意见》明确要加强烈属人文关怀和精神抚慰，突出解决烈属家庭后续生活保障、救助帮扶援助等实际问题，优化烈属住房、养老等服务专项优待内容。做好烈属优待工作，让广大烈属享受到应有的优待和国家改革发展成果，是关心关爱烈属的具体举措，也是对革命烈士的告慰。最高人民法院印发的《关于贯彻落实〈关于加强新时代烈士褒扬工作的意见〉的通知》要求各级人民法院依法审理侵害烈属合法权益的刑事、民事、行政案件，切实维护烈属的人身财产权益；畅通烈属维权案件绿色通道；坚持优先立案、优先审理、优先执行的原则，为烈属维权诉讼提供更加便利高效的司法服务；加强对烈属的司法救助、人文关怀和精神抚慰，及时处理烈属的涉法问题，树立关爱尊崇烈属的良好社会风尚。

我们此次选取了一个维护烈属合法权益的典型案例。在这个案例中，革命烈士卢兴的遗孀董某现年 83 岁，由孙女卢某长年照顾。董某住房被拆迁时，政府为照顾烈属，特批安置给董某一套房屋，并按其意愿将孙女卢某名字加在拆迁协议后面，注明董某百年后房屋产权归卢某所有。卢某却擅自将房屋卖给同事李某，后来李某起诉卢某和董某要求办理房屋过户手续，被法院以卢某系无权处分为由驳回诉讼请求。判决生效后，李某仍占有房屋。2022 年，董某办理不动产权属证书，多次要求李某搬出未果，无奈诉至法院要求李某搬出案涉房屋。法院认为，房屋被董某孙女卢某擅自转卖的行为既不合法，又违背政府优待烈属的初衷，导致烈士遗孀老无所居。法院从关爱烈属的角度，动员李某主动搬离。经过法院调解，三方当事人达成调解协议，李某同意限期搬出案涉房屋。此案通过司法手段推动落实烈属优待政策，切实解决烈属生活困难，依法维护烈属合法财产权利，保障烈属居住权益，实现老有所养、住有所居，是弘扬英烈精神、褒恤烈属的生动司法体现，有利于推动营造关爱烈属的良好社会氛围。

涉英烈权益保护十大典型案例

目　录

案例七　叶某等诉某信息公司名誉权纠纷案
——烈士近亲属有权依法对侵害英烈名誉行为提起诉讼
案例八　赵某侵害英雄烈士名誉民事公益诉讼案
——在网络平台上发表不当言论亵渎英烈事迹和精神应当承担法律责任
案例九　洪某诉刘某、某报社名誉权纠纷案
——对侵害英雄烈士名誉、荣誉行为的合理回应和批评不构成侵权
案例十　董某诉李某、第三人卢某排除妨害案
——依法保障英雄烈士遗属居住权益

案例一

罗某侵害英雄烈士名誉、荣誉暨附带民事公益诉讼案

——在网络平台上侮辱抗美援朝英雄烈士，构成侵害英雄烈士名誉、荣誉罪并应承担民事责任

一、基本案情

2021年，罗某观看《长津湖》电影和纪录片后，为博取关注，使用新浪微博账号（粉丝数220余万）发帖，侮辱在抗美援朝长津湖战役中牺牲的中国人民志愿军“冰雕连”英烈。上述帖文因用户举报被平台处理，此前阅读量2万余次。罗某次日删除该帖文，但相关内容已经在网络上广泛传播，引发公众强烈愤慨。罗某曾系知名媒体人，曾使用上述账号先后发表侮辱、嘲讽英雄烈士等帖文9篇，其账号被平台处置30次。海南省三亚市城郊人民检察院提起刑事附带民事公益诉讼，认为应当以侵害英雄烈士名誉、荣誉罪追究罗某刑事责任，建议判处有期徒刑七个月，同时请求判令罗某承担相应民事责任。

二、裁判结果

海南省三亚市城郊人民法院认为，被告人罗某在互联网上使用侮辱性语言抹黑中国人民志愿军“冰雕连”英烈，否定社会主义核心价值观和伟大的抗美援朝精神，破坏社会公共秩序，情节严重，其行为构成侵害英雄烈士名誉、荣誉罪。罗某系自首，可以依法从轻处罚，自愿认罪认罚，可以依法从宽处理。附带民事公益诉讼被告罗某作为网络“大V”，多次在网上公开发表言论侮辱、贬损英雄烈士，严重侵害社会公共利益，应当承担民事责任。罗某自愿赔偿8万元用于抗美援朝烈士精神事迹纪念、宣传等公益事业，予以认可。作出刑事附带民事判决，被告人罗某犯侵害英雄烈士名誉、荣誉罪，判处有期徒刑七个月；附带民事公益诉讼被告罗某在相关网站及报纸上公开赔礼道歉。

三、典型意义

英雄烈士既包括个人，也包括群体，既包括有名英雄烈士，也包括无名英雄烈士。中国人民志愿军的英雄事迹是中华民族共同的历史记忆和宝贵的精神财富，伟大的抗美援朝精神跨越时空、历久弥新，是社会主义核心价值观的重要体现，全体中华儿女要永续传承、世代发扬，绝不容许亵渎、诋毁。电影《长津湖》旨在缅怀中国人民志愿军“冰雕连”英烈，罗某却在观看电影后，在网络平台发帖公然歪曲历史，侮辱、抹黑英烈，伤害公众情感，严重破坏社会公共秩序。本案通过司法手段严惩侵害抗美援朝英雄烈士群体名誉、荣誉行为，维护社会公共利益，护航传承和弘扬爱国主义精神，推动培育和践行社会主义核心价值观。

案例二

肖某侵害英雄烈士名誉、荣誉罪案

——在人数众多的微信群诋毁、侮辱英雄，
构成侵害英雄烈士名誉、荣誉罪

一、基本案情

2021 年，肖某在“杂交水稻之父”“共和国勋章”获得者、中国工程院院士袁隆平因病逝世、举国悲痛之际，无视公序良俗和道德底线，使用昵称“坚持底线”的微信号，先后在微信群“白翎村村民信息群”（群成员 499 人）内发布 2 条信息，歪曲事实诋毁、侮辱袁隆平院士，侵害英雄名誉、荣誉，引起群内成员强烈愤慨，造成恶劣社会影响。湖南省韶山市人民检察院提起公诉，认为被告人肖某的行为构成侵害英雄烈士名誉、荣誉罪，建议判处管制六个月。

二、裁判结果

湖南省韶山市人民法院认为，被告人肖某以侮辱、诽谤方式侵害英雄的名誉、荣誉，损害社会公共利益，情节严重，其行为已构成侵害英雄烈士名誉、荣誉罪。案发后，被告人肖某如实供述自己的犯罪事实，认罪认罚，依法可从宽处理。判决被告人肖某犯侵害英雄烈士名誉、荣誉罪，判处管制六个月。

三、典型意义

自 2021 年 3 月 1 日起施行的《中华人民共和国刑法修正案（十一）》增设“侵害英雄烈士名誉、荣誉罪”，体现出我国对英雄烈士权益强有力的保护，以及严厉打击抹黑英雄烈士形象行为的决心。袁隆平院士为人民自由幸福和国家繁荣富强作出重大贡献，属于英雄人物，适用英雄烈士人格利益保护的相关法律规定是应有之义。肖某在微信群发布侮辱袁隆平院士的言论，造成恶劣影响，依法应予严惩。本案既有力打击侵害英雄名誉、荣誉行为，维护英雄权益，又教育社会公众崇尚英雄、捍卫英雄、学习英雄，充分彰显司法裁判在社会治理中的价值导向作用。

案例三

仇某侵害英雄烈士名誉、荣誉暨附带民事公益诉讼案

——在网络平台上采用侮辱、诽谤方式侵害卫国戍边英雄烈士名誉、荣誉构成犯罪并应承担民事责任

一、基本案情

仇某在卫国戍边官兵誓死捍卫国土的英雄事迹被报道后，为博取眼球，使用其新浪微博账号“辣笔小球”（粉丝数250余万），先后发布2条微博，歪曲卫国戍边官兵祁发宝、陈红军、陈祥榕、肖思远、王焯冉等同志的英雄事迹和英雄精神。上述微博在网络上迅速扩散，引发公众强烈愤慨，造成恶劣社会影响。截至仇某删除微博时，上述微博共计阅读量20万余次。江苏省南京市建邺区人民检察院提起刑事附带民事公益诉讼，认为应当以侵害英雄烈士名誉、荣誉罪追究被告人仇某刑事责任，同时请求判令附带民事公益诉讼被告仇某通过国内主要门户网站及全国性媒体公开赔礼道歉，消除影响。

二、裁判结果

江苏省南京市建邺区人民法院认为，被告人仇某公然藐视国家法律和社会公德，在网络上采用侮辱、诽谤方式侵害英雄烈士名誉、荣誉，造成恶劣社会影响，严重破坏社会秩序，损害社会公共利益，情节严重，

构成侵害英雄烈士名誉、荣誉罪。附带民事公益诉讼被告仇某发表不当言论，亵渎英雄烈士事迹和精神，侵害英雄烈士名誉、荣誉，应当承担民事侵权责任。作出刑事附带民事判决，被告人仇某犯侵害英雄烈士名誉、荣誉罪，判处有期徒刑八个月；附带民事公益诉讼被告仇某通过国内主要门户网站及全国性媒体公开赔礼道歉，消除影响。

三、典型意义

“辣笔小球”案是《中华人民共和国刑法修正案（十一）》增设“侵害英雄烈士名誉、荣誉罪”后的全国首案。本案依法认定仇某的行为构成侵害英雄烈士名誉、荣誉罪，通过科处刑罚，保护英烈权益，弘扬英烈精神，回应社会关切，发挥司法裁判教育、警示作用，具有首案引领意义。有助于推动社会公众形成维护英雄烈士名誉、荣誉，严惩亵渎、诋毁英烈言行的广泛共识，大力弘扬社会主义核心价值观，彰显司法保护英烈权益、弘扬英烈精神的坚定立场。

案例四

王某诉杨某排除妨害纠纷案

——任何组织和个人不得侵占英雄烈士纪念设施保护范围内的土地和设施

一、基本案情

王兆军同志在解放战争期间的“四平战役”中壮烈牺牲，后经民政部批准为革命烈士。王某系王兆军同志的胞弟。河西村民委员会与王某签订协议，约定将案涉承包地作为烈士墓地，交予王某无限期长期管理，免收承包金及其他费用。王某对烈士墓地及堆堤进行管理与维护期间，杨某长期自行在王某承包地的堆堤处种植各种农作物。双方为此经常发生纠纷，河西村民委员会多次协调均未能有效解决。后王某向法院提起诉讼，要求杨某返还侵占的烈士墓地范围内土地。

二、裁判结果

江苏省滨海县人民法院认为，国家鼓励和支持自然人、法人和非法人组织以捐赠财产、义务宣讲烈士事迹和精神、帮扶英雄烈士遗属等公益活动的方式，参与英雄烈士保护工作。河西村民委员会将烈士墓地和堆堤交予烈士近亲属王某管理维护，不仅有利于激发公民的荣誉感，亦能加强对烈士墓地范围内土地的保护。国家出台《中华人民共和国英雄烈士保护法》，对英雄烈士予以褒扬、纪念，全社会都应当崇尚、学习、捍卫英雄烈士，任何组织和个人不得侵占英雄烈士纪念设施保护范围内的土地和设施。杨某在烈士墓地种植农作物于法无据，被侵占的该地块依法应予返还。判决被告杨某向王某返还土地。

三、典型意义

本案是对侵犯零散烈士纪念设施保护范围内土地进行司法保护的典型案例。司法实践中，不仅要重视对英烈权益的保护，也要加强对承载英烈精神纪念设施的保护力度。英烈事迹的群众知晓度不一，现实中烈士纪念设施由于各种原因有的被侵占，有的被破坏甚至塌陷，有的周围杂草丛生，缺乏庄严、肃穆的氛围。本案在加强对零散烈士纪念设施的司法保护方面，具有代表性和典型性，对于弘扬社会主义核心价值观具有重要的示范引领作用。

案例五

李某、吴某侵害英雄烈士荣誉民事公益诉讼案

——在英雄烈士纪念设施保护范围内从事有损纪念英雄烈士环境和氛围的活动应承担法律责任

一、基本案情

2018年，李某、吴某身着仿纳粹军服，前往萧山烈士陵园拍摄大量照片，后李某将身着仿纳粹军服的照片发布在其好友数1940人的QQ空间中，被多人转发扩散，引发广大网民热议，社会影响恶劣，相关内容相继被各大新闻网站转载，短时间内即达3万余条。2019年，公安机关调查后，根据情节严重程度，对李某、吴某分别处以行政拘留十四日和七日的行政处罚。浙江省杭州市人民检察院提起本案民事公益诉讼，请求判令李某、吴某在浙江省省级以上媒体公开赔礼道歉、消除影响。

二、裁判结果

浙江省杭州市中级人民法院认为，李某、吴某对英雄烈士以及烈士陵园所蕴含的精神价值，应具有一般民众的认知和觉悟。李某、吴某的行为轻视英雄烈士，无视公众情感，蔑视法律尊严，侮辱和亵渎英雄烈士荣誉，侵害烈士亲属及社会公众情感，损害社会公共利益和社会道德评价秩序，后果严重，依法应当承担相应民事法律责任，判决李某、吴某在浙江省省级以上媒体公开赔礼道歉、消除影响。

三、典型意义

烈士陵园作为向公众开放的英雄烈士纪念设施，供公众瞻仰、悼念英雄烈士，开展纪念教育活动，告慰先烈英灵。任何组织和个人不得在英雄烈士纪念设施保护范围内从事有损纪念英雄烈士环境和氛围的活动，

否则将承担相应法律责任。本案的依法审理，对此类侵害英烈荣誉行为起到有效的教育、警示和震慑作用。本案审理过程中还邀请百余名学生到庭旁听，并通过中国庭审公开网进行全程直播，让庭审成为全民共享的法治公开课和爱国主义教育公开课，有助于引起社会公众警醒，推动在全社会真正形成尊重英雄、保护英雄的共识，进一步传承英烈精神。

案例六

某网络科技公司侵害英雄烈士姓名民事公益诉讼案

——擅自将英烈姓名用于商业用途，
侵害英雄烈士人格利益和社会公共利益

一、基本案情

某网络科技公司为电商企业提供信息中介、资源共享平台，将付费会员称为“雷锋会员”、平台称为“雷锋社群”、微信公众号称为“雷锋哥”并发布有“雷锋会员”等文字的宣传海报和文章，在公司住所地悬挂“雷锋社群”文字标识等。该公司以“雷锋社群”名义多次举办“创业广交会”“电商供应链大会”等商业活动，并以“雷锋社群会费”等名目收取客户费用共计30万余元。浙江省杭州市上城区人民检察院提起民事公益诉讼，要求某网络科技公司立即停止在经营项目中以雷锋名义进行的宣传，并在浙江省省级媒体赔礼道歉。

二、裁判结果

杭州互联网法院认为，某网络科技公司使用的“雷锋”文字确系社会公众所广泛认知的雷锋同志之姓名，其明知雷锋同志的姓名具有特定意义，仍擅自用于开展网络商业宣传，构成对雷锋同志姓名的侵害，同时损害社会公共利益，依法应当承担法律责任。判决某网络科技公司停止使用雷锋同志姓名的行为，并在浙江省省级报刊向社会公众发表赔礼道歉声明。

三、典型意义

本案是《中华人民共和国民法典》实施后首例保护英烈姓名的民事公益诉讼案件。依据其中第一百八十五条、第一千条规定，侵害英雄烈士等的姓名、肖像、名誉、荣誉，损害社会公共利益的，应当承担消除影响、恢复名誉、赔礼道歉等民事责任，且应当与行为的具体方式和造成的影响范围相当。雷锋同志的姓名不仅作为一种重要的人格利益受法律保护，还涉及社会公共利益。本案裁判明确，将雷锋同志的姓名用于商业广告和营利宣传的行为，侵害英雄烈士人格利益；同时，将商业运作模式假“雷锋精神”之名推广，既曲解雷锋精神，与社会公众的一般认知相背离，也损害承载于其上人民群众的特定感情，损害社会公共利益。本案通过司法手段，为网络空间注入缅怀英烈、敬仰英烈的法治正能量。

案例七

叶某等诉某信息公司名誉权纠纷案

——烈士近亲属有权依法对侵害英烈名誉行为提起诉讼

一、基本案情

2018年，某信息公司通过其自媒体账号“暴走漫画”，在某网络平台上发布了时长1分09秒的短视频。该视频的内容将叶挺烈士在皖南事变后于1942年在狱中创作的《囚歌》中“为人进出的门紧锁着，为狗爬出的洞敞开着，一个声音高叫着，爬出来吧，给你自由！”进行篡改。该视频于2018年5月8日至16日在网络上传播，多家新闻媒体予以转载报道，引起公众关注和网络热议，造成不良社会影响。叶挺烈士近亲属遂提起本案诉讼，请求判令某信息公司停止侵犯叶挺同志英雄事迹和精神的行为、在国家级媒体上公开对原告赔礼道歉、赔偿精神抚慰金等。

二、裁判结果

陕西省西安市雁塔区人民法院认为，叶挺烈士创作的《囚歌》充分体现了叶挺百折不挠的革命意志和坚定不移的政治信仰。该诗表现出的崇高革命气节和伟大爱国精神已经获得全民族的广泛认同，是中华民族共同记忆的一部分，是中华民族精神的内核之一，也是社会主义核心价值观的体现，是中华民族宝贵的精神财富。某信息公司的视频于《中华人民共和国英雄烈士保护法》施行之际在网络平台上发布并传播，造成恶劣社会影响。该视频内容亵渎叶挺烈士革命精神，侵害叶挺烈士名誉，不仅给烈士亲属造成精神痛苦，也伤害社会公众的民族情感，损害社会公共利益，具有违法性且其主观过错明显，应当承担侵权责任。判决某信息公司在三家国家级媒体上公开发布赔礼道歉公告，向原告赔礼道歉、消除影响；向原告支付精神抚慰金 10 万元。

三、典型意义

《中华人民共和国英雄烈士保护法》明确规定，对侵害英雄烈士姓名、肖像、名誉、荣誉的行为，英雄烈士的近亲属可以依法向人民法院提起诉讼。本案系该法施行后由烈士近亲属提起诉讼的侵害英雄烈士名誉民事案件，明确侵权人除需在相关媒体上公开发布赔礼道歉公告外，还应当承担向烈士近亲属赔礼道歉、消除影响，以及支付精神抚慰金等民事责任。本案通过司法裁判明确亵渎英烈行为的法律责任，加强对英烈权益的保护力度。

案例八

赵某侵害英雄烈士名誉民事公益诉讼案

——在网络平台上发表不当言论亵渎英烈事迹和精神应当承担法律责任

一、基本案情

马金涛同志系贵州省贵阳市公安局花溪分局贵筑派出所民警。2018年，马金涛同志在执行抓捕毒犯任务中牺牲，年仅30岁。人力资源和社会保障部、公安部追授马金涛同志“全国公安系统一级英雄模范”称号。马金涛同志因公殉职次日，赵某在人数众多的微信群中对此发表侮辱性言论。贵州省六盘水市人民检察院就赵某侵害马金涛烈士名誉提起民事公益诉讼，请求判令赵某通过贵州省省级以上媒体向社会公开赔礼道歉、消除影响。

二、裁判结果

贵州省六盘水市中级人民法院认为，马金涛烈士在缉毒工作中献出年轻的生命，他英勇无畏、无私奉献的精神，值得全社会学习、弘扬、传承和捍卫。赵某在人数众多的微信群中公然发表不当言论亵渎英烈事迹和精神，贬损英烈名誉，伤害烈属情感，同时也给一线缉毒民警带来心理上伤害，已经超出言论自由范畴，是对社会公德的严重挑战，损害社会公共利益，应当依法承担民事侵权责任。判决赵某在贵州省省级媒体公开赔礼道歉、消除影响。

三、典型意义

缉毒英雄英勇无畏、无私奉献的精神不容亵渎。本案侵权人通过互联网媒体，诋毁、侮辱、诽谤英雄人物，丑化英雄人物形象，贬损英雄人物名誉，削弱英烈精神价值，损害社会公共利益。本案通过民事公益诉讼加大对英雄烈士名誉的保护力度，充分体现人民法院弘扬英烈精神、保护英烈权益的坚定立场，有助于引导社会公众自觉维护和弘扬英烈精神，推动全社会形成学习英烈革命气节、崇尚英烈、捍卫英烈的良好社会风尚。

案例九

洪某诉刘某、某报社名誉权纠纷案

——对侵害英雄烈士名誉、荣誉行为的合理回应和批评不构成侵权

一、基本案情

刘某系“狼牙山五壮士”所在连连长之子，于 2015 年撰写案涉文章，某报社分社在网络平台上以《心声｜“狼牙山五壮士”所在连连长的儿子为捍卫英雄名誉写的一封公开信》为标题予以发布。某报社主办的杂志发布略作修改后的该文章，标题为《狼牙山五壮士所在连连长之子刘某写给勇敢捍卫狼牙山五壮士名誉权的同志们的信》。洪某认为案涉文章中有对其侮辱、诽谤的言论，严重侵犯其人格尊严和名誉权，遂提起本案诉讼，请求判令刘某、某报社立即停止侮辱诽谤、删除侵权言论，在相关媒体上公开道歉，赔偿精神损害抚慰金。

二、裁判结果

北京市海淀区人民法院一审认为，洪某发表在先的《小学课本〈狼牙山五壮士〉有多处不实》《“狼牙山五壮士”的细节分歧》两篇文章，引导读者对“狼牙山五壮士”英勇抗敌事迹和舍生取义精神产生怀疑，从而否定基本事实的真实性和矮化“狼牙山五壮士”的英雄形象，与社

会主流价值观念和历史共识相违背。刘某撰写案涉文章，某报社予以发表是对洪某文章的回应和批评，主要目的是消除洪某在先言论的不良影响，维护“狼牙山五壮士”的英雄形象，维护社会公共利益。因此，刘某、某报社未侵犯洪某名誉权，判决驳回洪某的全部诉讼请求。北京市第一中级人民法院二审判决驳回上诉，维持原判。

三、典型意义

“狼牙山五壮士”的英雄事迹和大无畏牺牲精神，已经成为中华民族精神的重要内容，成为社会主流价值观念和社会公共利益的一部分。在此情况下，洪某发表两篇文章，用细节贬低、损毁英烈形象，否定“狼牙山五壮士”基本事实和英雄形象，明显侵犯社会公共利益，是对社会公共利益的挑战，必然招致回应、批评。本案依法捍卫了社会公众对歪曲英雄烈士事迹行为进行批评的权利，充分彰显人民法院保护英烈权益的鲜明态度。

案例十

董某诉李某、第三人卢某排除妨害案

——依法保障英雄烈士遗属居住权益

一、基本案情

董某系革命烈士卢兴的遗孀，现年 83 岁，体弱多病，由孙女卢某长年照顾。2012 年，老人原有住房面临拆迁，政府为照顾烈属，特批安置给老人一套房屋，并按老人意愿，在拆迁协议上将孙女卢某加在董某名字后面，注明董某百年后，房屋产权归卢某所有。2016 年，董某与卢某领取拆迁安置房，但因老人身体问题一直未办理不动产权登记证。后卢某未经董某同意，擅自将房屋转卖给同事李某。李某向其支付购房款 32

万余元。2021 年，李某起诉卢某、第三人董某，要求办理房屋过户手续，被法院以卢某系无权处分为由驳回诉讼请求。判决生效后，李某仍占有房屋。2022 年，董某办理不动产权属证书，后多次要求李某搬出未果，无奈诉至法院，要求李某搬出案涉房屋。

二、裁判结果

江苏省淮安市淮安区人民法院认为，本着优待烈属的原则，政府安置给烈士遗孀董某一套房屋，并充分尊重老人意愿，明确其百年后房屋归孙女所有。现在老人健在，房屋却被其孙女卢某擅自转卖。此举既不合法，又与政府优待烈属的初衷相违背，导致烈士遗孀老无所居。法院从关爱烈属的角度，动员李某主动搬离。经过法院调解，三方当事人达成调解协议，李某同意限期搬出案涉房屋。

三、典型意义

《中华人民共和国英雄烈士保护法》规定，国家实行英雄烈士抚恤优待制度，英雄烈士遗属按照国家规定享受教育、就业、养老、住房、医疗等方面的优待。中共中央办公厅、国务院办公厅、中央军委办公厅印发的《关于加强新时代烈士褒扬工作的意见》明确要加强烈属人文关怀和精神抚慰，突出解决烈属家庭后续生活保障、救助帮扶援助等实际问题，优化烈属住房、养老等服务专项优待内容。做好烈属优待工作，让广大烈属享受到应有的优待和国家改革发展成果，是关心关爱烈属的具体举措，也是对革命烈士的告慰。本案通过司法手段推动落实烈属优待政策，切实解决烈属生活困难，依法维护烈属合法财产权利，保障烈属居住权益，实现老有所养、住有所居，是弘扬英烈精神、褒恤烈属的生动司法体现。

【弘扬社会主义核心价值观工作专题】

第三批人民法院大力弘扬社会主义核心价值观典型民事案例新闻发布稿

（2023 年 3 月 1 日）

习近平总书记多次就培育和践行社会主义核心价值观作出重要论述。他指出，核心价值观，承载着一个民族、一个国家的精神追求，体现着一个社会评判是非曲直的价值标准。培育和弘扬社会主义核心价值观，是推进中国特色社会主义伟大事业、实现中华民族伟大复兴中国梦的战略任务。人民法院坚持以习近平新时代中国特色社会主义思想为指导，深入贯彻习近平法治思想，自觉将社会主义核心价值观融入各项审判执行工作，积极运用社会主义核心价值观释法说理。2022 年，全国法院在法律框架内运用社会主义核心价值观释法说理的一审民事案件达 38.25 万件，涌现出一大批释法说理精准得当，法理情水乳交融，充满法治精神和人文关怀，具有行为规范指引和道德价值引领双重意义的典型案例。继 2020 年和 2022 年发布第一批和第二批人民法院大力弘扬社会主义核心价值观典型民事案例之后，最高人民法院在向全国法院征集的典型案例中精选出十件案例，作为第三批典型案例发布，涉及英烈保护、善意规劝、尊老爱幼、婚姻自由、职场文明、法治精神六个方面。

一是加强英烈保护，弘扬爱国精神，对踩踏烈士墓碑底座、在墓碑前不敬摆拍的违法行为人依法判决承担刑事和民事责任，引导群众文明参观英烈纪念设施。

二是鼓励善意规劝，维护公共安全，明确劝阻影响公交车安全驾驶行为，劝阻人挣脱抓扯对被劝阻人损伤不担责，为好意规劝、保护公共利益的善行义举“撑腰打气”。

三是提倡孝亲敬老，倡导护小育幼，明确丧子老人可对孙子女“隔代探望”，慰藉老人情感，保护未成年孙子女健康成长；通过柔性司法一揽子解决离异夫妻异地共同抚养子女难题，让儿童利益得到最优保障；认定向未成年人提供内容不健康网络服务的合同无效，为未成年人健康成长创造良好社会环境。

四是保护婚姻自由，维护妇女权益，明确子女受父母胁迫结婚可请求依法撤销婚姻，防止父母过度干预子女婚恋生活，划定行为边界。

五是促进职场文明，保护劳动者权益，支持职场性骚扰受害人向加害人主张精神损害赔偿，向职场不文明行为说不；认定劳动者有权拒绝用人单位以虚拟货币支付工资，保护劳动者工资权益；明确劳动者请假照看病危父亲，用人单位应给予适当善意和包容，倡导用人单位人性化管理和职场友善。

六是彰显法治精神，对和稀泥做法说不，明确自愿参加“广场舞”猝死，组织者无过错不担责，破解了群众自发性健身活动无过错组织者可能面临的法律道德风险，使广大人民群众更加从容地组织开展健身活动。

最高人民法院民事审判第一庭负责人就第三批人民法院大力弘扬社会主义核心价值观典型案例答记者问

问：近年来，最高人民法院在发挥审判职能弘扬和践行社会主义核心价值观方面采取了哪些举措、有什么亮点？

答：习近平总书记指出："要坚持依法治国和以德治国相结合，实现法治和德治相辅相成、相得益彰。"最高人民法院坚持以习近平新时代中国特色社会主义思想为指导，深入贯彻习近平法治思想，自觉将社会主义核心价值观融入审判执行工作，通过制定司法解释和司法政策、发布典型案例、运用社会主义核心价值观强化裁判文书释法说理、加强法治宣传等多种形式，积极推进在审判执行工作中大力弘扬社会主义核心价值观，将法治与德治相结合，在法治轨道上明规则、破难题、扬正气、树新风，使司法审判成为践行社会主义核心价值观的生动实践。主要开展了以下三个方面工作。

一是完善司法解释和司法政策，为弘扬和践行社会主义核心价值观提供制度保障。制定民法典时间效力的规定，将更有利于弘扬社会主义核心价值观作为法律可溯及既往的标准；制定关于夫妻债务认定的司法解释，有力扭转了实践中出现的配偶"被负债"现象，弘扬了诚信、友善的价值观，宣扬了夫妻平等的价值理念；制定在人民法院工作中培育和践行社会主义核心价值观的意见，就人民法院如何在坚持司法为民、忠于宪法法律、尊重保障人权等十一个方面运用社会主义核心价值观作出详细要求；印发加强"红色经典"和英雄烈士合法权益司法保护弘扬社会主义核心价值观的通知，引导社会公众特别是广大青少年自觉抵制"低俗、庸俗、媚俗"，抵制历史虚无主义，维护社会公共利益。

二是推进社会主义核心价值观融入裁判文书释法说理，让裁判文书成为弘扬社会主义核心价值观的生动教材。制定深入推进社会主义核心价值观融入裁判文书释法说理的意见，要求对涉及国家利益、重大公共利益等六类案件，强化运用社会主义核心价值观释法说理。据统计，2022 年，全国法院在法律框架内运用社会主义核心价值观释法说理的一审民事案件达 38.25 万件，比 2021 年增长 21.66%，广布于民间借贷纠纷、买卖合同纠纷、信用卡纠纷等民事案件，推动社会主义核心价值观转化为广大人民群众的情感认同和行为自觉。

三是充分挖掘案例资源，用"小案例"阐释"大道理"。最高人民法院先后发布弘扬社会主义核心价值观典型案例、保护英雄人物人格权益典型案例、弘扬社会主义核心价值观指导性案例、涉英烈权益保护十大典型案例、第一批和第二批人民法院大力弘扬社会主义核心价值观典型民事案例。本次发布的是第三批典型民事案例。相关典型案例和指导性案例的发布，为指导司法审判、引领社会风尚提供裁判准则和道德支撑，崇尚和爱戴英雄进一步成为社会共识，历史虚无主义、英雄污名化等不良风气得到了有效遏制；破解了长期困扰群众的"扶不扶""劝不劝""追不追""救不救""为不为""管不管"等法律和道德风险，坚决防止"谁能闹谁有理""谁横谁有理""谁受伤谁有理"等和稀泥做法；弘扬孝亲敬老、助人为乐、见义勇为等文明风尚，引领社风、家风向上向善，使社会主义核心价值观更加深入人心。

问：本次发布案例对于全社会弘扬和践行社会主义核心价值观具有什么意义、有什么特点？

答：本次发布的典型案例对于弘扬英烈精神、促进职场文明、匡正社会风气、净化网络空间、提倡尊老爱幼、保护婚姻自由、增强法治意识具有积极意义，主要具有以下四个特点。

一是紧系爱国情怀和社会公益弘扬社会主义核心价值观。本次发布的典型案例中，案例一对在烈士墓前不敬摆拍等不文明行为旗帜鲜明亮明观点，依法判决踩踏烈士墓碑底座、在墓碑前不敬摆拍的违法行为人承担刑事和民事责任，引导公众文明参观英烈设施，弘扬英烈精神，传承爱国情怀。案例二认定劝阻影响公交司机安全驾驶行为是正义之举，被劝阻人影响公交司机安全驾驶和纠缠拉扯劝阻人行为不适当，劝阻人挣脱抓扯不违法、对被劝阻人受伤不担责。案例七认定向未成年人提供内容不健康网络服务的合同无效，支持原告关于退还充值款的诉讼请求，为未成年人营造文明、健康、清朗的网络环境。

二是紧贴群众生活弘扬社会主义核心价值观。这次发布案例多与人民群众生活密切相关，涉及人民群众普遍关心的问题。案例三认定自愿参加“广场舞”猝死，组织者无过错不担责，让人民群众从容组织开展自发性文体活动，促进全民健身。案例五认定子女受母亲胁迫结婚可请求依法撤销婚姻，依法保护子女婚姻自由。案例八明确遭受职场性骚扰有权依法请求精神损害赔偿，向职场不文明行为说不。案例十明确劳动者请假照看病危父亲，用人单位应给予适当善意和包容，推动构建和谐劳动关系、友善人际关系，让病重病危老人得到子女的照料。

三是紧跟时代需要弘扬社会主义核心价值观。随着老龄人口增加，老年人情感需求受到社会广泛关注。案例四明确了丧子老人可对孙子女“隔代探望”，使祖父母在子女去世的情况下仍然能够与孙子女保持情感交流、生活交往，既慰藉老人情感，又促进孙子女健康成长。随着人口流动性增加，社会出现离异夫妻异地抚养子女需求，案例六展现了人民法院通过柔性司法、以调解方式实现父母异地共同抚养，让儿童利益得到最优保障；法官引用习近平总书记“七一”重要讲话内容，寄语孩子努力奋进、自强不息。案例九明确了劳动者有权拒绝用人单位以虚拟货币支付工资，保护劳动者工资权益，维护人民币法定货币地位。

四是紧扣法律规范弘扬社会主义核心价值观。本次发布的案例，将法治宣传教育与弘扬英烈精神、促进职场文明、褒扬孝亲敬老、提倡育小护幼、保护婚姻自由等道德风尚相结合，每个案例既说明行为规范，又阐释道德准则，使司法公正与人民群众的公正认知有机结合，推动实现普遍的法治信仰和社会价值观念。

第三批人民法院大力弘扬社会主义核心价值观典型民事案例

目　录

案例一

踩踏烈士墓碑底座、在墓碑前不敬摆拍应依法承担刑事和民事责任

——李某侵害英雄烈士名誉、荣誉权纠纷案

核心价值：英烈保护

一、基本案情

2021 年 7 月 15 日，李某在康西瓦烈士陵园内踩踏刻有烈士陵园名称的石碑底座，斜倚碑身摆拍，后到陈祥榕（喀喇昆仑戍边烈士，2020 年 6 月在边防斗争中壮烈牺牲，中央军委为他追记一等功）烈士墓前，脚踩墓碑底座，以不雅手势对着墓碑再次摆拍。同日 12 时许，李某将上述照片在微信朋友圈公开发布。经多名微信好友指出照片内容对烈士不尊重，李某遂将该内容删除。同日 14 时许，李某再次将照片发布至今日头条个人账号，在网络上迅速传播扩散，引发社会公众对李某的强烈愤慨，造成极其恶劣的社会影响。公诉机关暨附带民事公益诉讼起诉人以李某犯侵害英雄烈士名誉、荣誉罪提起公诉并提起附带英雄烈士保护民事公益诉讼，要求李某通过全国性媒体公开赔礼道歉、消除影响。

二、裁判结果

审理法院认为，李某公然藐视国家法律，踩踏烈士陵园石碑底座，

斜倚碑身，脚踩墓碑底座，摆出不雅手势和不敬姿势拍照并两次上传网络，造成大量传播扩散，引发社会公众强烈愤慨，伤害社会公众的民族情感，损害社会公共利益，情节严重，其行为已构成侵害英雄烈士名誉、荣誉罪，依法应予惩处。审理法院根据李某的犯罪事实、性质、情节、认罪态度及对社会的危害程度，判决李某犯侵害英雄烈士名誉、荣誉罪，判处有期徒刑七个月，判令李某在全国性媒体公开赔礼道歉、消除影响。

三、典型意义

习近平总书记指出，“实现我们的目标，需要英雄，需要英雄精神。我们要铭记一切为中华民族和中国人民作出贡献的英雄们，崇尚英雄，捍卫英雄，学习英雄，关爱英雄。”无数英雄先烈是我们民族的脊梁，是我们不断开拓前进的勇气和力量所在。英雄烈士的事迹和精神是中华民族的历史记忆和宝贵的精神财富，是实现中华民族伟大复兴的强大动力，任何歪曲、丑化、亵渎、诋毁英雄烈士的行为均应受到社会的谴责。本案充分体现了人民法院弘扬英烈精神、捍卫英烈尊严的坚定立场，对于弘扬爱国、法治、文明的社会主义核心价值观具有积极意义。

案例二

劝阻影响公交车安全驾驶行为，劝阻人挣脱抓扯对被劝阻人损伤不担责

——刘某诉史某健康权纠纷案

核心价值：文明出行

一、基本案情

2021年3月23日中午，刘某因未能在已取消的公交站台等候到公交车而心生不满，后刘某找到准确站台搭乘上公交车。在公交车行驶途中，

刘某为泄愤，辱骂他人，并与公交车驾驶员发生口角。其间，史某规劝刘某不能与公交车驾驶员争吵，影响安全驾驶，刘某非但不听劝阻，反而再次与史某产生口角争执。两人在某公交车站广场处下车后，刘某故意拉住史某不让其离开，史某挣脱刘某，刘某在纠缠拉扯过程中倒地受伤，引发本案纠纷。

二、裁判结果

审理法院认为，刘某恣意妨碍公交车安全运行的行为，理应受到谴责，史某劝阻行为系理性的正当、正义行为，应当得到肯定，而刘某下车后继续故意纠缠拉扯史某，从而引发本案纠纷，系不当之举。后刘某在纠缠拉扯过程中受伤，依据事发当时公安机关的调查，刘某伤势系意外造成，史某不存在违法行为。故判决驳回刘某的全部诉讼请求。

三、典型意义

刘某因在公交车上与公交车驾驶员、史某接连发生口角，后为泄愤跟随史某下车，纠缠拉扯史某不让其离开，其行为既不理性，也不正当。史某为了公共安全，好意劝阻刘某影响公交车安全驾驶行为，具有合理性、正当性，主观上不存在过错。史某好意劝阻行为应当得到肯定。本案对于倡导文明出行、鼓励好意劝阻、维护公共安全具有积极意义，弘扬了文明、法治的社会主义核心价值观。

案例三

自愿参加“广场舞”猝死，组织者无过错不担责

——张某诉李某生命权、身体权和健康权纠纷案

核心价值：公正法治

一、基本案情

李某系跳舞、军鼓爱好者，常年义务为社区群众教授舞蹈、军鼓等文娱活动，同参与活动的居民一起建立了微信群并被选为群主。2022年1月，张某某作为舞龙爱好者加入该群一起参与活动。同年1月16日上午6时，李某在微信群中通知打鼓队成员为当天表演活动进行集合彩排。张某某并非打鼓队成员但仍于上午8时到活动现场附近练习舞龙。上午8时30分，张某某在练习中晕倒。李某与其他成员立刻上前急救，并拨打急救电话，随后李某同救护车一起将张某某送至医院。但张某某最终经抢救无效死亡，死因为心源性猝死。死者张某某之子张某认为李某对死者在活动中意外猝死存在过错，作为活动的组织者在对张某某抢救过程中未尽到救助义务，应承担侵权责任，遂将李某诉至人民法院要求赔偿各项损失共计62万余元。

二、裁判结果

审理法院认为，张某某事发上午练习舞龙并非受李某的邀请，其发生意外，死因系心源性猝死，并非他人行为造成。李某虽系活动的组织者但其组织行为并无过错，作为非专业医护人员，李某与活动人员对张某某进行了必要的急救措施，并跟随救护车将张某某送至医院，尽到了作为组织者的安全保障义务，与张某某意外死亡之间没有因果关系，不应承担责任。

三、典型意义

随着全民健身热潮的兴起，越来越多的人民群众投身到晨练、“广场舞”的队伍中。这些活动多由邻里自发组织、自愿参加，无论是参与者还是组织者对其他参与者在活动中的行为及风险往往难以准确预判。如将这种不确定性风险强加给其他人，要求他人对这种不确定性承担责任，既不符合公平原则，也会阻碍这类健身活动的正常开展。本案处理结果既符合法律规定，也符合社会公众对公正的认知，使广大人民群众更加从容地参与到全民健身活动之中，享受运动快乐，有利于倡导公正、法治的社会主义核心价值观。

案例四

丧子老人可对孙子女“隔代探望”

——沙某某诉袁某某探望权纠纷案

核心价值：尊老爱幼

一、基本案情

沙某某之子丁某甲与袁某某系夫妻关系，丁某甲与袁某某于 2018 年 1 月 3 日生育双胞胎男孩丁某乙、丁某丙。同年 7 月 28 日，丁某甲去世。丁某乙、丁某丙一直与袁某某共同生活。沙某某多次联系袁某某想见孙子，均被袁某某拒绝。沙某某向人民法院起诉请求每月探望孙子两次。

二、裁判结果

审理法院认为，《中华人民共和国民法典》第一千零八十六条规定了不直接抚养子女的父亲或者母亲享有探望权，对祖父母或者外祖父母等其他近亲属是否享有探望权未作出规定。祖父母与孙子女的近亲属身份关系，不因子女离婚或去世而消灭。本案中，沙某某老年丧子，其探望孙子是寄托个人情感的需要，是保障未成年孙子健康成长的需要，是祖孙之间亲情连接和延续的重要方式，袁某某应予配合。鉴于沙某某长时间不能探望孙子，审理法院从有利于未成年人成长、不影响未成年人正常生活、促进家庭和谐的原则出发，判决沙某某每月第一个星期探望丁某乙、丁某丙一次，每次不超过两小时，双方探望前做好沟通，袁某某应予配合。

三、典型意义

习近平总书记指出，“中华民族自古以来就重视家庭、重视亲情。家和万事兴、天伦之乐、尊老爱幼、贤妻良母、相夫教子、勤俭持家等，都体现了中国人的这种观念。”法律规定虽然未明确将探望权的外延延伸至祖父母和外祖父母，但在子女健在的情况下，祖父母和外祖父母可以通过子女的探望权实现“探望”孙子女和外孙子女的目的；在子女死亡的情况下，允许丧子老人进行“隔代探望”，符合社会主义核心价值观和我国传统家庭伦理、社会道德，有益于慰藉老人情感和促进孩子健康成长，体现了司法的温度，实现了良法善治。

案例五

子女受父母胁迫结婚可请求依法撤销婚姻

——周某诉付某撤销婚姻纠纷案

核心价值：婚姻自由

一、基本案情

女孩周某在其母亲安排下与付某相亲。因付某家庭条件较好，两家又系远房亲戚，周某母亲非常希望周某与付某缔结婚姻。在周某明确拒绝与付某交往后，周某母亲强行将在外地工作的周某接回家，并以死相逼，表示如周某不同意该婚事就将其赶出家门。周某害怕家庭关系破裂，又担心母亲寻短见，不得不与付某登记结婚并举办婚礼。婚后近一年时间里，双方并未建立夫妻感情，也从未有过夫妻生活。但周某母亲仍不准许周某提出离婚，母女俩多次争吵并发生肢体冲突。周某诉至人民法院，请求撤销其与付某之间的婚姻关系。

二、裁判结果

审理法院认为，《中华人民共和国民法典》第一千零五十二条第一款规定："因胁迫结婚的，受胁迫的一方可以向人民法院请求撤销婚姻。"结婚应当是男女双方完全自愿的行为，禁止任何一方对另一方加以胁迫，禁止任何组织或者个人加以干涉。在周某多次明确提出不愿意和付某恋爱、结婚的情况下，周某母亲仍以将周某赶出家门、"死给周某看"等作为要挟，导致周某在违背自由意志的情况下与付某结婚。周某母亲的行为严重干涉了周某的婚姻自由，其行为构成胁迫。现周某要求撤销其与付某之间的婚姻符合法律规定，为维护当事人的合法权益，弘扬自由、文明的社会主义核心价值观，故判决撤销周某与付某之间的婚姻关系。

三、典型意义

母亲要求女儿按自己的意愿组建家庭，虽然本意是希望女儿能有一个幸福的归宿，但以死相逼，胁迫女儿与相亲对象结婚，不仅没有让女儿获得如期的幸福，反而给女儿带来痛苦和绝望。在子女婚恋问题上，父母"该放手时应放手"，可以做好参谋但不能代作决断、强行干预，否则不但会侵害子女的婚姻自由、伤害父母子女之间的血脉亲情，也会违反法律规定。本案判决撤销周某与付某之间的婚姻关系，既保护了周某个人的合法权益，也向整个社会传达了婚姻自由的理念，有利于倡导独立、自主的婚姻观和自由、法治的社会主义核心价值观。

案例六

父母异地共同抚养让儿童利益得到最优保障

——李某诉朱某甲变更抚养关系纠纷案

核心价值：关爱儿童

一、基本案情

朱某甲与李某协议离婚，双方同城居住，约定未成年儿子朱某乙由朱某甲抚养，李某每月给付抚养费，每周末接走探望并送回，时间有变动另行商定。2020年初，朱某甲因工作调动在未征得李某同意的情况下携朱某乙迁居至外埠生活，双方就孩子抚养问题产生争议。李某担心环境变化、两地分隔将导致自己无法及时探望陪伴朱某乙，向人民法院起诉请求判决变更抚养关系。

二、处理结果

审理法院认为，朱某乙已年满8周岁，依照《中华人民共和国民法典》第一千零八十四条的规定，审理法院征询了朱某乙意见，其明确表示愿同朱某甲在外埠生活。考虑到孩子在父母离婚后的抚养争议中将再度面临亲情的割裂，带来新的情感和心理创伤。在充分了解当事人情感需求及孩子心理状态基础上，审理法院坚持柔性司法，通过诚挚沟通，科学规划，最终促成双方达成最有利于未成年人的协商意见：双方分段利用时间、异地共同抚养、双方共尽义务、共担探视成本、递进抚养费用。本案一揽子解决异地抚养等一系列问题，法官引用习近平总书记“七一”重要讲话内容，寄语孩子努力奋进、自强不息。

三、典型意义

婚姻破裂，受伤害最大的通常是未成年子女。父母争夺抚养权的

“战争”则可能再次将未成年子女拖入“斗争泥潭”，不利于其身心健康。本案以调解实现对未成年子女的最优保护，以柔性司法巧妙化解离异夫妻对孩子的异地抚养之争，为当前人口跨地域迁徙流动增多情况下解决离异夫妻异地抚养未成年子女问题探索出成功范例。通过异地共同抚养创新方案化解纠纷，让孩子在父母双方关爱和教育下健康成长，从而得到双重关爱和全面监护，有利于促进家庭和谐和社会稳定，有利于实现未成年人利益最大化目标，有利于弘扬和谐、文明、法治的社会主义核心价值观。

案例七

向未成年人提供内容不健康网络服务的合同无效

——唐某诉某网络科技有限公司网络服务合同纠纷案

核心价值：社风文明

一、基本案情

唐某于2007年出生，系未成年人。2019年5月25日至2020年12月19日间，唐某使用其微信账号向某网络科技有限公司运营的某漫画平台充值浏览漫画，共支付1466元，形成25笔订单。唐某认为，某网络科技有限公司未尽到有效识别未成年人的义务，未对其消费行为和漫画内容进行必要限制。从唐某阅读以及平台推送的内容看，某网络科技有限公司提供的漫画会对其身心造成损害，违背了公序良俗。唐某向人民法院起诉，请求认定双方订立的网络服务合同无效，判令某网络科技有限公司退还充值款1466元。

二、裁判结果

审理法院认为，对于未成年人这一特殊群体，在判断行为效力时，应注重对行为是否违背公序良俗的审查，并遵循最有利于未成年人的原则。某网络科技有限公司作为网络服务提供者，向未成年人提供的漫画内容中，既包含行政规章规定的互联网文化单位不得提供的文化产品，也包含大量刺激性、挑逗性语言、裸露的画面以及大量不健康内容。案涉漫画内容会对未成年人的身心健康造成损害，对未成年人价值观养成产生错误引导，诱发未成年人对漫画内容进行模仿，对未成年人本人、所在家庭和关联群体产生不良影响，与强化未成年人保护的社会共识明显相悖。案涉合同内容违背公序良俗，应属无效。故判决双方订立的网络服务合同无效，某网络科技有限公司返还唐某充值款1466元。

三、典型意义

强化对未成年人的保护，让未成年人健康成长，是社会共同追求的价值与目标。本案以网络文化产品内容不健康、违背公序良俗为由，认定网络服务合同无效，一方面强调网络服务提供者应当秉持诚信的核心价值观，依法完善服务内容，另一方面发挥司法引领作用，引导网络服务提供者、未成年人及其家长、社会各界共同遵循文明、友善、法治的社会主义核心价值观，将“爱幼”落实到具体生活中来，共同参与网络信息内容生态治理，为未成年人健康成长营造文明、健康、清朗的网络空间。

案例八

遭受职场性骚扰有权依法请求精神损害赔偿

——王某诉傅某性骚扰损害责任纠纷案

核心价值：职场文明

一、基本案情

王某与傅某系同事关系。傅某为追求王某，不断拨打王某电话，频繁向王某发送骚扰短信，内容低俗、语言污秽。王某不堪其扰，将此事告知单位。在单位要求下，傅某两次写下保证书，保证不再骚扰王某。但此后傅某仍然通过电话、短信继续骚扰王某。2020 年 5 月 26 日，王某以傅某骚扰、恐吓为由报警。2020 年 6 月 8 日，某市公安局某分局确认傅某于 2019 年 7 月至 2020 年 5 月 15 日间，违反法律规定，多次以发送骚扰短信、拨打骚扰电话方式干扰他人正常生活，决定给予傅某行政拘留七日并处罚款 200 元。因傅某频繁骚扰，王某被医院确诊患有抑郁发作，伴精神病性症状。王某认为，傅某的行为给其造成了严重的精神损害，向人民法院起诉请求判令傅某向其书面赔礼道歉，并赔偿其精神损害赔偿金 50000 元和医疗费等其他财产损失共计 228300 元。

二、裁判结果

审理法院认为，《中华人民共和国妇女权益保障法》（2018 年修正）第四十条规定，禁止对妇女实施性骚扰。任何人不得以身体、语言、动作、文字或者图像等方式，违背妇女意愿对妇女实施性骚扰。傅某通过电话、短信等方式对王某频繁实施性骚扰，侵害了王某的人格权，并对王某造成了极大的精神负担和身体伤害，其行为背离了社会主义核心价值观的基本要求，应当依法承担相应的法律责任。故判令傅某赔偿王某精神损害抚慰金 30000 元及医疗费等 61804.2 元，并向王某书面赔礼道歉。

三、典型意义

本案明确指出性骚扰行为系对他人人格权的侵犯，严重背离了社会主义核心价值观的要求，侵权人应当依法承担赔礼道歉、赔偿精神损失等民事责任。本案判决不仅保护了受害人的合法权益，而且弘扬了文明、法治的社会主义核心价值观，有利于发挥司法裁判对社会行为的规范、引导作用，营造和谐的社会环境。

案例九

劳动者有权拒绝用人单位以虚拟货币支付工资

——沈某某诉胡某、邓某劳动争议案

核心价值：合法用工

一、基本案情

2019年5月20日，沈某某入职某公司并签订劳动合同，约定月工资5万元。沈某某的月工资实际以2574元人民币加一定数额某虚拟货币的方式支付。2020年10月17日，沈某某因个人原因辞职。2020年11月27日，某公司注销，胡某、邓某系公司股东。后沈某某向人民法院起诉请求胡某、邓某支付工资等人民币53万余元。

二、裁判结果

审理法院认为，用人单位应当按照劳动合同约定和国家规定，向劳动者及时足额支付劳动报酬。《中华人民共和国中国人民银行法》第十六条规定，中华人民共和国的法定货币是人民币。《工资支付暂行规定》第五条规定："工资应当以法定货币支付。不得以实物及有价证券替代货币支付。"以虚拟货币作为工资支付给劳动者违反法律规定，应认定为无效。胡某称应以虚拟货币支付工资的主张于法无据，沈某某要求以人民币支付工资符合法律规定，应予以支持。胡某、邓某办理公司注销时承诺的公司不存在未结清工资事宜与事实不符，应对某公司的债务承担责任。故判决胡某、邓某支付沈某某工资等合计人民币278199.74元。

三、典型意义

根据相关规定，工资应当以法定货币支付，以虚拟货币支付劳动报酬明显违反法律规定。本案旗帜鲜明地否定了以虚拟货币支付工资行为

的合法性，有利于规范企业用工，维护劳动者合法权益，增强劳动者和用人单位双方的风险防范意识和法律意识，对于构建和谐劳动关系、彰显诚信价值、优化营商环境、维护经济金融秩序和社会稳定具有积极意义，弘扬了法治、诚信的社会主义核心价值观。

案例十

劳动者请假照看病危父亲，用人单位应给予适当善意和包容

——李某与某电子商务公司劳动争议案

核心价值：职场友善

一、基本案情

李某于 2021 年 2 月 26 日入职某电子商务公司，签订了劳动合同，岗位为工程师。2022 年 1 月 21 日，李某父亲患癌症晚期，李某通过微信向直属领导张某请假，又通过邮件向领导请假称，“因父亲病重需紧急返乡，特提出请假申请”，请假时间为 2022 年 1 月 24 日至 1 月 30 日。当日，李某回家照顾重病父亲。其间，公司要求李某提供有效请假材料，李某亦通过微信提交了其父亲病历照片。1 月 28 日，李某父亲病重去世。当日，公司却以李某请假未批不到岗，构成旷工为由解除了劳动合同。李某不服解除决定，申请劳动仲裁，仲裁委认定公司解除劳动合同违法。该公司不认可裁决结果，起诉至人民法院，请求不支付违法解除劳动合同赔偿金。

二、裁判结果

审理法院认为，劳动者有自觉维护用人单位劳动秩序、遵守用人单位规章制度的义务；用人单位用工管理权的行使方式亦应善意、宽容、

合理。李某因父亲病重需要陪护，向公司申请事假，既是处理突发家庭事务，亦属尽人子孝道。李某父亲患重病病危，在事发紧急的情况下，李某已经向公司请假，在照顾患病父亲期间也将其父患病的相关资料传给了公司。公司在明知其父亲重病的情况下，仍以请假材料不全，未经审批为由，要求李某到岗，未体现出以人为本的发展理念，与社会主义核心价值观中友善的要求不符，亦有悖中华民族的传统孝文化，既不合情也不合理。综上，李某不构成旷工，公司属于违法解除劳动合同，故判决某电子商务公司支付李某违法解除劳动合同赔偿金 113520 元。

三、典型意义

习近平总书记指出，“要把弘扬孝亲敬老纳入社会主义核心价值观宣传教育，建设具有民族特色、时代特征的孝亲敬老文化。”企业作为社会成员，也应合理承担孝亲敬老的社会责任，对职工照顾父母的孝亲行为予以适当包容和鼓励。本案中，职工为了照顾病危父亲请事假，既是履行赡养老人义务，也是一种孝亲敬老的行为。百善孝为先，企业也应以同理心加以对待，给予职工请假便利，而不是机械管理，消极应对。本案对于树立孝亲敬老的社会风尚、构建和谐劳动关系具有积极意义，有利于弘扬友善、和谐、文明、法治的社会主义核心价值观。

【人民法庭工作专栏】

从“止”讼迈向“少”讼：人民法庭角色转型的机遇与路径

——以Z省N县人民法庭运行情况为分析样本

刘巧丽[*] 魏 巍[**]

内容摘要：人民法庭作为扎根基层的司法据点，在乡土社会中长期扮演着“律者所以定分止争也”的重要角色。但受纠纷类型复杂化、解纷机制局限性、职能定位不清晰等因素影响，人民法庭的角色定位始终存在着“止”讼而不“息争”的问题。当前，随着乡村振兴战略的实施，人民法庭角色转型迎来契机。对此，从中国传统法律文化、现代法治精神与人民法庭政治属性的契合点，即“无讼”的价值理想与有序和谐的现实追求出发，论证人民法庭应当承担的乡村治理体系中专业化法律治理主体的社会角色，其由后端调处“止”讼转变为前端治理诉源成为必然。Z省提出“四治融合”等先进理念，在全国率先推出矛调中心、共享法庭等现代化治理平台，为人民法庭转变角色，深度融入乡村治理大格局提供有力支撑，力争从源头上实现“无判少讼”的乡村法治良序。

关键词：人民法庭 “止”讼者 乡村治理 角色转型

* 浙江省宁海县人民法院副院长。

** 浙江省宁海县人民法院民事审判二庭副庭长。

实施乡村振兴战略，是党的十九大作出的重大决策部署，是全面建设社会主义现代化国家的重大历史任务。人民法庭作为扎根基层的司法据点，担负着凝聚法治力量助力乡村振兴的重要历史使命。长期以来，人民法庭与法院机关的审判业务部门所扮演的角色并无太大区别，主要负责辖区内各类民商事案件的审理，同时兼顾普法宣传、调解指导等，但由于其角色定位的局限性，难以深度融入乡村治理大格局。正如有学者指出的，人民法庭的功能不仅局限于纠纷解决，更在于政府权威及乡村秩序的构建。① 新时代人民法庭需要重新审视其“止”讼者的传统角色。

“止”讼者，重心在于“止”，重自我轻配合，重审理轻治理，重法理轻情理，既难以从源头上控制诉讼增量，又无法满足民众日益多元化的司法需求。中国传统社会孕育的“无讼”法律传统，与现代法治的价值追求和新时代人民法庭工作原则不谋而合，需要充分挖掘“无讼”思想的丰富内涵，总结经验，主动“转身”，将法庭工作置于乡村治理大格局中，变“以我为主”为“主动配合”，审理与治理并重，法理与情理兼顾，探索走出一条符合乡土特色、乡民易于接纳的乡村法治之路，使人民法庭真正成为法治理念的播种者和乡村秩序的构建者，通过源头治理实现诉讼的实质“减少”。

一、“止”讼：人民法庭传统角色的现实困局

作为中国特色司法制度的重要内容，人民法庭制度在近七十年的风雨历程中，为有效解决我国基层社会纠纷、维护社会稳定发挥了独特的作用。但在经济结构、文化形态、价值观念等发生深刻变化的乡村社会转型期，人民法庭所扮演的“止”讼者角色难以应对案件持续增加所带来的传统问题，无法应对纠纷类型发生变化、多元解纷机制适用不足等新型问题，更是与乡村治理全局的要求以及民众对文明和谐乡村的需求

① 参见高其才：《乡土社会中的人民法庭》，载《法律适用》2015 年第 6 期。

存在差距。

（一）涉诉案件数量有增无减，“止”讼力量不足

案件数量的变化情况是一个地区治理情况最好的印证表现。自 2014 年起，Z 省 N 县人民法庭的机构设施在不断翻新，人员的配置也在改善，包括根据辖区人口及案件数量新设两个法庭，两个法庭新建办公大楼，六个法庭均配备移动微法院等先进办公设备，各人民法庭均配有两个骨干审判团队，但是对人民法庭建设的种种资源和技术加持未达到预期效果。值得注意的是，正式立案数虽从表象上呈现下降趋势，但以诉前调立案的案件数呈几何级增长（见图 1），相当一部分案件在本年度或下年度回流进入诉讼程序，可以得出的结论是案件数量并无实质减少。同时，Z 省 N 县人民法庭员额法官的每年人均办案数量普遍在 200 多件，数量多、压力大，必然减少法官主动参与乡村治理的时间和精力（见表 1）。

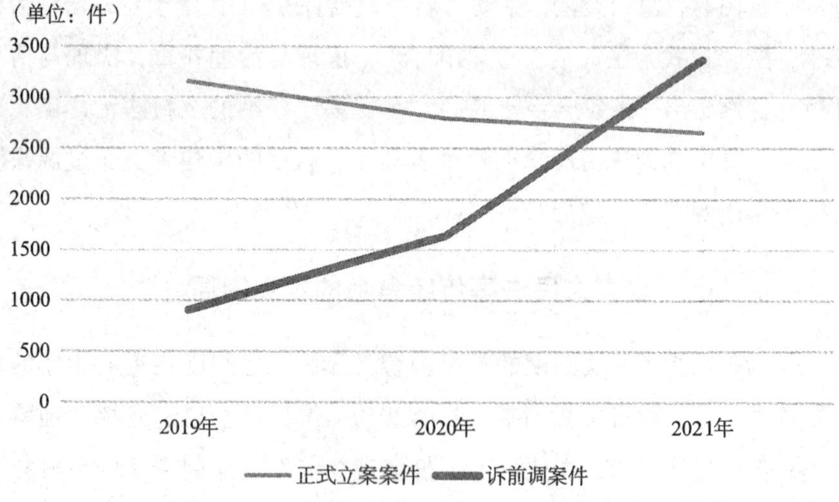

图 1　Z 省 N 县人民法庭案件受理数

表 1　Z 省 N 县人民法庭员额法官办案情况

年份	案件数量（件）	员额法官人数（人）	年人均办案数量（件）
2019	3157	13	243
2020	2794	12	233
2021	2657	12	221

（二）新型纠纷类型不断涌现，“止”讼对象不明

目前，乡村社会除传统的农地、家事、相邻纠纷外，新型纠纷不断出现，纠纷主体呈现多元化，这代表着乡村治理问题的复杂化、多样化，尤其是随着乡村产业发展，引发了各类型合同纠纷。通过 Z 省 N 县六个人民法庭 2021 年的案件受理情况看，数量占据前几位的案由已经与传统意义上的乡土纠纷大不相同，民间借贷纠纷、买卖合同纠纷、金融借款合同纠纷、劳务合同纠纷等诸多非乡土纠纷类型占比较大，而且出现合伙协议、追偿权等新类型纠纷，案情更为复杂，使得人民法庭的传统审理方式和结构受到挑战（见图 2）。

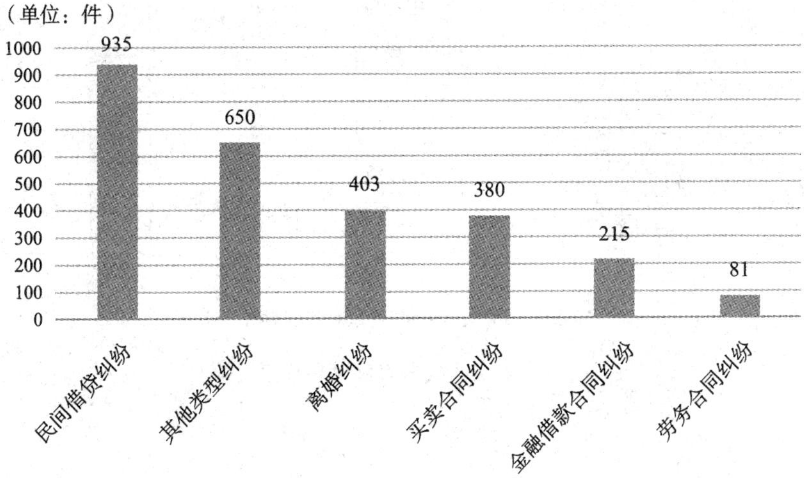

图 2　Z 省 N 县人民法庭 2021 年收案案由

（三）多元解纷机制作用有限，“止”讼效果不显

非诉纠纷解决机制是人民法庭在案件审理和区域治理中广泛应用的方式，通过其他主体的努力，将乡村社会纠纷化解在诉讼之外，避免司法成为唯一的解纷方式。人民法庭参与多元纠纷化解的途径看似增加，但实则收益不大，从Z省N县人民法庭的相关质效情况看，案件调撤率始终在六成左右，相当一部分案件判决结案，而调解或判决后的自动履行率也仅为四成左右（见图3）。主要原因在于人民法庭延伸职能作用发挥不够，其他治理主体对纠纷处理的参与度有限，或者各自为政；以事后调处为主，事前预警和控制诉源的方式和力度有限；司法供给与民众需求不相吻合，人民法庭对民众需求只能针对诉讼行为提供相关法律知识，而无法判定其真实需求。在审理过程中，经常会遇到标的额较小但双方当事人对抗情绪激烈的案件，此类“争口气”案件矛盾产生时间长，处理起来费时费力，除法律外，该类纠纷的解决更需要落脚在道德甚至情理方面。

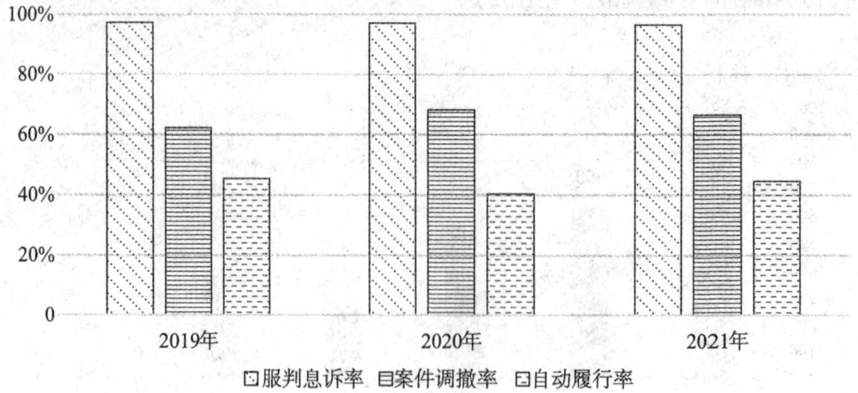

图3　Z省N县人民法庭案件审理质效情况

（四）参与乡村治理定位模糊，“止”讼需求不清

近年来，人民法庭尚处在从乡村治理边缘走向中心的转换阶段，通过普法宣传、巡回审判、法律咨询、指导调解等方式参与乡村综合治理。但是，一方面，人民法庭开展巡回审判次数少、发布案例缺乏典型性、定点接受咨询效果差、与其他治理主体互动不够，而且形式重于实质；另一方面，人民法庭普遍设立在偏远的乡村地区，其传统的社会性需求是定分止争，但随着法治进步，民众的司法需求发生很大变化，公正、廉洁司法已成为最基础的司法需求，人文关怀、司法便捷等正成为民众重要需求，人民法庭没有与时俱进加强认识。

二、“无讼”：人民法庭角色转型的逻辑进路

人民法庭要破除“止”讼者角色所带来的困局必须转换身份，从文化和历史中探寻本源。人民法庭设立在传统乡土社会中，其所身处的文化氛围是追求天人合一的自然和谐观；人民法庭建立于法治建设进程中，其所追崇的境界是自觉坚定的法治信仰；人民法庭设立在基层政权组织中，其所探寻的历史模式是人民政权的永久稳固。人民法庭的新角色既契合“无讼”传统文化价值观和现代法治精神，又符合公权力依法介入乡村社会的实践要求，合乎逻辑也合乎情理、法理。

（一）传统社会文化观：宗族观念下契合社会结构的善治需求

“听讼，吾犹人也，必也使无讼乎”。中国传统法律文化中的“无讼”观是儒家文化背景下的产物，儒家思想主张礼法合一，通过道德教化实现社会秩序的稳定和谐。在中国传统社会中，最重要的社会单元是家庭，各家庭成员之间时常表现出克制忍让、相互体谅，尽量避免纠纷发生。对于环境相对闭塞、姓聚族而居现象普遍的中国乡村地区，“无讼”文化观仍具有强大生命力和影响力。人民法庭地处乡村社会，必须适应“乡土意识”语境，在开展司法活动中，善于将政策、法律融入地

方，与乡村传统习俗互融共生，传承发扬中华优秀传统法律文化；善于利用道德教化的方式，对于乡村社会发展中出现的动荡和混乱进行有力矫正和修复；善于扶持和培育乡村自治力量，唤起主人翁意识，使矛盾纠纷消弭于内部。最重要的是，这种在道德重建与村民自治基础上培养起来的"无讼"法律意识，能够从根本上恢复社会转型期日渐衰微的乡村传统社会秩序，回归"善治"本源。

（二）现代法治价值观：法律信仰下遵守社会规则的自觉行为

现代法治在价值意义层面上是一种信仰，是人们内心深处对法的精神，即对自由、正义、秩序等的认同，并将之作为与内心情感相交融的一种向往与追求。一个国家要步入法治化状态，除了要有一套完备的法律体系，还必须使社会成员对法律蕴含的社会经济伦理价值具有自觉而坚定的信仰。与西方"人性具有自然的缺陷"的观念不同，中国乡土社会中"人性本善"的观念根深蒂固，遵守秩序、守持正义的潜在意识更为强烈，为现代法治思想转化为乡土社会的自觉行为提供了深厚土壤。人民法庭干警应当善于以乡土话语传递法治精神，以理性的态度寻求法治现代化与民族化的结合点，让政策、法律首先在形式上符合乡村的体系，随后在实质内容上对乡村公共规则进行引导、催化，通过潜移默化的方式使乡村社会的期待与国家的法律融合起来，把具有中国特色的法治原则与精神融化为乡村民众内心的信念，最终实现纷争的减少、治理的有序。

（三）国家政权人民观：国家意志下融入乡土社会的法律载体

人民法庭的司法工作是将作为国家意志载体的法律和政策，在乡村社会通过直观的方式完成的实践，同时也是国家政权正当性、合法性的再现。"全面推进依法治国，推进国家治理体系和治理能力现代化，工作的基础在基层。”① 人民法庭作为国家对基层社会治理的产物，是国家对乡村社会进行治理的重要途径，具有鲜明的政治色彩。人民法庭的司法活动须服从于基层社会治理的目标，其政治目的不言而喻，即在乡土社会树立法律权威，实现和谐有序的乡村秩序，从基础上巩固人民政权。“好讼、健讼”自然不是设立人民法庭的初衷和倡导乡民应当实施的行为。人民法庭行使审判权的过程就是国家政权建设的过程，因此代表国家权力的人民法庭入驻乡村开展社会治理就是国家建设的一种体现，是公权力在乡村中的合法延伸。② 人民法庭利用便于掌握纠纷动向的优势条件，加强与党委政府联动；利用熟悉解纷技能的优势条件，加强与各方治理力量联动；利用代表社会公正身份的优势条件，加强与乡村民众互动。这是法律“基层治理体系和治理能力现代化”，强化国家基础权力的应有之义。

三、“化”讼：人民法庭角色转型的时代机遇

作为全国各省份中基层组织最有活力的省份之一，Z 省为“化讼止争”在基层社会治理方面作出了一系列创新探索，形成了“四治融合”“共建、共治、共享”等重要经验，搭建起矛调中心、共享法庭等乡村治理平台，为新时代人民法庭理顺审判职能与乡村治理之间的关系，转变自身角色定位，由后端“制止”诉讼转为前端“减少”诉讼，切实担负起以法治护航乡村振兴的历史重任提供了时代机遇。

（一）理念支撑：“四治融合”与司法的契合

自 2013 年 Z 省在全国试点探索自治、德治、法治相结合的基层社会治理模式以来，党建作引领、自治增活力、德治行教化、法治强保障、智治是方向，“四治融合”的基层治理理念逐步深入人心，正成为引领乡

① 《习近平：依法治国基础在基层》，载《人民日报》2021 年 3 月 8 日。

② 参见刘念虎、李延禹、李璐璐：《人民法庭参与乡村治理的功能定位与路径选择》，载《山东法官培训学院学报》2021 年第 6 期。

村社会综合治理的重要指引。在乡村治理体系中，需要情、理、法相互配合，而法治是“四治融合”网中的纲，人民法庭具有独特的乡土优势和法治优势，其作为国家审判机关的组成部分，不仅需履行传统意义上的定争止分的职能，也需参与乡村社会综合治理。新时代赋予新理念，新理念引领新征程。“四治融合”理念为人民法庭在深度参与乡村治理中，注重内生秩序、弘扬法治精神、提倡道德约束、运用智慧司法方面提供了科学的方法论指导。

（二）体制支撑：基层治理与司法的结合

自2007年以来，Z省法院收案长期保持两位数增长，法官人均办案数长期居全国第一。为解决人案矛盾，Z省从基层治理角度进行了有益探索，贡献出新的经验，同时也为人民法庭对接其他乡村治理主体、联系乡村民众，开展诉源治理提供了制度保障。自2019年起，Z省倾力打造县级矛调中心，将场地设施、人员岗位和相关行政资源、司法资源、社会资源集中利用，党委牵头推进县、乡镇（街道）两级矛调中心规范化、实效化运作，法院变“以我为主”为“主动配合”，主动将法院调解工作置于党委政府大治理格局中，建立起“信访打头、调解为主、诉讼断后”的一站式分层递进解纷机制。这为民众提供全覆盖、全领域、全过程解纷服务的同时，也为人民法庭利用专业优势，更好地支持和指导相关部门、调解组织和社会力量在法治轨道上参与乡村治理提供了平台。

（三）科技支撑：互联技术与司法的融合

互联网时代高速发展带来的多元变革，也引发了人们对传统司法模式的思考。基于此，Z省利用微信小程序的技术优势和平台优势，在全国首先推出“移动微法院”，随着多年的推广和发展，现已转型升级为“人民法院在线服务”平台，并出台人民法院在线运行规则，开创世界领先的互联网司法新模式。平台中，在线开庭、文书送达、案件调解等功能一应俱全，实现网上立案全覆盖、诉讼行为可留痕、联系法官零距离，尤其是新冠疫情期间，线上平台更是大显神威，实现“审判执行不停摆、公平正义不止步”。2021年以来，Z省依托“移动微法院”，进一步打破时空界限，深入贯彻共享理念，在全省全面推进共享法庭建设，将人民法庭架构在数字空间、虚拟在民众身边，通过共享法庭汇聚起人民法庭、矛调中心、协会商会等以及法官、调解员、网格员等解纷力量，将人民法庭司法服务的载体和触角延伸到村社最末端，极大拓展了人民法庭参与乡村治理的广度和深度。

四、“少”讼：人民法庭角色转型的路径设计

从理想状态看，无论是中国传统法律文化，还是现代法治精神，都希望社会成员能从内心自觉遵守社会规则（包括法律），实现“无讼”。这将使社会的秩序和稳定状态变得更加有效和持久。从实际情况看，人民法庭仅仅扮演“止”讼者的角色，不符合“无讼”的价值理念，难以满足乡村民众日益多元化的司法需求。人民法庭需要主动转变自身角色，将法治精神转化为乡土话语，通过情、理、法兼容的教化和治理方式，唤起乡民内心深处对自由、正义、秩序等价值的认同，提高对行为后果的认知和自我预期，最终达到“大事化小，小事化了”的“少”讼目的。目前，先进治理理念已确立，乡村治理平台已搭建，人民法庭在原有经验基础之上需要从分散走向集中、从破碎走向整合，[①] 立足系统思维，设计一套体系化的乡村治理方案，提升自觉意识和主动性、创造性，真正承担起专业化法律治理主体的社会角色。

（一）宏观指导：推动法治精神广泛覆盖，实现“形神兼备”

1.“四治融合”，完善乡规民约

坚持自治、德治、法治与智治相结合，深化人民法庭与村居结对共建，帮助完善乡规民约、村民习俗惯例等基层社会规范，将法治思维和

① 参见竺乾威：《从新公共管理到整体性治理》，载《中国行政管理》2008年第10期。

法治观念融入乡村生活领域。以自治为基础，抓好网格员、庭务主任的培训、指导工作，切实发挥好便民联络员在推动农村妇女权益保护、诚实守信、睦邻友好等乡村规则修订中的带动作用；以德治为引领，建立人民法庭法官常态化走访制度，主动发掘优良家风家训、淳朴善良风俗，将其培育成乡民的公共精神，逐步引导纳入乡规民约；以法治为根本，加强对乡规民约制定程序的监督和指导，按照村民委员会组织法等相关规定，完善乡规民约的制定流程，与基层政府协同推进乡规民约与国家法律的衔接融通，对乡规民约进行备案审查；以智治为手段，注重榜样示范、教育引导，利用“共享法庭”等平台，扩大乡规民约的辐射面和影响力，提高乡规民约的权威性和执行力。

2. “推陈出新”，开展普法宣传

人民法庭创新普法宣传形式，需要因地制宜，提高普法宣传的针对性和实效性。深挖案例“富矿”，民事方面可以选取土地承包、婚姻家事、邻里纠纷、环境资源保护等典型案例，刑事方面可以选取网络诈骗以及换届选举中涉嫌刑事犯罪等典型案例；从线下宣传到线上推广实现智变，借助共享法庭，突破时空界限，让更多民众随时打开手机在线“云旁听”，并提供庭审录像、以案释法等点单式服务；打造特色普法品牌，可以结合 Z 省 N 县开展的“周二夜学”活动，以学法律、学先进、比奉献、比风采为内涵，组织开展联盟党支部活动，邀请乡镇村企党员干部共同参与讨论交流，展示身边诉源治理中的先进模范人物。

3. “基因传承”，打造无讼村居

人民法庭开展诉源治理，需要找准中国优秀传统法律文化与现代法治精神的契合点，将中国乡土社会的“无讼”基因内化于心、外化于行。中国传统社会中，和解对乡土社会熟人领域中的纠纷解决来说起着积极作用，人民法庭干警应当摆脱僵化、冰冷的面孔，开展“无讼”乡村（社区）示范点建设项目运行，通过运行“无讼村居”诉源分析系统，建立无讼村居评比和考核标准，科学打造“无讼村居”，发挥示范效应，提倡在平等和自愿原则下开展自力救济和社会救济，弘扬传统“无讼”

法律文化。

（二）中观协同：支持多元治理主体发展，实现“共治共享”

1. “首尾衔接”：强化与辖区党委政府联动

人民法庭将可能出现类案聚集、反映重点治理问题的案件，整理成预测性分析报告，提前定位诉源，与乡镇（街道）政府及时联系，共同商定处置方案并配合实施；人民法庭在案件审理结束后，总结出规律性、引导性的乡村普适的社会规则，将其规整成为司法建议送交相关的乡镇（街道）党委，进行相关的总结反馈与矛盾控制，从而找到治理的重点。在对相关乡镇（街道）、村居单位治理工作的考核评价中，不妨加入相关的诉讼指数作为指标，完善以诉讼主体数量为基础的“万人成讼率”激励方式，将案件中原告、被告、第三人按户籍或住所地分别归属至各村居，与村居中的总人口数比较得出相关的诉讼指标，相关数据由各人民法庭收集，法院统一报送相关部门，作为对乡镇（街道）治理工作考核的数据指标。

2. “分而化之”：强化与社会组织联处

人民法庭与各社会组织展开对接，在诉前调解阶段及时将案件转移给相应的组织团体，推动行业分流，实现诉前专业化预调，避免因专业性壁垒导致人民法庭调解流于形式。人民法庭分流案件通过实现“三转变”，推动乡镇（街道）矛调中心实质化运行，即转变推送案件数量，需达到一定法庭收案比例；转变推送案件范围，由原来的简单案件推送转变为随机无差别推送；转变指导调解方式，由法庭联络员上门保姆式指导转变为线上提供类型化案件的指导意见、司法确认时进行个案审查，实现“放管服”。

3. “同频共振”：强化与基层民众联动

“治国有常，而利民为本”。新时代人民法庭角色转型的根基和导向在于利民、便民。要将“人民法院在线服务”平台打造为民意沟通、法律咨询、纠纷调解等的有效途径。通过平台，强化与偏远地区民众的联系，让数字跑腿代替民众跑路，彻底实现法官与民众之间的沟通交流无障碍，全力消除法律“盲区”；通过平台，强化与外出人员的联系，将平台发展为各地乡贤建言献策的重要基地，为外地从商、务工、就学等人员提供法律保障的重要途径；通过平台，强化与特殊群体联系，着眼于老弱病残孕等弱势民众的法律需求和诉讼权利保障，增设语音读写、视频文字转换等功能，体现新时代人民法庭的司法温情。

（三）微观整合：促进司法服务方向转型，实现“理实并重”

1. 开展司法调研，建立常态化立案预警机制

人民法庭要建立自己的数据库，对辖区内的案件可以按村居、案由等分别进行归类处理，搭建矛盾纠纷线索归集系统，实现数据共享、会商研判、分流转办、沟通协调机制。在这方面，人民法庭的做法是将自身从一个独立的审判个体，拓展为与其他部门机构和社会组织联系的一个“节点”。一方面，将诉讼相关信息进行隐名和脱敏处理，及时掌握辖区内纠纷的动态发展变化，从而汇集成为具有共享价值的大数据，提前研判风险、预警联动，确保辖区重大风险及信访苗头从源头化解；另一方面，对于有规律性共同性的同类纠纷，形成本庭的文书样板，促进类案的简化快速处理。

2. 推出优质案例，发挥示范性审判引领作用

坚持“法安天下、德润人心”，人民法庭要自觉将社会主义核心价值观融入审判工作中，注重在法律框架内运用社会主义核心价值观释法说理，要将发掘紧系乡村人民生活、紧扣社会主义核心价值观的典型案例作为今后司法工作中的重点，摆脱以办案量作为评价司法业绩的固有思维。对于具有典型意义的案例，通过公开庭、巡回法庭等方式审理，线上平台发布庭审录像、判决书等，通过法院公众号、报纸、电视台等方式宣传，弘扬真善美正能量，充分发挥司法的教育、评价、指引、示范功能，推动社会主义核心价值观转化为乡村民众的情感认同和行为自觉。

3. 立足乡土社会，提升个性化司法职业能力

人才是推动新时代人民法庭角色转型和高质量发展的核心要素。要落实好“三个便于”“三个服务”“三个优化”人民法庭工作原则，关键在于法庭干警素养的专业化培养。针对司法服务“个性化”需求，要建立人民法庭干警精准培训机制，可以根据人民法庭的地理环境、人口结构、经济水平等因素，有差别地设置培训内容；要实行全员轮训，员额法官、法官助理、书记员均需掌握新时代服务和保障乡村振兴的司法技能；要实行交叉培训，法庭干警需参加乡镇（街道）党委政府组织的培训，熟悉辖区的风土人情；要发挥庭长的头雁作用，形成庭长培训常态化机制，增进各地人民法庭庭长在乡村治理方面的经验交流互动。

人民法庭专业化与综合性建设的职能定位和优化路径

——以中部H省X市Y区法院的四个人民法庭为样本

王喜申*

内容摘要：人民法庭是社会主义法治建设的重要力量，是将人民司法触角延伸至基层社会的重要组织机构。随着经济社会的发展，需要在原有人民法庭建设基础上，因地制宜地确立各自不同的职能，找准合适的定位：在对基层法院受理的案件类型进行梳理后，统筹分工，安排部分城区法庭、城乡接合法庭专门审理或者集中审理某一类或者某几类案件；对于乡村法庭而言，需要立足审判职能，充分发挥裁判文书的教育、评价、指引与示范职能，服务乡村振兴，推进基层社会治理，弘扬社会主义核心价值观。需要同步审视人民法庭专业化建设取得的成效和存在的问题，针对存在的问题，统筹抓好专业化与综合性的差异化设置，找准专业化审判主题的方向，进一步优化专业化审判组织，完善司法绩效考核机制，持续嵌入基层社会治理。

关键词：专业化　综合性　职能定位　优化路径

---

* 湖南省湘潭市雨湖区人民法院楠竹山人民法庭庭长。

一、引言：人民法庭专业化与综合性建设的提出

人民法庭制度由1954年人民法院组织法确立，是中国特色社会主义司法制度的重要组成部分。人民法庭身处基层，站在矛盾纠纷化解的最前线，是基层社会治理不可或缺的重要力量。

人民法庭制度建立之初，经济社会发展落后，交通闭塞，民众整体文化水平偏低，便于偏远地区群众就地“打官司”是设立人民法庭的重要考量因素。改革开放以后，随着社会主义市场经济的发展，部分人民法庭所在的区域逐渐推进了城镇化，尤其是交通、通信等基础设施的改善，使得人民法庭便于当事人“打官司”的职能逐步弱化。与此同时，基层人民法院包括人民法庭受理的案件数量和类型都在不断增加，其承担的办案任务越来越重。案多人少的矛盾日益突出，人民群众对司法效率的需求亦与日俱增。

建立与时代需求相适应的人民法庭工作制度一直是最高司法机关顶层设计的重要内容。2014年12月4日，最高人民法院发布《关于进一步加强新形势下人民法庭工作的若干意见》，提出“探索专业化审判法庭的设置”；2016年9月12日，最高人民法院发布《关于进一步推进案件繁简分流优化司法资源配置的若干意见》，提出“推广专业化审判”；2019年2月27日，《最高人民法院关于深化人民法院司法体制综合配套改革的意见——人民法院第五个五年改革纲要（2019—2023）》出台，提出“加强人民法庭建设和专业化审判机制建设”。上述文件，均提到了专业化审判建设。2021年9月15日，最高人民法院发布《关于推动新时代人民法庭工作高质量发展的意见》，提出人民法庭“坚持‘三个优化’”，优化之一即为“优化专业化建设”；同时，该意见首次提出了人民法庭“综合性与专业化建设相结合”，并举例说明：“城市近郊或者城区，可以由相关人民法庭专门或者集中负责审理道交、劳动、物业、旅游、少年、家事、金融商事、环境资源等案件；产业特色明显地区，可以由专业化人民法庭专门负责审理涉及特定区域或者特定产业的案件。”综合最高人

民法院发布的上述文件精神和最高人民法院官媒的报道①，笔者认为，人民法庭专业化审判建设是基层人民法院根据案件的不同类型统筹确定由人民法庭审理某一类型化案件或某几类型化案件，建立专门法庭或者专业化审判团队，专人专门审理或者相对集中审理特定类型案件的审判模式。

但是，中国城乡二元结构仍然存在，在部分人民法庭实施专业化审判建设之外，对于部分离城区较远，类型化案件较少的人民法庭，仍应坚守“三个便于”“三个服务”，“立足审判职能参与地方治理”，有效化解辖区内相对简易的民商事案件纠纷，充分发挥裁判文书的教育、评价、指引与示范职能，主动服务乡村振兴，推进基层社会治理，引导人民群众自觉履行法定义务、家庭责任、社会责任。笔者认为，将案件审判与乡村治理相结合正是《关于推动新时代人民法庭工作高质量发展的意见》提出的人民法庭“综合性建设”的核心。

中部H省X市Y区法院立足本地实际，贯彻最高人民法院下发的上述文件规定，既开展了人民法庭专业化建设、专门法庭建设的实践探索，又加强了综合性人民法庭的建设，逐步实现了专业化与综合性建设相结合。本文以Y区法院四个人民法庭为样本，分析专业化与综合性选择的职能定位因素，在此基础上审视全国人民法庭专业化建设的情况，提出人民法庭专业化建设的优化路径。

二、样本：H省X市Y区法院的四个人民法庭

（一）对样本法庭的图表形式介绍

Y区位于H省中部偏东，东北方向为国家级经济开发区，毗邻省会。Y区辖区面积约590平方公里，人口约70万人，辖区内有三条高速公路，里程长约63公里。

---

① 参见王鑫、张叶青：《开对症良药 解医患纠纷——四川成都武侯区法院探索专业化医疗纠纷化解新模式》，载《人民法院报》2021年12月13日；王希玉、朱鹏飞：《山东高唐法院积极推进人民法庭专业化建设》，载中国法院网，https：//www.chinacourt.org/article/detail/2022/04/id/6636099.shtml，2022年4月15日访问。

Y区法院设有四个人民法庭，本文将其代号为A、B、C、D四个人民法庭。四个人民法庭与法院机关距离、车行时间及人员结构见表1、表2。

表1　Y区法院人民法庭与法院机关距离、车行时间

距离、时间 法庭名称	与院机关距离	车行时间
A人民法庭	17公里	26分钟
B人民法庭	11公里	16分钟
C人民法庭	11公里	16分钟
D人民法庭	0.5公里	1分钟

表2　Y区法院人民法庭人员结构　　（单位：人）

人员类别 法庭名称	员额法官	法官助理	书记员	法警
A人民法庭	1	1	1	1
B人民法庭	1	1	1	1
C人民法庭	5	4	6	2
D人民法庭	3	2	4	1

从表3可以看出，A、B法庭辖区内婚姻家庭纠纷、民间借贷纠纷等传统的案件类型占比较高，C法庭受理的房屋买卖合同纠纷案件数量较多，D法庭办理的交通事故类侵权纠纷占比达89.4%。

表3　2021年度收案数量、案件类型占比

法庭名称 件数，占全庭比例 案件类型	A人民法庭		B人民法庭		C人民法庭		D人民法庭	
婚姻家庭纠纷	42件	15.6%	69件	30%	82件	7%	2件	0.4%
民间借贷纠纷	46件	17%	56件	24.3%	207件	18%	2件	0.4%
侵权纠纷（交通事故）	2件	0.7%	7件	3%	23件	2%	501件	89.4%

(续表)

法庭名称 / 件数，占全庭比例 / 案件类型	A 人民法庭		B 人民法庭		C 人民法庭		D 人民法庭	
劳动争议纠纷	116 件	43%	10 件	4.3%	23 件	2%	0 件	0
房屋买卖合同纠纷	0 件	0	1 件	0.4%	321 件	28%	1 件	0.2%
其他纠纷	64 件	23.7%	87 件	38%	494 件	43%	54 件	9.6%

（二）对样本法庭概况的补充介绍

A、B 法庭在驻在地镇上建有办公楼，作为乡村人民法庭，办理辖区乡镇内除由专门法庭或由专业化审判团队办理的案件以外的简易民商事案件。在受案类型上，相较于其他人民法庭或者院机关民事庭，房屋买卖合同纠纷、建设工程施工合同纠纷、物业服务合同纠纷等案件较少。

C 法庭驻地在国家级经开区，借用经开区场地办公，受理该国家级经开区范围内除交通事故纠纷以外的民商事案件，辖区面积不大，但是案件数量很多，经济纠纷占比较高，自 2020 年开始办理全院受理的商品房买卖合同纠纷案件，目前已成立一个商品房买卖合同纠纷案件专业化审判团队。

D 法庭原来的办公场地在 D 镇，因 A、D 镇相邻，且 D 镇主要为一大型国有企业所在地，矛盾纠纷较少、诉讼案件不多，Y 区法院整合审判资源，三年前将 D 法庭搬至 Y 区交警大队办公（借用 Y 区交警大队场地），全庭专业办理交通事故民事赔偿诉讼及因交通事故衍生的纠纷（不办理刑事案件、行政案件、执行案件），比如，财产保险合同纠纷、保险人代位求偿权纠纷、追偿权纠纷等。Y 区法院在 Y 区交警大队内挂“交通法庭”牌子。D 镇简易民商事案件由 A 法庭受理。

从上述介绍分析可知，A、B 法庭为乡村法庭，驻地在镇上，与院机关相对较远，人员配置较少，均为一员额、一助理、一书记员加一法警，类型化案件数量不多，婚姻家庭等传统纠纷案件占比均较高。

C 法庭为城乡接合法庭，D 法庭为城区法庭，D 法庭为办理交通事故民事赔偿诉讼的专门化人民法庭。

Y 区法院人民法庭专业化审判采取两种组织形式：第一种，专门化法庭，D 法庭专门负责审理交通事故民事赔偿诉讼及相关衍生纠纷；第二种，依托现有法庭，在 C 法庭内设立固定的专业化审判团队，集中负责审理商品房买卖合同纠纷。

（三）样本法庭职能定位差异的考量因素

Y 区法院近年收案数量逐年攀升，2021 年度新收案件数量 11428 件，目前全院员额法官有 45 人，其中，6 名院领导、11 名庭室负责人除了办案外，还需要占用较多时间处理非审判事务（行政事务），因此，人案矛盾突出，办案法官任务重。三年前，Y 区法院统筹全院审判力量，经过反复调研和测算，决定调整部分庭室职能，其中包括部分人民法庭的职能调整，选择在离院机关较近的 C、D 两个法庭开展专业化审判实践，A、B 法庭的职能则相对不变。

Y 区法院将 C、D 两个法庭调整为专业化审判建设，基于以下三个现实条件：其一，与院机关距离较近，为城区人民法庭或者城乡接合人民法庭。其二，全院存在一定数量的类型化案件，满足成立专门法庭或者专业化审判团队的办案数量要求。专业化审判建设的实质系在原有刑事、民事、行政审判的基础上再进行类型化的细分。例如，在民事审判领域可以分为婚姻家庭类、损害赔偿类、交通事故类、民间借贷类等，不管是采用专门法庭还是专业化审判团队的组织形式，均需要类型化案件达到一定的数量。其三，具有专业审判能力的专家型法官。专业化法官需要具备某方面的专业知识，且愿意相对固定、较长时间从事批量案件、类型化案件的审理，通过总结形成可资借鉴的类案裁判经验，进而提高审判效率。

（四）样本法庭专业化审判取得的成效

通过三年的实践，事实证明样本法庭专业化审判达到了预期目标。

具体而言，专业化审判实践取得了三个成效。

1. 有利于提高办案效率，一定程度上缓解了人案矛盾

在办案人员数量难以有效增加的情况下，Y区法院整合审判资源、创新审判模式，在已有的民事审判、刑事审判、行政审判三大审判领域的基础上，在现有的立案庭、审判庭、执行局三大诉讼程序的基础上，再作进一步的分工细化，指定专人审理类型化案件，实施专案专办，高效化解类型化案件。比如，机动车交通事故责任纠纷的平均审限由三年前的43.56天降至23.81天，道交案件呈现“两降两升”趋势：事故发生率、诉讼案件受案数同步下降，保险公司调解率、一审理赔率同比上升。全院在员额法官没有增加而案件数量逐年攀升的情况下，较好完成了审判任务。

2. 统一类案裁判尺度，提高了审判质效

类型化案件交由同一审判人员或审判团队进行裁判，有助于达到“类案同判”的效果。在广泛总结审判程序、证据采信、事实认定、法律适用等方面的异同后，初步拟定裁判规则，再经专业法官会议或者审委会讨论通过后，形成典型案例，指导后续类案审判工作开展。批量案件实行“首案示范审判”，比如，某一楼盘延期交房导致的商品房买卖合同纠纷，众多业主起诉开发商主张违约金案件，先将审理的第一个案件提交专业法官会议讨论，一审判决后，如果一方上诉的，等待二审裁判文书生效后，再来处理该批次其他案件，最大限度统一了裁判尺度，保证了案件质量，又避免了案件由不同法官承办导致重复性研讨所带来的司法资源浪费。

3. 类案审判深耕细琢，输出了类案办理经验

随着现代社会分工的日益细化，需要更多专业人士，“让专业的人做专业的事”，处理法律问题亦如此，因此，对审判模式提出了“专业”的要求。以机动车交通事故案件审判为例，人身损害赔偿的每一项目均十分具体、精确，传统的粗放型、随机分案审判模式难以“格式化作业”。只有通过专人专案专审，首先做到审有所专、审有所思，才能审有所精、

审有所长，在总结提升后，形成类案办理经验、裁判规则。比如，车损纠纷案件难点在于车损价值的确定，D 法庭通过办理大量的车损纠纷案件，提炼出车损案件诉前鉴定规则；针对共享汽车肇事、外卖骑手肇事、超标二轮电动车肇事频发的情况，通过审理这些类型的交通事故案件，2021 年撰写的三篇问题建议作为信息材料被 H 省高院信息专刊采用。

三、人民法庭专业化与综合性建设的职能定位解读

（一）人民法庭职能的历史变化

自人民法庭诞生以后，在不同的历史时期，人民法庭被赋予不同的职能定位。中华人民共和国成立初期，作为政府领导下的临时特别法庭的职能是完成特定领域的刑事犯罪以及关于土地改革案件的审判任务；“文化大革命”期间，人民法庭建设基本上处于停滞阶段；改革开放后，人民法庭作为人民法院的派出机构，职能定位是：审理民事案件、刑事自诉案件，指导人民调解工作，参与社会治安综合治理。①

2014 年 12 月 4 日，最高人民法院发布的《关于进一步加强新形势下人民法庭工作的若干意见》明确指出：“牢牢把握司法为民公正司法工作主线，代表国家依法独立公正行使审判权，是人民法庭的核心职能。依法支持其他机关和群众自治组织调处社会矛盾纠纷，依法对人民调解委员会调解民间纠纷进行业务指导，积极参与基层社会治理，是人民法庭的重要职能。”该意见指出了人民法庭的两项职能：核心职能、重要职能。核心职能是审判职能，即案件审判是人民法庭的主责主业。同时，围绕党和国家工作大局，人民法庭延伸非审判职能，包括多元化解纠纷、指导调解、普法宣传等参与基层社会治理的职能。从对立统一角度看，定分止争的审判职能和参与基层社会治理的非审判职能均为人民法庭的职责所在。人民法庭既需要发挥司法审判规则之治的功能，也需要发挥

① 参见张邦铺：《人民法庭职能定位及其实现路径——以参与基层治理为分析视角》，载《四川民族学院学报》2020 年第 6 期。

多元解纷联调联动的功能。实现司法审判职能与参与基层社会治理职能协调运行。①

（二）人民法庭专业化与综合性建设的职能区分

人民法庭专业化与综合性建设的职能区分，人民法庭专业化与综合性建设的区分，实质是对人民法庭职能侧重和突出目标的适当调整。城乡基层群众生产生活状况不同，不同地区的人民法庭面对的情况和面临的压力并不相同，司法职能必须回应人民群众多层次、多样化、个性化的新需求。因为司法制度的设计必须回应社会现实需求，只有适应社会形势的司法制度才具有生命力。笔者通过查阅人民法庭工作平台部分人民法庭的介绍，发现多数乡村法庭和城区法庭的设置基本还是遵循传统思路，差异化不明显，同质化居多数。因此，人民法庭实行差异化发展，适当调整部分人民法庭的职能定位，开展专业化审判建设，成为优化基层法院审判资源的措施之一。

对于经济较为发达、交通便利、案件较多的城区或城乡接合人民法庭而言，适当调整职能定位，探索专业化审判建设成为合乎时宜的选项。比如，设立以案件类型为专业方向的交通事故、劳动争议、知识产权和家事纠纷等专业化法庭，设立以审理对象为专业方向的未成年人法庭等专业化法庭，办理基层法院辖区内多发易发、专业化程度较高、可以“格式化作业”的案件，通过快速审理大量简单、类型化民事案件，增强矛盾纠纷的化解能力，发挥集中、高效、专业的案件处理优势。专业化法庭的设置，还应当同时照顾到地点选择、工作条件的便利。比如，上文提到的 D 法庭设置在 Y 区交警大队，既便利了交通事故当事人诉讼，又便于法官与交警的横向工作联系。对于暂时不能设置专门法庭的，可以根据辖区案件审理需要，将部分数量较多、具有类型化特点的案件集中至某一特定人民法庭，挖掘人民法庭的潜力，充分发挥其集中、高效

① 参见赵风暴：《准确把握人民法庭的职能定位》，载《理论视野》2018 年第 12 期。

处理案件的优势。比如，上文提到的C法庭组建专业化审判团队，承担了商品房买卖合同纠纷案件的审理任务。

对于位置较偏的乡村人民法庭，挖掘驻地资源，发挥其便民利民优势，加强和完善综合性建设，进一步突出其参与乡村社会治理功能，努力将乡村法庭打造成为乡村矛盾纠纷化解和基层社会治理的法治化枢纽与中心。

简而言之，实施人民法庭专业化审判建设的首要目标是实现基层人民法院审判权运行的高效配置，回应人民群众对高效司法的需求，突出人民法庭的核心职能即审判职能。加强和完善人民法庭综合性建设的目标是实现审判职能与非审判职能结合，是在立足审判的基础上，服务推进乡村振兴和参与辖区基层治理。

四、人民法庭专业化建设的主要问题和优化路径

（一）专业化建设面临的主要问题

凡事皆具有两面性，需要在对立统一中发展。既要看到样本人民法庭专业化审判建设的成效，同时也要基于样本法庭但不限于样本法庭，审视全国人民法庭专业化建设过程中面临的主要问题。

1. 专门人民法庭设置存在一定程度的盲目性

近年一些专门人民法庭的运行可证实，由于没有相关制度配套，这些专门法庭在功能定位上过于超前，成为空谈理论和研究的“试验田”，实际上处于“无米下锅”的境况，没有达到预期的成效。[①]

2. 专门人民法庭的命名困惑

《最高人民法院关于人民法庭若干问题的规定》《最高人民法院关于全面加强人民法庭工作的决定》均规定：人民法庭的名称，以其所在地

① 参见丁国锋：《江苏省各环保法庭为何遭遇“零公益诉讼”》，载《法制日报》2008年7月6日；刘超：《反思环保法庭的制度逻辑——以贵阳市环保审判庭和清镇市环保法庭为考察对象》，载《法学评论》2010年第1期。

地名命名，并冠以其所属基层人民法院的名称。具体名称为“某某人民法院+人民法庭所在地地名+人民法庭”。对于专门人民法庭而言，如果使用地名命名，则不能直白体现专门审理某类案件的专业性特点，相反，如果以专业命名，虽能直白体现专门人民法庭的专业性特点，但欠缺法律依据。

3. 人民法庭法官参与基层治理的内在动力不足

上级法院以及人民法院各个庭室的管理考核指标，往往都是围绕审判质效和审判执行任务的完成情况制定的，诉讼案件数量在员额法官的绩效考核中占有较大权重，其主要工作仍是案件审判，针对人民法庭参与基层治理的考核指标较少，人民法庭参与基层治理的主动意愿很低。

4. 有些适宜专业化审判的类案，无人愿意长期从事该类案件专业化审判

以 Y 区法院为例，曾安排一至二名员额法官专门从事家事纠纷、劳动争议纠纷的审判，但是均因无人愿意长期从事该类案件专业化审判，只好又将该类案件回到随机分案状态。究其原因在于，家事纠纷案件当事人理性程度低，对抗性、情绪化强，案件审理难度大；劳动争议纠纷处理的政策性强，法律法规、规范性文件体系繁杂，案件审理难度也不小。

5. 专业化建设不利于通才的培养

绝大多数基层法院，仍然面临的是案件量大、法律关系相对简单、专业性需求相对较弱的普通案件，因此，复合型人才的培养仍然是基层法院必须面对的议题。法官在长时间从事某种类型案件审理后，适应其他审判部门和团队的工作可能变得困难，或者需要较长的适应时间。

（二）专业化建设的优化路径

要想选择正确的优化专业化建设的路径，必须要明确知道前进的道路方向。《最高人民法院关于推动新时代人民法庭工作高质量发展的意见》指出了优化专业化建设的道路方向——“实现人民法庭专业化建设

更好服务乡村振兴和辖区基层治理需要”。瞄准道路方向，笔者提出如下优化专业化建设的路径。

1. 契合人民群众的司法需求，统筹兼顾抓好专业化与综合性的差异化设置

根据地方实际特点，因地制宜，坚持司法需求导向进行差异化分工、错位发展，在城区或城郊部分人民法庭形成高效的专业化审判格局，推动人民法庭向专业化转型，建立健全专业化审判机制，在部分地区，还可以探索人民法庭开展跨区域集中管辖环境资源案件、机动车交通事故案件等。在传统的“两便原则”地区，充分发挥乡村人民法庭在实施乡村振兴战略中的服务和保障作用，继续坚持和加强便民强基的综合性建设，为乡镇提供优质司法服务和有力司法保障。

2. 找准专业化审判主题的方向，打造一庭一专、一庭一品的人民法庭特色

在选择专业化审判方向时，可以因人、因地设定专业方向，体现专业性、针对性。专业化审判的专业分类，可以根据案由分类，比如家事审判、交通事故审判；也可以根据审判对象分类，比如少年法庭等。专业化审判主题的选定既要与司法需求相适应，又要有效避免各类主题的重叠。笔者建议，原则上以案由为依据选定审判主题。在专业化方向确定以后，再结合法官的专业特长、职业经历和社会阅历等因素，合理确定具体类型和办案范围，既打造专业特色，又打造品位特色。

3. 制定差别化的考核办法，完善司法绩效考评标准

针对人民法庭制作的考核办法，首先要对专业化法庭和综合性法庭进行区分，不仅要考核审判工作，也要量化非审判工作，建立差别化的分类考核机制，确保各专业化审判团队、法官办案的数量和工作量相互匹配、相互均衡。可以根据案件类型的难易程度、涉及法律关系的复杂程度等，设计案件的权重系数以确定司法工作量的方式，建立更为完善的考评标准。

针对不同的专业化审判主题的人民法庭，考核方法也应实施差别化

的导向。比如，对于交通事故法庭，可以在绩效考核中凸显审判效率指标，但是对于家事审判法庭、未成年人审判法庭而言，不宜过分追求效率，不能过分追求缩短办案审限，否则会影响案件审理实际效果。

4. 优化审判资源配置，建立人案相适应的专业化审判组织

（1）选择合适的专业化审判组织形式。特定类型案件数量足够，同时又与人民法庭能够提供的司法供给存在契合，选择专门化人民法庭模式既有可行性又有必要性。在专门化人民法庭的名称选择上，笔者建议以其所在地地名命名，再加挂专业法庭名称，这样既符合最高人民法院关于法庭名称的规定，又能突出专门人民法庭的专业特征。另一种模式是专业化审判团队模式，如果人民法庭受理的某一类型化案件数量较多，适合专人专业化审理的，如本文曾提到的 C 法庭，商品房买卖合同纠纷案件年收案量达 300 余件，便可以设立专业化审判团队，避免类型化案件分散给不同法官办理造成审判资源配置浪费。

（2）建立“专才+博才”的人才培养机制。按照《最高人民法院关于完善四级法院审级职能定位改革试点的实施办法》的要求，“基层人民法院重在准确查明事实、实质化解纠纷”，简而言之，就是重在办案。而基层法院案件不仅数量多，类型也多，动态调整法官办理不同类型案件不可避免。对于基层法院而言，既专又博的复合型法官较能适应基层法院审判需要。因此，人民法庭专业化审判人员只是相对的“专”，在人员管理上，必然采取相对固定与定期轮岗相结合，在专业法官岗位上，也有储备办理其他案件的能力的必要。培养博才的方法很多，参与不同类型案件合议、不同类型案件专业法官会议是成本最低的方法，通过合议机制、专业法官会议机制可以达到学习目的。

5. 引入社会专家，参与专业化审判建设

用好专家咨询委员。法院受理的案件类型越来越复杂，有些案件涉及专业技术问题，审理难度较大。咨询专家利用自身的专业优势，为疑难复杂案件提供咨询意见，有助于法官破解制约案件审理的难点，为审判工作提供强大的智力支持。有关技术争议的案件，尝试特邀专家参与

调解，一般可以很快找到调解突破口。比如，D法庭通过微信建立了伤情鉴定法医、车损评估师两个专家群，在多个案件审理过程中，面对两份以上不同的鉴定意见，法官邀请专家参与调解，专业的分析和解答很容易得到当事人的认可，当事人均同意对伤残等级、车损价值进行折中处理，并顺利达成了调解协议。

6. 拓宽人民法庭专业化审判的视域，持续嵌入基层社会治理

（1）延伸服务基层社会治理的司法触角。发挥人民法庭扎根基层、贴近群众的优势，坚持“就地办案+巡回办案”相结合、“驻庭审判+巡回审判”相结合，加大硬件设施投入，除在驻地建成固定科技法庭外，采购可移动式设备建成流动便捷式科技法庭，送法进乡村、进企业、进网格，不断延伸服务基层社会治理的触角。比如，D法庭在车管所、驾校等地设立巡回审判点，定期开展交通事故巡回审判，开展交通安全教育、保险意识提升教育。发挥人民法庭在基层治理中的窗口作用，创新普法宣传手段，提升普法的趣味性、实用性，拓展普法工作的广度和深度，比如，通过可移动式宣传车定期宣讲，通过微信朋友圈、微信公众号、抖音号等平台宣传法律知识。

（2）主动融入基层社会治理多方联动。坚持司法审判与社会治理相融合，发挥审判职能对社会规则的引领、示范作用，在专业审判中找准社会治理的关键和难题。主动与驻地党政机关、行业组织建立诉讼情况通报和联席会议机制，构建与党政机关、行业组织良性互动的局面。人民法庭可以运用云计算等大数据技术，对辖区纠纷类型、分布规律、突出特点和变化趋势进行统计和分析，定期撰写法庭工作简报等书面材料，主动向辖区党委政府、司法所、派出所、矛调中心等基层组织通报诉讼情况，深化法庭与镇街、派出所矛盾纠纷解决联席会议制度；与党政机关、行业组织定期召开会议，排查矛盾纠纷隐患，第一时间介入解决矛盾纠纷，共商诉源治理对策，嵌入辖区综治网格，推动形成基层社会综合治理联动机制。比如，在物业管理协会设立专门审理物业服务合同纠纷案件的法官工作室，参与物业服务合同纠纷的诉前调查、调解；在保

险行业协会设立道路交通事故纠纷诉源治理工作站，推动道路交通事故纠纷源头化解。

五、结语

人民法庭选择走专业化道路还是综合性建设道路，取决于基层法院统筹提高司法质效与参与基层社会治理的现实需要。开展人民法庭专业化建设系对部分人民法庭职能侧重有所调整，更为突出审判职能；而坚持综合性建设，则系坚持审判核心职能与社会衍生职能并重，立足审判职能参与基层社会治理。人民法庭专业化与综合性建设道的选择以及优化专业化建设路径是否正确，都有待于实践的检验。

乡村振兴背景下人民法庭功能审视与优化路径

——以北京市朝阳区人民法院人民法庭为样本

胡莉芬* 崔 铖**

内容摘要：乡村振兴战略是党中央在把握现代化建设规律和城乡关系变化特征基础上，对“三农”作出的重大决策部署。人民法庭作为基层司法前沿机构，在发挥基层司法效能、参与社会治理和助力乡村振兴战略实施方面具有重要作用，乡村振兴战略的实施对新时代人民法庭职能定位也提出新的要求。本文立足于实践视角，通过审视北京市朝阳区人民法院（以下简称朝阳区法院）人民法庭职能发挥现状，解读当下人民法庭职能发挥的困境及缘由，为乡村振兴战略背景下实现新时代人民法庭职能寻找合适的实现路径。

关键词：乡村振兴 人民法庭 系统整合 社会治理

一、考证：乡村振兴背景下人民法庭司法现状审视

朝阳区法院共有八个人民法庭，包括南磨房法庭、双桥法庭、酒仙桥法庭、温榆河法庭、奥运村法庭、王四营法庭、亚运村法庭及望京法庭。从人民法庭管辖的地域位置分布，可将朝阳区法院现有人民法庭划

* 北京市朝阳区人民法院双桥人民法庭副庭长。

** 北京市朝阳区人民法院双桥人民法庭法官助理。

分为三类：城区法庭、乡村法庭以及城乡接合地区法庭。其中，双桥法庭于1985年创建，随着经济社会的发展，逐渐从乡村法庭发展成为今日的城乡接合法庭。本文着眼于乡村振兴战略下的人民法庭发展状况，故文章部分数据主要结合双桥法庭的现有状况进行分析，以期找出人民法庭发挥职能的痛点所在。

（一）人民法庭审判压力大

1. 人民法庭收案量居高不下

自2017年至2021年，朝阳区法院的收案量依旧居高不下，仅在2020年受疫情影响民事案件收案有所下降，但2021年又立刻回升。其中，就双桥法庭而言，2021年双桥法庭的收案量比2019年同比增长43%之多。五年来，在全部民事案件中，八个人民法庭收案量占据民事类全部收案量四分之三以上，这一比例更是在2021年达91.9%。可以说，朝阳区法院人民法庭承担了绝大部分民事案件审理工作。

2. 员额法官人均结案数量逐年攀升

自2017年至2021年，人民法庭收案量一直居高不下，员额法官人均结案数量也逐年攀升。以双桥法庭为例，除2020年受疫情影响人均结案量有所下降外，法官人均结案量一直逐年攀升，2021年相比2017年增长30%。相比较而言，机关相关业务庭如民一庭的人均结案数量有所下降。（见图1）这也充分说明人民法庭人案矛盾现状，随着案件量的增长，可以预测未来结案压力仍将不断增大。

3. 结案率有所降低

与案件数量增长情况不同，各人民法庭结案率都有不同幅度降低，除双桥法庭和王四营法庭外，其余法庭2021年结案率都低于2017年的结案率，部分庭室结案率于2019年达到峰值后下降。目前，总体结案情况呈现疲乏态势（见图2）。

（二）辖区发展变迁引发案件类型变化

双桥法庭辖区系三乡一街，十年来，随着现代化进程的推进和乡村

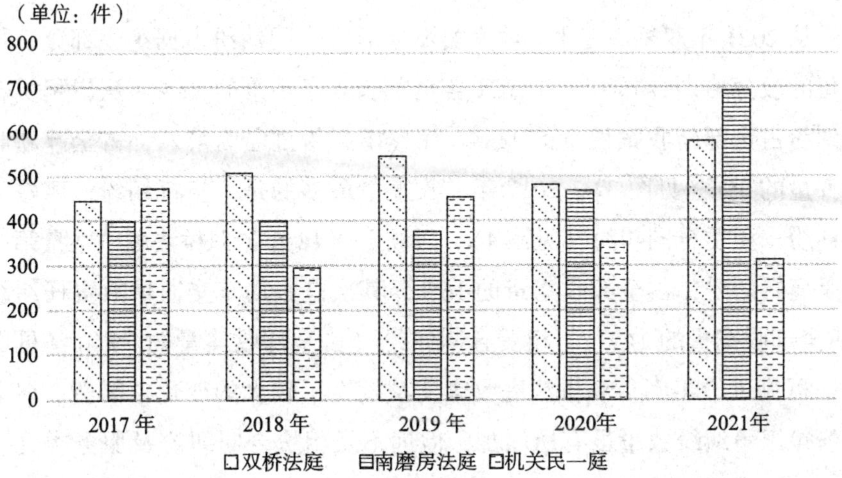

图 1　2017 年至 2021 年部分法庭员额法官人均结案数量

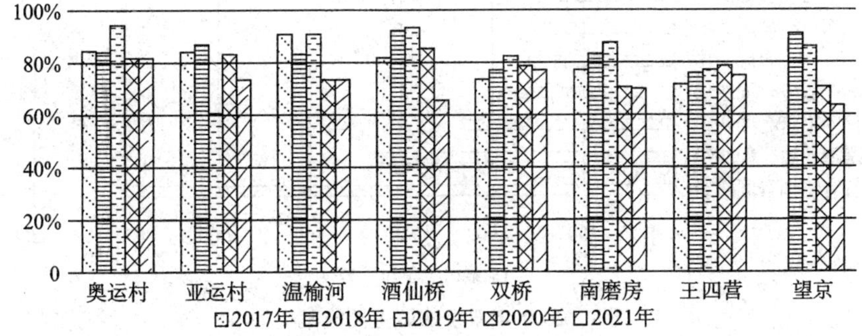

图 2　2017 年至 2021 年部分法庭结案率

振兴战略的实施，双桥地区经济结构发生巨大变化，经营类型从之前的涉农产业为主逐步发展为文创类服务行业为主，这也使双桥法庭辖区内收案类型发生变化。

1. 主要案件类型由家事类纠纷向合同类纠纷转化

从 2021 年双桥法庭主要收案类型来看，合同纠纷占据绝大部分，排首位的教育培训合同纠纷占 2021 年全部新收案件量的 21%，房屋租赁合同纠纷占全部新收案件量的 11%，而离婚纠纷排名为第六，占全部新收案件量的 5%（见图 3）。2017 年，收案量最多的是人格权纠纷、离婚家事纠纷、租赁合同纠纷（见图 4）。回溯至 2012 年，双桥法庭收案量第一的是离婚纠纷，占全部收案量的 16%，其次是机动车交通事故责任纠纷（占全部收案量的 14%）、租赁合同纠纷（占全部收案量的 7%）（见图 5）。可见近十年间，双桥法庭收案类型发生了较大的变化，离婚、继承纠纷等家事纠纷数量虽有所增加，但远不及租赁合同纠纷及服务类合同纠纷快速增长，这也反映了双桥法庭辖区经济的发展状况。

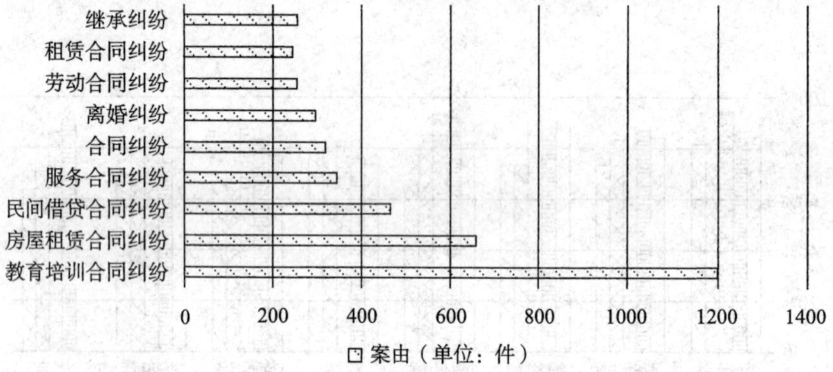

图 3　2021 年双桥法庭主要收案类型

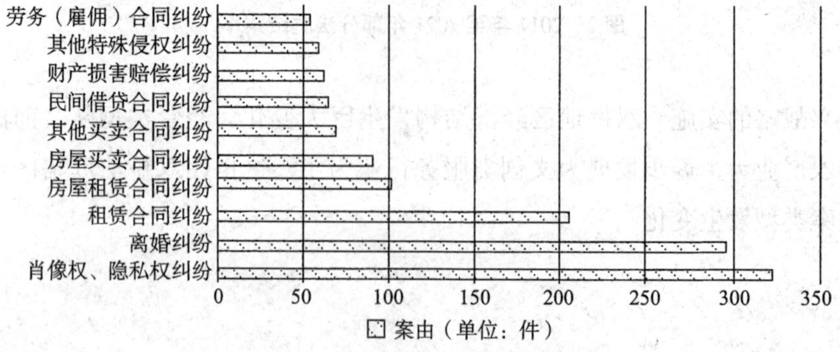

图 4　2017 年双桥法庭主要收案类型

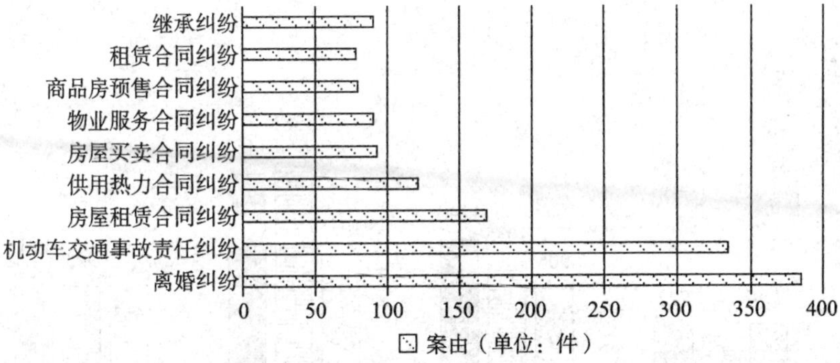

图5　2012年双桥法庭主要收案类型

2. 教育培训合同纠纷和房屋租赁合同纠纷集中发生

2021年，教育培训类合同纠纷成为双桥法庭收案量最多的案由，此类案由多发于高碑店地区，占高碑店地区发案量的37%。一方面，高碑店地区产业转型较早，拆迁腾退也已进入后期，房屋租赁市场、文创产业发展都较为活跃，教育机构数量急速增长；另一方面，教育培训机构受“双减”政策影响发生大量违约、退费等纠纷，还有部分机构违法经营和胡乱收费。除高碑店地区外，常营、三间房、八里庄街道的教育培训合同纠纷收案量也均占收案量的10%左右。

此外，房屋租赁合同纠纷近三年来也迅猛上涨，双桥法庭2019年受理房屋租赁案件361件、2020年为908件，2021年则为722件（见图3至图5）。其中，2021年，高碑店辖区受理240件、常营辖区受理186件、八里庄辖区受理157件、三间房辖区受理139件，房屋租赁纠纷均占各辖区案件量的10%至15%左右。从地域分布上来看，高碑店地区、常营地区的房屋租赁合同纠纷案件受理数量要高于与CBD相邻的八里庄地区。以整个朝阳区法院为研究背景，也可以发现地处外环城乡接合区域的双桥法庭、王四营法庭、温榆河法庭的房屋租赁合同案件收案数量也高于地处朝阳城区机关的民一庭与南磨房法庭管辖区，总体来看，朝阳区房屋租赁合同纠纷发案存在中心区域向外围城乡接合区域扩散的趋势特点

(见图 6)。

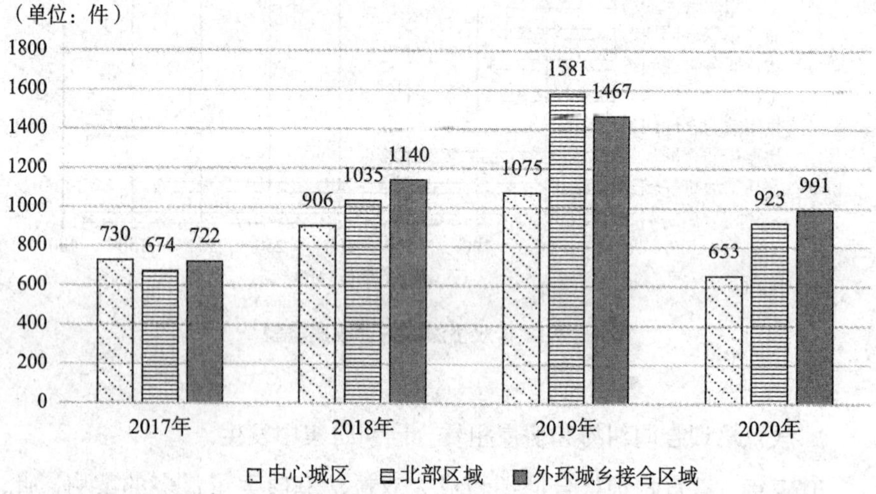

图 6　2017 年至 2020 年朝阳区不同区域法庭房屋租赁合同纠纷案件受理数量

3. 涉农村宅基地案件呈先上升后下降趋势

随着乡村逐步城镇化，宅基地及农村房屋相关纠纷首先呈上升趋势，其中涉及房屋拆迁腾退案件数量明显增加。朝阳区法院 2017 年审结因宅基地上房屋拆迁引发纠纷 212 件，2018 年 359 件，2019 年 443 件。2020 年之后，一是城镇化已具备一定规模，部分地区拆迁腾退已经完成；二是拆迁安置规范性不断提高；三是村民法治意识逐步增强，故数量有所下降，2020 年 258 件，2021 年 126 件。

（三）辖区司法服务需求呈现多样化

1. 要求司法服务对象更为多元

随着乡村振兴战略的深入，人民法庭服务对象从村民、家庭逐步扩张至学校、社区、产业园区及企业。服务对象的主体多元化使辖区司法服务需求也呈多样性发展趋势。

2. 要求司法服务标准更为严格

随着法治观念的深入，从传统以德治、自治为主逐步发展至以法治为主，人民群众对于司法程序标准的要求标准也在不断提高，根据朝阳区法院2021年12月投诉举报类诉服工单的统计显示，群众反映的问题主要有：无法联系上法官；司法行为不规范，比如取消开庭未通知当事人；法官工作态度问题；审理周期问题；等等（见图7）。

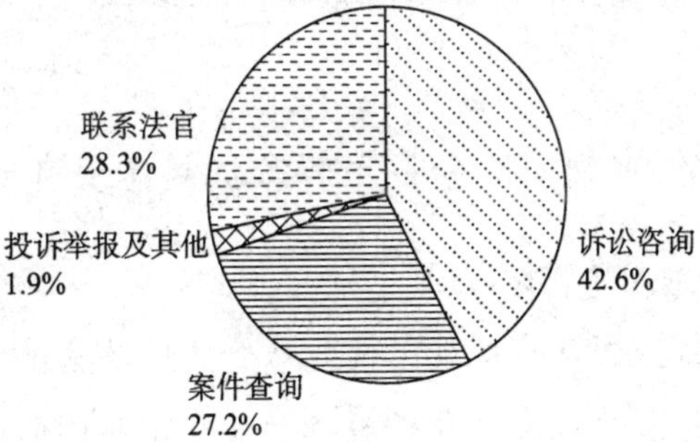

图7　2021年12月投诉举报类诉服工单情况

3. 要求司法服务水平更为优质

“便于人民群众及时感受到公平正义的工作原则”不仅要求人民法庭快速解决案件，还要求案件结果公平正义。而社会关系处于不断变化之中，在适用法律成为难题时，也需要法官不断更新自身知识，为人民群众提供更优质的司法服务。

二、探究：人民法庭功能发挥面临的现实困境

（一）人民法庭诉源治理工作开展有待加强

从上述数据可以看出，人民法庭的收案量一直居高不下，部分案件类型集中爆发，可见诉源治理工作成效有待加强。从内因看，人民法庭考核机制的单一性影响诉源治理的驱动力。目前，人民法庭采用目标责任制考核，考核内容与机关法庭同质化，仍仅以审判数据为核心，诉源

治理的相关工作成果无法在考核结果中得以体现，一定程度上阻碍了法官参与诉源治理的积极性。而且随着审判压力的增大，法官往往疲于完成各项考核指标，缺乏融入社会治理大格局的主动性、能动性。从外因看，社会共同治理格局尚未形成影响诉源治理的效果。目前，法院、政府、社会团体等联动开展诉源治理工作的机制尚不完善，未能发挥集成合力。实践中，各部门对于诉源治理工作的重视程度也存在差异，个别部门没有意识到合力开展诉源治理工作的重要性，导致部门之间协同不足。

（二）专业化审判团队和多元解纷机制建设有待完善

1. 专业化审判团队建设方面

为进一步发挥人民法庭职能，优化八个人民法庭的职能定位，朝阳区法院已经开始逐步推动专业化法庭和专业化审判团队的建立，但现在仍然存在审判团队建设不足的情况。以涉“三农”案件为例，随着乡村城镇化加快，宅基地及农村房屋相关纠纷增多、类型复杂，因此类案件具有时间长、书面凭证缺失、规范性差、人口流动多、矛盾争议大等特点，给事实认定造成极大困难，对法官的办案能力也提出较高要求。此外，我国土地制度也处于不断探索、修改的过程之中，相关法律问题较为复杂，部分概念尚模糊不清。如实践中对于宅基地使用权人认定标准不一，导致个别法院判决出现“同案不同判”的现象。因此，涉“三农”案件的审理，不仅需要法官具备专业的法律知识，还需要了解辖区相关政策、历史背景、人文环境等，但目前很多人民法庭尚未建立涉“三农”案件审判团队，一定程度上影响该类案件的审理效率。

2. 元化纠纷解决机制建设方面

一是调解力量配备不足。目前各人民法庭诉前调解均以人民调解员为主，没有充分发挥行业调解、专业性调解组织的力量，对于案件量较大的案件无法开展集约化调解工作。而且调解员能力参差不齐，部分调解员业务能力不足、流动性较大，制约了调解效果。二是考核机制不完善。目前，对于调解员的选任、监督、考核、退出尚未建立完整的考核机制，致使调解工作的责任感、规范性、实效性不足。另外，虽然法官会指导调解工作，但法官考核内容中缺乏诉前调解的相关考评，在一定程度上影响法官开展多元调解工作的积极性。三是人民调解优势减弱，在乡村振兴过程中，熟人社会逐步发展到半陌生人社会再到陌生人社会，旧有传统的乡村礼治文化、伦理道德、民俗传统和乡规民约已经不能适用于现代乡村治理，人民调解制度在解决社会矛盾纠纷时的天然优势开始变得不再明显。

（三）司法服务职能发挥有待强化

司法服务职能发挥的缺陷主要表现在以下两点：第一，信息化建设无法满足服务对象的个性化需求。现行的审判系统已经具备了在线送达、诉讼费交纳、网上开庭等功能，但部分功能仍然缺失，如在线退费机制尚未建立完全，无法满足外地当事人便捷退费的需求，而且网络开庭带宽不足也易导致当事人开庭卡顿，难以保证诉讼权利的有效行使。第二，以案释法、判后法治宣传不足。一是巡回审判功能的弱化，人民法庭从携卷下乡到坐堂问审，巡回审判逐渐消失，导致司法宣传效果不足；二是受疫情影响，普法宣传工作有所停滞，宣传力度不够；三是司法建议效果不理想，司法建议制度体系不完善，约束力尚不清晰，且部分司法建议质量不高，导致没有发挥应有的社会效果。

三、构建：人民法庭功能优化的路径探析

（一）理论镜鉴：系统论嵌入人民法庭建设的理性思考

人民法庭作为社会治理的基层单元和与群众联系的重要纽带，应当发挥依法审判、化解纠纷的司法职能，参与基层治理、服务乡村振兴的社会职能，普法宣传、示范引导的延伸职能。在上述职能的实现过程中，以系统思维统筹兼顾，确保各要素有序联结，发挥集成效应，具有重要

意义。在此认知基础上，系统论嵌入人民法庭建设便有了“用武之地”。

系统论是研究系统的结构、特点、行为、动态、原则、规律以及系统间的联系，并对其功能进行数学描述的新兴学科，其核心思想就是把所研究和处理的对象当作一个系统，从整体出发来分析系统的结构和功能，研究整体和组成系统整体各要素的相互关系，从本质上说明其结构、功能、行为和动态，以把握系统整体，达到最优目标。该理论强调用系统的思维分析问题，强调整体与局部、局部与局部、整体与外部环境之间的有机联系，这也符合马克思主义关于物质世界普遍联系的哲学原理。

在上述系统论理论的指引下，从总体与全局上规划系统构架，从部分与要素上进行系统整合，以促使人民法庭功能不断优化。

（二）外部系统整合：构建联动融合的乡村治理工作格局

1. 强化党建引领，发挥党委统筹协调作用

党的十九大报告强调要“完善党委领导、政府负责、社会协同、公众参与、法治保障的社会治理体系”。习近平总书记强调，“推进国家治理体系和治理能力现代化，社区治理只能加强、不能削弱。要加强党的领导，推动党组织向最基层延伸，健全基层党组织工作体系，为城乡社区治理提供坚强保证”。[①] 因此乡村治理中要充分发挥基层党组织的引领、协调、保障功能。通过基层党组织的领导核心作用，确保乡村治理的正确方向。在基层党组织的统筹协调下，推动区域内多元主体力量共同参与基层社会治理，为各主体搭建良好的沟通平台。通过组织联建、资源联享、服务联供、人才联育，真正保障基层治理工作的有序有效开展。通过互联共融的党建工作思路，实施“一法庭一街乡”工作规划，由点及面辐射带动基层治理水平的提升。双桥法庭坚持以朝阳区“一轴四网”区域化党建工作体系为指导，加入辖区党建工作协调委员会，以党支部成员身份定期参加辖区党建工作会议，参与辖区非公党建、综合治理、

① 《习近平在吉林考察时强调：坚持新发展理念深入实施东北振兴战略 加快推动新时代吉林全面振兴全方位振兴》，载《人民日报》2020年7月25日。

经济发展等各项工作的研讨，积极建言献策（见图8）。温榆河法庭与辖区奶东村党总支携手共建“无讼乡村”，建立“五治融合”的乡村治理新体系，都充分体现了党建引领的重要作用。

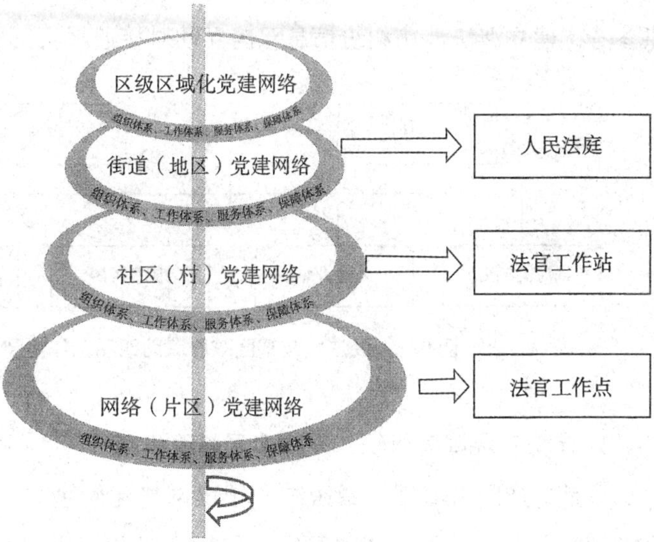

图8　朝阳区“一轴四网”区域化党建工作体系

2. 建立府院联动机制，形成基层治理合力

畅通人民法庭与辖区政府的沟通路径，建立联席会议、风险评估、跟踪回访、信息通报四项工作机制，实现社会矛盾纠纷源头化解、辖区治理水平稳步提升（见图9）。定期召开辖区联席会议，构建人民法庭与辖区行政机关、人民调解组织、村民自治组织、基层司法所及其他企事业单位的联系网络，实现信息互通互享、资源互联互用、工作互联互动。对辖区内的风险隐患进行排查，重点关注辖区绿化隔离带建设、土地储备腾退拆迁等重大项目、辖区产业转型重点关注项目以及受疫情影响引发的教育培训和劳务合同等群体性纠纷，及时提供法律风险分析及预警提示，协助相关部门防范、降低和消除风险，增强稳控能力，同时制定有效预案，及时把矛盾化解在萌芽状态。对于涉案人数多、当事人情绪激动、有信访风险、有不稳定因素的案件，在案件审结后三个月内对当

事人进行跟踪回访，与相关部门协作共同做好维稳工作。对于案件审理过程中发现的用地审批不规范、经营性合同签订不规范、农民权益保障缺失等问题及时向相关政府部门、村集体组织等发送司法建议，促进乡镇依法行政。同时，定期向辖区街乡通报发案情况，为街乡党委政府提供参考，建立涉法涉访纠纷信息双向互动对接通报机制。

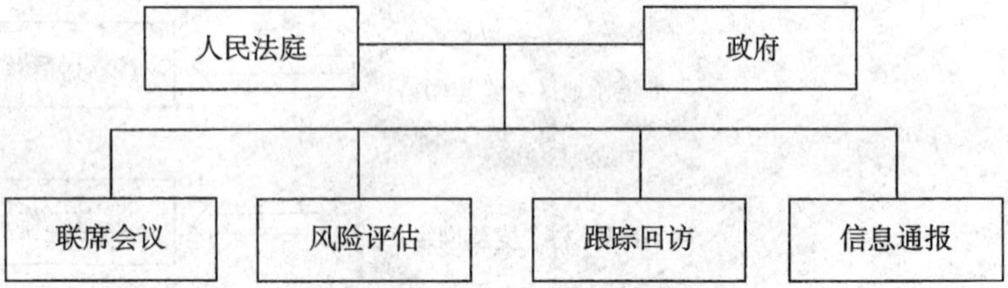

图 9　人民法庭与辖区政府联动四项工作机制

3. 借力基层调解组织，发挥多元解纷作用

一是打造网格治理，紧密结合城市网格化管理方式，推动建立覆盖全部辖区街乡的村居型调解组织，包括乡级调解组织、村级调委会，形成“法院—法庭—工作站—调解点”四级纵向调解机制。二是开展分类调解，建立“社区（村）兼职调解员—人民调解员/律师调解员—片区法官”三级调解力量（见图 10）。其中，社区（村）兼职调解员由具有一定法律知识或者群众基础好、声望高、品德正的老书记、老党员、村干部担任，通过实地走访、谈心谈话等方式将情、理、法融入调解工作，化解邻里纠纷；人民调解员发挥“人员熟、地域熟、情况熟”的优势，有针对性地对婚姻、继承等家事纠纷开展调解工作；律师调解员则负责合同类纠纷的调解工作。三是加强专业指导，定期对调解员进行法律知识培训、调解系统知识培训，指导调解员积极开展调解和司法确认工作。委派案件时，可同时向其推送相关法律法规、典型判例、调解先例等，以弥补特邀调解员在法律专业能力上的欠缺。朝阳区法院建立的“无讼朝阳”平台，在线指导调解、一键司法确认、开展法律培训，实现了“当事人—调解员—法院”三位一体、多点在线、即时解纷。

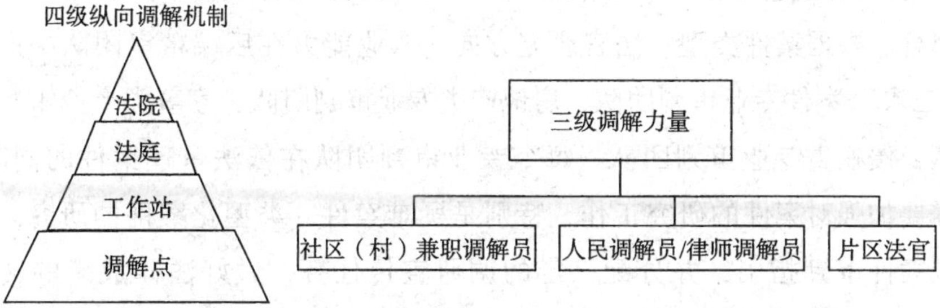

图 10　四级纵向调解机制及三级调解力量

（三）内部系统整合：构建符合法庭特色的审判运行机制

1. 坚持法庭综合性和专业性相结合，完善审判团队结构

为实现人民法庭更好服务乡村振兴和辖区基层治理的需要，应当坚持法庭综合性与专业性建设相结合，并以此完善法庭审判团队结构。一是审判团队的内部整合。人民法庭按照案件“繁简分流、快慢分道、简案快审、难案精审”的思路，将审判团队划分为前端速裁团队和后端精审团队，每个审判团队都是一个小规模的学习型组织，通过自主管理、系统思考、团队学习、资源共享，发现错误、弥补不足，实现自我成长和团队共同发展。审判团队实行团队长负责制，团队长应当对审判团队的案件审理情况、数据考核情况等进行监督和管理。二是前后端审判团队的集约整合。因人民法庭的人员配置常常不足，无法实现“1+1+1”的配比，故速裁审判团队结构可设置为“1+N+N”，“1”即一名员额法官，“N+N”是指根据庭内人员情况动态配置法官助理、书记员数量；精审审判团队结构为“1+1”，由一名员额法官和一名书记员组成。同时根据案件数量、团队特点可以将速裁团队和精审团队形成“1+N”的审判组合形式，即一个速裁团队与 N 个精审团队组合进行集约管理，形成审判组，前端无法审理的疑难案件及时快速转入相应的后端团队，大大提高案件的周转速度，严控长期未结案的新增。每个大审判组由副庭长负责管理，统筹分解、监督组内审判数据的完成情况，组织业务学习、案

件研讨，定期梳理长期未结案（见图 11）。三是后端精审团队的专业化整合。根据案件类型、法官研究方向、专业能力在后端精审团队中设立“三农”案件专业审判团队、房地产类专业审判团队、家事类专业审判团队、侵权类专业审判团队。每个专业审判团队在依法审理案件的同时，需要加强对案件的研究工作，特别是疑难案件、类型化案件的研究，形成案件审判指引，并分配一定的调研宣传任务，做好法律成果的转化工作。

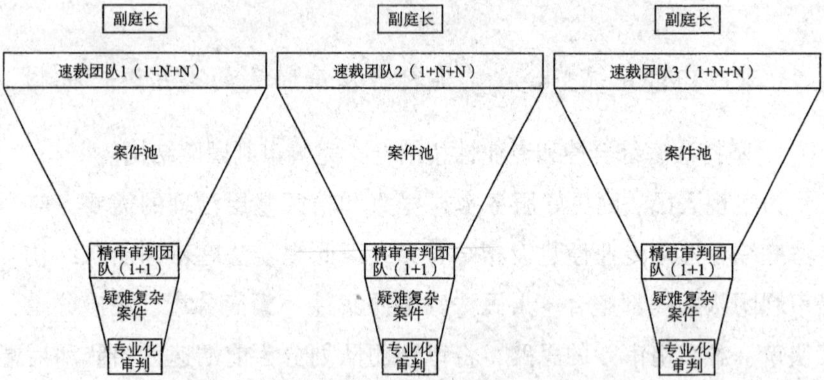

图 11　人民法庭综合性、专业性审判团队结构

2. 不断优化考核标准，建立科学的考核机制

目前双桥法庭的考核依据主要是北京市高级人民法院和朝阳区法院制定的年度目标责任制考核办法及实施细则，上述文件考核指标全面、细致，但考核数据统计比较烦琐，部分工作成果没有明确体现，实际考核过程中的考核理念也没有转变。对此，提出以下建议：一是建立“内部+外部”的整体考核。目前法庭、法官工作量统计的核心指标还是案件结案数，没有综合考虑参与社会治理、指导调解等因素。应当增加人民法庭召开联席会议、制作法律风险提示、与辖区联动源头化解纠纷的工作量统计口径；将法治宣传、法律培训、矛盾纠纷研判通报、制定司法建议等进行量化考核。对于诉前调解成功，当事人申请出具调解书或申请司法确认，法院以“诉前调书”字号、“诉前调确”字号立案并审结

的案件，应当作为单独的工作量予以统计；对于诉前调解成功，当事人撤回起诉材料的案件，不正式立案，但应作为人民法庭指导调解的工作量予以统计。二是建立“个人+团队”的双向考核。在对员额法官、法官助理、书记员进行分类考核的基础上，对于结案情况、长期未结案情况、庭审直播、文书公开等审判指标实行员额法官与书记员、员额法官与法官助理双向考核，审判团队与所在审判组捆绑考核，以激发团队凝聚力，形成内外发力、互帮互助、共同督促各项指标完成的格局。三是建立“核心+参考”的分类考核。按照关键绩效指标考核的思路，将现有的考核指标进行分类，依照“二八定律”，抓取20%的核心指标进行重点考核，对剩余80%的非核心指标仅作为一般参考。一方面，可以大幅简化需要考核排名的指标，给法官和书记员减负，便于统计分析，增强平时考核的可行性；另一方面，参考性指标的主要功能是协助促进审判运行优化，避免过度量化审判工作。

3. 建立三级分流机制，完善案件流转程序

建立三级分流机制，即委派调解的一级分流、简易案件的二级分流、普通案件的三级分流（见图12）。一是委派调解的一级分流。通过电脑随机分案与庭长分案相结合的方式进行案件一级分流，即在系统中设立案件繁简要素（比如案由、标的额等），分案时由系统直接抓取相应要素匹配为繁案和简案，繁案直接分配至后端精审团队，简案分配至前端速裁法官调解系统，由庭长根据案件和人员情况委派调解员开展调解工作，调解员应当在两个月内完成案件的送达及调解工作并将案卷退回法庭。一次甄别不进入调解程序的案件类型包括：新类型案件；有鉴定评估申请的合同类案件；有多项调查取证申请或证据繁多的案件；被告为三人以上的非家事类案件；上级人民法院发回重审、指令立案受理、指定审理、指定管辖，或者其他人民法院移送管辖的案件；其他不宜调解的案件。二是简易案件的二级分流，对于多元化解体系因时间原因未能解决但可及时开展速裁、达成调解协议、进行司法确认的案件，由调解员直接对接速裁法官进行审理，并将案件流转情况告知内勤登记备案。调解

员无法送达或调解不成功的案件退回法庭，由庭长根据案件情况进行二级分流。二次甄别不进入速裁程序的案件类型包括：被告送达困难的；当事人申请鉴定的；当事人变更诉讼请求的；当事人申请追加被告或第三人的；当事人提出反诉的；案件事实复杂，需要调查取证的；社会关注度高的。三是普通案件的三级分流。对于上述无法进行速裁、快审的案件，以及速裁团队无法审结的疑难案件，由庭长根据后端专业化审判团队的设置情况进行分流。三次甄别要考虑：根据承办法官的专业特长、在审案件数量、工作量情况进行动态调整；速裁团队向精审团队移转案件，需要在合理时限内填写案件移转表，且有一定的导出比例。通过上述案件流转程序，确保案件快速高效化解。

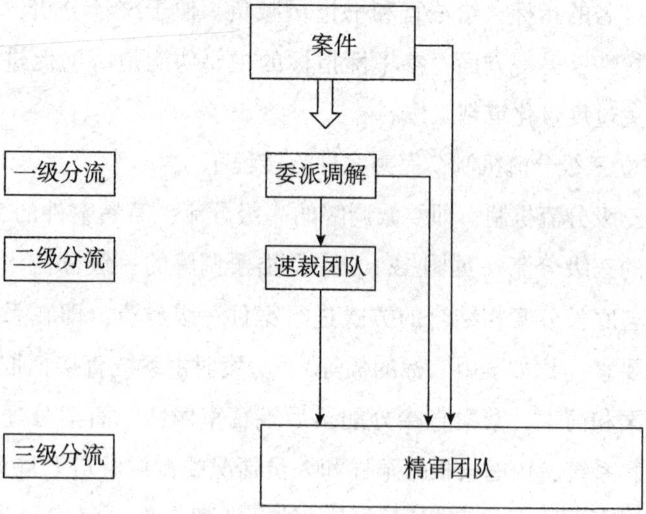

图12　人民法庭案件三级分流机制

（四）社会系统整合：构建“四治融合”的社会治理格局

1. 自治：完善村规民约，提升基层组织自治能力

自治强调基层群众实行自我管理、自我服务、自我教育、自我监督，注重充分发挥人民主体作用。乡规民约是基层社会组织成员进行自治的重要方式，随着乡村文明向社区文明转变，传统的乡规民约也应当进一

步得到调整。习近平总书记强调，“加强和创新社会治理，关键在体制创新，核心是人”①。所以按照主体身份，可以采取以下措施进一步完善乡规民约：一方面，采取党小组包干制，由人民法庭党小组对接一至两个街乡，协助各村村民完善村规民约、社区公约，提升村民自我管理能力，培育淳朴民风；另一方面，吸纳新乡贤助力完善村规民约，在乡村城镇化进程中，旧有的乡绅不再具有权威性，但一些社会精英依然能够在乡村治理中发挥重要作用。② 吸纳新乡贤可以更好地化解矛盾纠纷，解决乡规民约与法治权威之间的冲突，让乡民更加愿意接受乡规民约的调整，为乡村善治打好基础。

2. 法治：强化法治教育，提升人民群众法治意识

人民法庭有着天然的区位优势，能够最大限度发挥法治宣传的职能。一是完善片区法官职能，定期开展司法指导。片区法官要立足于“三个便于”“三个服务”的工作原则，延伸法庭审判职能。二是坚持巡回审判，定期开展示范庭审。针对多发案件的社区、园区开展类案的巡回审判，就地审理、公开宣判，引导自觉守法。三是加强类案研究，强化以案释法功能。对多发性、典型性案件进行深入调研并形成调研报告，集中进行普法宣传，提升人民群众预防风险能力。四是开展订单式法律服务，推动矛盾内部消解。针对多元主体个性化的司法需求，提供订单式司法服务，拓展线上服务网络，运用“无讼朝阳”平台、12368 热线等方式开展“云普法”，实现对辖区司法需求的精准对接。

3. 德治：贯彻核心价值观，发挥司法文化指引功能

德治对法治具有支撑作用，实现善治离不开德治的助力。一是在日常审判中融入社会主义核心价值观，例如，在婚姻家庭继承纠纷案件中，应当深挖矛盾根源，运用家庭和谐、夫妻和睦观念对双方当事人进行劝

① 《习近平：推进上海自贸区建设 加强和创新特大城市社会治理》，载《人民日报》2014 年 3 月 6 日。

② 参见龚浩鸣：《乡村振兴战略背景下人民法庭参与社会治理的路径完善——基于法社会学、法律史学双重视角》，载胡云腾主编：《司法体制综合配套改革与刑事审判问题研究——全国法院第 30 届学术讨论会获奖论文集》，人民法院出版社 2019 年版，第 11 页。

导，在其他案件中，也应当耐心调解，使当事人权利得到救济的同时也能发挥司法的教化功能。二是在裁判文书释法说理过程中融入社会主义核心价值观。裁判文书应当回应社会关切、说理清晰充分，旗帜鲜明表明法律“支持什么、反对什么”，以公正裁判树立行为规则、引领社会风尚，有效回应人民群众司法需求，特别是当事人矛盾较为激烈、涉及相邻关系及家庭关系等道德因素的案件，应在“本院认为”部分采用社会主义核心价值观理论进行论述。

4. 智治：健全智慧法院，打造便捷高效司法服务

在信息化急速发展的今日，应当进一步打造智慧型法院，以信息化促进审判体系和审判能力现代化，提升人民法庭为当事人便捷服务的水平，保障当事人便捷参与诉讼的权利。一是建设多平台使用移动办公微端，建立内网、外网相联合的办公体系，实现微端控制；二是完善审判系统功能设置，健全诉讼费线上退费功能，真正实现一站式诉讼服务；三是加强网络服务器建设，保证软件运转稳定，网络信号良好，确保庭审顺利进行；四是利用大数据推送，实现精准法律服务，向当事人推送类似司法案例，预判诉讼风险；五是设立意见反馈机制，征集用户实际使用体验，对于其中存在的漏洞及时进行更新和修复。

从“管理本位”到“参与治理”：论人民法庭运用司法大数据服务基层社会治理之道

——以Y市26个人民法庭为视角

黄 洁*

内容摘要：人民法院作为国家审判机关，是社会治理中不可或缺的主体。经过多年的司法公开和信息化建设，人民法院掌握了海量的司法数据，但是各法院对司法数据的重视程度、应用程度存在不平衡不充分的问题，导致大量数据资产闲置浪费，没有能够发挥司法大数据服务社会治理的应有效能。本文建议以人民法庭为模拟样本导入司法大数据服务基层治理模型，从大数据思维角度探索司法大数据服务基层社会治理的有效途径，将司法大数据分析成果转化为人民法院服务社会治理的重要力量，让沉默的司法数据发声，促进决策科学化、治理现代化，形成司法审判工作与社会治理工作之间的良性循环。

关键词：人民法庭　司法大数据　基层治理　制度构建

引　言

党的十九大以来，习近平总书记多次从国家大数据发展战略高度，

---

* 广西壮族自治区南宁市江南区人民法院法官助理。

强调要建立健全大数据辅助科学决策和社会治理的机制，运用大数据推进政府管理和社会治理模式创新，增强政府决策科学化、社会治理精准化、公共服务高效化，实现国家治理现代化。人民法院作为党领导下的司法机关，承担着维护保障社会稳定、化解协调社会纠纷、规范指引社会行为和实现社会公平正义等重要职责。利用大数据技术将司法数据资产优势转化为社会治理效能，切实当好社会治理的重要参与者和积极推动者，对推进审判体系和审判能力现代化，开辟“中国之治”新境界，具有重要的现实意义。

一、现实观察：司法大数据的本质及应用现状

（一）司法大数据的本质及其社会治理效能

司法大数据是指在司法元数据的基础上，利用大数据技术、人工智能技术，依托预设的算法进行识别、采集、分析和处理，形成能够揭示一定规律，并作用于司法实践活动的数据集合体。[①] 随着司法公开四大平台的建成运行，司法审判活动进入大数据时代，以中国裁判文书网为载体的新型司法公开数据构成了当代中国法律大数据的基本源泉，[②] 开启了法学实证研究的新范式。2020 年 6 月发布的法治蓝皮书《中国法院信息化发展报告 No. 4（2020）》指出，中国智慧法院建设已经跻身世界前列，中国法院围绕“智审、智执、智服、智管”的智慧法院体系基本建成，[③] 使得司法大数据参与社会治理成为可能。与过去传统的数据管理模式相比，司法大数据治理模式的特点如表 1 所示。在大数据思维下，社

---

① 参见周蓉蓉：《提升数据治理效能 助力智慧法院建设》，载《人民法院报》2020 年 4 月 14 日；程晨：《司法领域大数据技术相关问题探究》，载《山西省政法管理干部学院学报》2020 年第 2 期。

② 参见左卫民、王婵媛：《基于裁判文书网的大数据法律研究：反思与前瞻》，载《华东政法大学学报》2020 年第 2 期。

③ 参见《智审智执智服智管的智慧法院体系基本建成——法治蓝皮书中国法院信息化发展报告发布》，载中国法院网，https://www.chinacourt.org/article/detail/2020/06/id/5264345.shtml，2020 年 8 月 31 日访问。

会治理模式将朝着如下方向发展。

表 1　传统数据管理模式与大数据治理模式的比较

	传统数据管理	大数据治理
取样	结构化数据	结构化、半结构化、非结构化全数据
形式	季报、半年报、年报	决策参考
对象	审判执行、行政管理等部门，院领导等	党委、政府、政法委等
内容	以季度、半年度、整年度为时间节点，采用报告形式提供各地法院审判执行与社会治理指数量化情况，包括环比、同比变化情况及横向比较等	根据各地法院审判执行与社会治理量化情况，并结合各院的关注需求重点，利用大数据平台，对案件基本事实、争议焦点等各类要素进行全面综合分析，形成有针对性的决策参考建议
价值	为各院提升科学决策水平，向用数据说话的现代管理模式转变提供数据支持	为增强各地法院对当地社会治理和政府决策的支撑力度提供决策分析支持

1. 全局治理

从治理对象看，大数据将大大拓展治理的范围、领域、时间和空间，促进全范围、全领域治理。大数据思维颠覆以样本分析为主的传统思维模式，使社会治理研究对象从少量的样本数据走向海量的全局数据，司法参与社会治理也从对单个司法报表的研究，转化为对所有法院、所有案件、所有办案环节以及所有法律文书上所有关键字的全局性把握。①

2. 协同治理

从治理主体看，大数据能够打破传统的分散式治理格局，打通各个治理主体的信息数据和治理资源，实现数据信息整合和共享，构建多元主体融合共治的现代化治理格局。借助大数据技术，治理主体能够建立信息共享和业务协同机制，优化和简化工作流程，使传统社会中彼此孤

① 参见郭玉：《让数据发声：司法领域大数据应用效用前瞻——基于信用卡透支纠纷案件的模拟研究》，载《法治论坛》2016 年第 4 期。

立的案事件形成连贯的数据流，提升治理效能。

3. 前瞻治理

从治理过程看，大数据将有效促进主动性、预测性治理。大数据与云平台、物联网等技术的有效融合，将突破传统统计样本研究的技术限制，从不同角度对经济社会运行情况进行全面“数据体检”①，发掘人脑难以发现的潜在规律，形成前瞻性判断，建立预警机制，从而将治理关口前移，形成以预防为主的治理机制，从根本上提高重大风险防控能力。

4. 精准治理

从治理效果看，大数据将全面提升社会治理的智能化、精准化水平。大数据将改变传统的职能驱动、部门为主的单一信息流动方向，转向需求驱动、公众为本的双向互动信息流动方向。及时掌握不同社会群体的需求动态，针对数据的差异性，进行计算和智能分析，唤醒“沉睡的数字”精准绘制治理地图，快速整合调配资源，发挥大数据“针灸式”精准治理效能，② 实现治理现代化。

（二）司法大数据的应用现状

目前国内外对司法数据的挖掘、研究和利用如火如荼。例如，美国、澳大利亚等国家将大数据运用于警务预测、保释风险预测、陪审团及诉讼结果预测等领域，③ 清华大学、浙江大学等院校成立大数据科学研究院，通过与司法部门合作共建、举办司法大数据论坛等方式，对司法数据资源进行大数据技术解读等。2014年6月，最高人民法院建立人民法院大数据管理和服务平台，该平台已成为全球最大的司法资源信息库。④

---

① 参见王春、沈雨石：《嘉兴法院司法大数据服务市域社会治理现代化》，载《法制日报》2019年10月31日。

② 参见单勇：《城市公共安全的开放式治理——从公共安全地图公开出发》，载《中国行政管理》2018年第5期。

③ 参见左卫民：《迈向大数据法律研究》，载《法学研究》2018年第4期。

④ 参见《中国司法大数据研究院专题研究暨中国司法大数据服务网上线新闻发布会》，载中国法院网，https://www.chinacourt.org/article/subjectdetail/id/MzAwNMgoMYABAA==.shtml，2020年6月25日访问。

2016年至2019年，最高人民法院面向全国法院系统连续开展四届司法大数据专题协作研究。2019年在全国开展“数助决策”试点工作，形成了以要报、专报、月报、专项报告、深度报告、决策参考等为代表的研究成果体系，在服务国家治理体系和治理能力现代化方面进行了大胆尝试和积极探索，但是“数助决策”等信息化试点应用面较窄，司法大数据仅掌握在少部分法院和数据公司手中，大多数法院对司法数据的研究分析仍处于传统的“手工作坊时代”，缺乏对海量数据进行挖掘整合和分析利用的能力，造成数据资产的闲置、浪费。

1. 观念错位

有的法院尚未认识到司法大数据参与社会治理的重要意义，仍将服务审判执行管理作为司法数据的最主要用途，仅注重对外展示、对内管理，仅对浅层数据、显性数据进行收集、归纳和总结，忽视司法大数据揭示经济社会发展规律和趋势的效用，研究主题及结论缺乏深度和创新性。

2. 应用层次不平衡

司法大数据平台建设自上而下推开，只有少数法院参与试点，这样会产生两个方面的问题：一方面，先进地区和落后地区形成落差，西部落后地区法院特别是基层法院司法大数据研究发展程度较低；[①] 另一方面，省市级法院与县级法院、人民法庭形成落差，容易导致对占据80%以上案件来源的基层法院数据地域特殊性的忽视，消解和淹没社会弱势群体的利益诉求和呼声。

3. 核心技术缺失

大数据的收集、清洗、处理及分析等方面都存在着天然的技术门槛。[②] 传统的法学研究者很难娴熟掌握统计科学及计算机科学的新技术，仅能够依据浅层数据来总结反映审判运行态势等简单情况，面对构建司

① 最高人民法院2017年至2019年举办的三届司法大数据专题协作研究成果通报中全国有269篇专题研究通过评审，其中仅有25篇来自西部地区法院。

② 参见左卫民、王婵媛：《基于裁判文书网的大数据法律研究：反思与前瞻》，载《华东政法大学学报》2020年第2期。

法案件、司法行为与经济社会发展状况及发展趋势之间相关性甚至是因果性这类深入研究时便显得捉襟见肘。

4. 制度投入不足

国家及社会对司法大数据研究投入的资金人力资源不足、投入模式不佳，法律领域消费者“购买力”有限，导致目前司法大数据研究仅仅由个别地区法院与科技公司以“点对点”单独合作的模式推开，缺乏统一规划和顶层设计，使得投入产出率不高，投入的资金和人力未能得到充分使用，产出的司法大数据产品也无法发挥最大效能。

5. 横向协作障碍

在职能方面，司法各部门之间、司法各部门与政府各部门之间呈条状分割管理，现有协同平台以行业系统内的纵向协同为主，横向协同一般以多部门联席会议、联动机制等为主要形式，大数据运用程度较低，目前在全国范围内推广的仅有交通事故损害赔偿纠纷“网上数据一体化处理”改革试点工作。① 此外，公检法各部门以协同推进认罪认罚从宽制度、减刑假释案件等为切入点，从大数据层面探索罪名代码等数据的统一，从源头上考虑增加大数据跨部门共享的可行性，但司法各部门与政府、社会组织等各部门之间大数据横向协作仍然举步维艰。

二、理性求索：以 Y 市 26 个人民法庭为模拟样本导入司法大数据服务基层治理模型

本文尝试以大数据思维通过对小范围的数据样本进行解读，力图在大数据思维主导下，模拟利用大数据技术进行案件分析的大致过程。

（一）搭建数据处理平台——整合司法大数据

司法大数据可综合审判管理、司法公开各类应用系统、其他横向单位系统以及互联网数据，依托数据分析建模工具和数据展现工具，实现

① 参见《交通事故纠纷或将实现“网上数据一体化处理”》，载新华网，http://www.xinhuanet.com/politics/2020-05/22/c_1126020935.htm，2020 年 8 月 31 日访问。

对事件类型、时间、地域、等级、参与人数等维度对各类事件进行量化分析，形成多种形式的图表，对各种矛盾纠纷事件进行研判，分析蔓延趋势，辅助相关单位提前做好预防处置工作，以防事件的扩大及激化（见图1）。

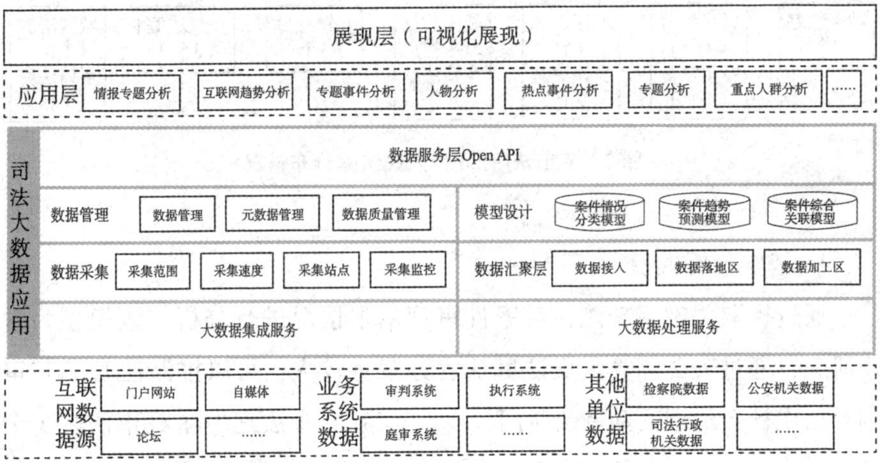

图1　司法大数据分析展示平台

（二）建立分析模型——利用司法大数据参与基层治理

人民法庭驻扎在基层社会治理的最前线，是人民法院参与社会治理的重要抓手，也是发挥中国特色社会主义司法制度生命力和优越性的最佳窗口。本文以Y市26个人民法庭城乡分布特点（见图2），以及近三年来案件审理情况为突破口，观察矛盾纠纷在城乡间、地域间、群体间的差异性，对矛盾纠纷的现状和原因进行抽丝剥茧。包含三个模型：模型一，抓取自法院信息管理系统，为真实数据；模型二、模型三，受地域管辖及当下技术限制，无法抓取信息部分数值根据审判部门估值进行模拟（下文将注明）。

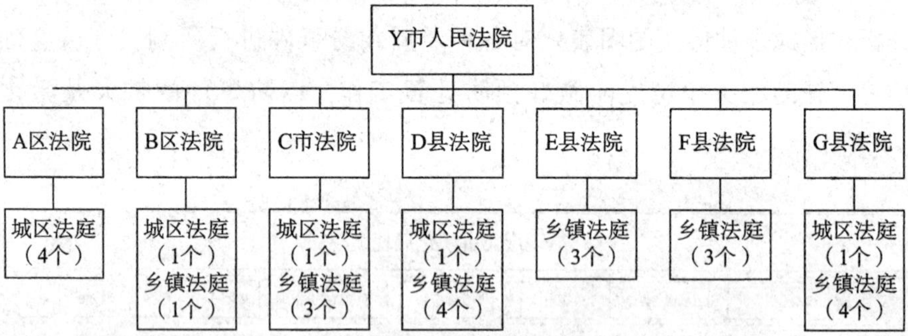

图 2　Y 市法院 26 个人民法庭分布情况

1. 基本分析模型

通过提取关键字功能，对案件审理基本情况进行分析。该模型为常规研究，通过表 2 测算人民法庭法官办案量较大，可以推断法官参与审判外衍生社会治理活动剩余时间较少。Y 市 26 个法庭中除 C 市法院 1 个城区法庭有 4 名法官外，其余 3 个乡镇法庭均只有 1 至 2 名法官，绝大多数法官人均办案量高于全市法官人均办案量 132 件。通过图 3 测算人民法庭实质性化解矛盾指数。Y 市法院法庭结案方式多以判决为主，仅有办案压力相对较小的两个法院调解结案多于判决结案。通过图 4 分析案件类型密集度。Y 市各县（区）法庭案件类型相对集中，同时表现出地域的差异性。

表 2　Y 市法院人民法庭 2018 年至 2020 年诉讼类案件收案情况

年份	收案	A 区法院法庭	B 区法院法庭	C 市法院法庭	D 县法院法庭	E 县法院法庭	F 县法院法庭	G 县法院法庭
2018 年	收案数（件）	1454	468	1911	1324	1094	517	1589
	占法院收案数比例	25. 21%	27. 86%	41. 76%	48. 53%	33. 77%	31. 07%	45. 40%
2019 年	收案数（件）	1350	551	1648	1402	1009	783	1480
	占法院收案数比例	24. 90%	36. 06%	35. 20%	46. 25%	25. 11%	33. 80%	39. 70%

（续表）

年份	收案	A 区法院法庭	B 区法院法庭	C 市法院法庭	D 县法院法庭	E 县法院法庭	F 县法院法庭	G 县法院法庭
2020 年	收案数（件）	1393	498	1521	1403	1322	471	1836
	占法院收案数比例	21.96%	22.63%	30.98%	38.78%	29.45%	22.18%	43.08%
近三年年人均收案数（件）		233	169	169	138	190	118	164

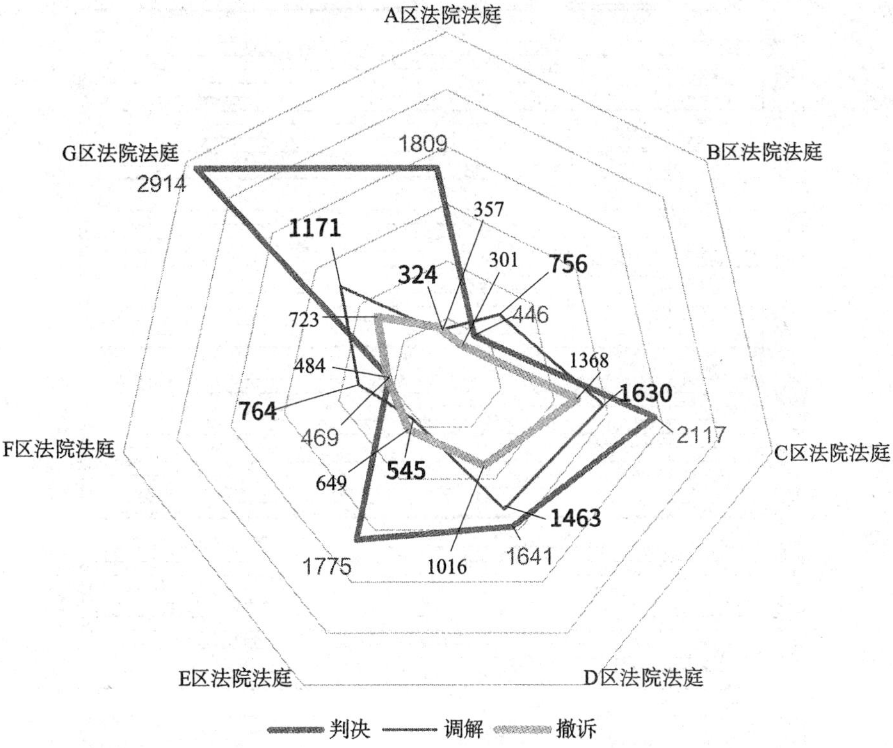

图 3 Y 市法院人民法庭主要结案方式

2. 深度分析模型

通过词频检索及关联性分析功能对同类型案件所有相关诉讼文书进行词频检索，并与其他案件类型的大数据进行词频比较，供分析者进行深入研究。对于人民法庭案件审理结果，可以从以下两个角度进行分析。

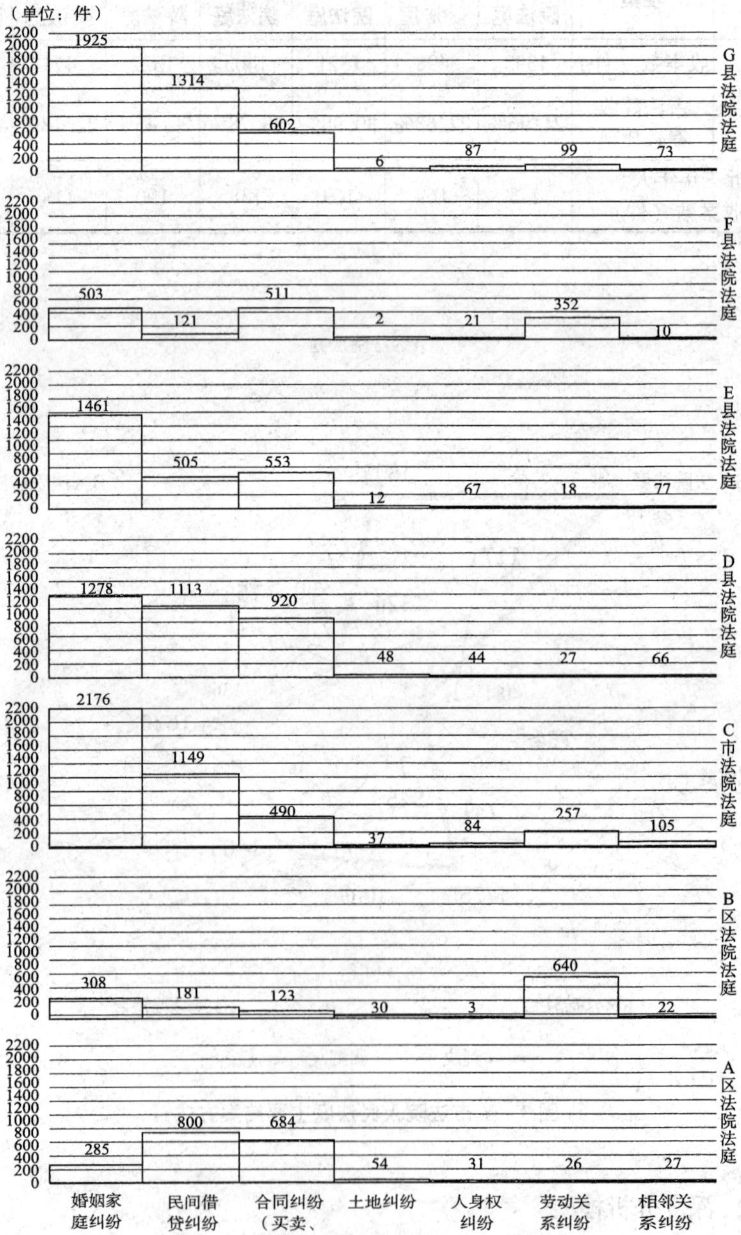

图 4　Y 市法院人民法庭案件主要类型

第一，从案件调解撤诉占比的城乡分布的角度。调解撤诉结案有利于实质性化解矛盾纠纷，有利于促进实现案结事了。由图5可见，城乡法庭调解和撤诉结案占比均高于全市平均水平，① 乡镇法庭在调解撤诉结案率上的优势比城区法庭更加明显。推断Y市法院人民法庭利用贴近基层、贴近群众的优势，采取设立“屯—村—镇—法庭”四级诉调对接平台、聘请“乡贤”“族老”担任法庭联络员，以及成立涉婚姻家庭、涉侨、涉农民工案件人民调解委员会等措施，对矛盾纠纷就地解决，起到了一定的积极促进作用。

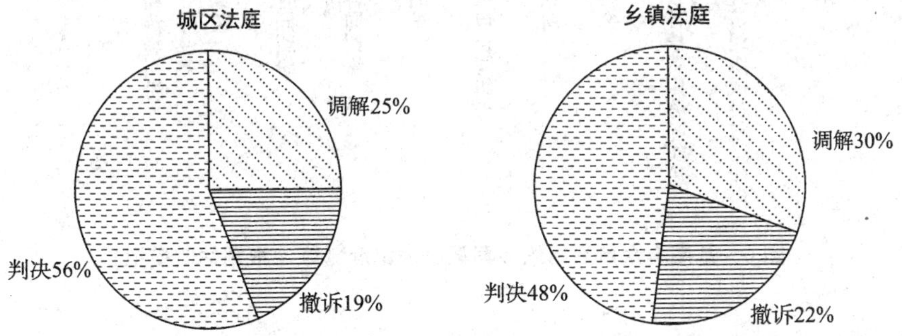

图5　2018年至2020年Y市城乡法庭结案方式情况

第二，从基层群众自治组织（村民小组、居民小组等）涉诉案由和诉讼结果的角度分析。如图6、图7所示，使用现有的司法统计工具和法院信息管理系统，提取到的涉案案由归类不一，无法获得精确的密集度测算，也无法提取到诉讼结果信息，因此只能靠手工逐个打开裁判文书查看校准，故采用估值模拟。使用大数据技术可以实现对基层群众自治组织涉诉情况进行全方位评估，根据掌握的规律给予相关村（居）委会针对性的司法建议，提升基层治理法治化程度。

① 2018年至2020年Y市全市法院调解结案16604件占结案总数的13.96%，撤诉结案14778件占结案总数的12.42%。

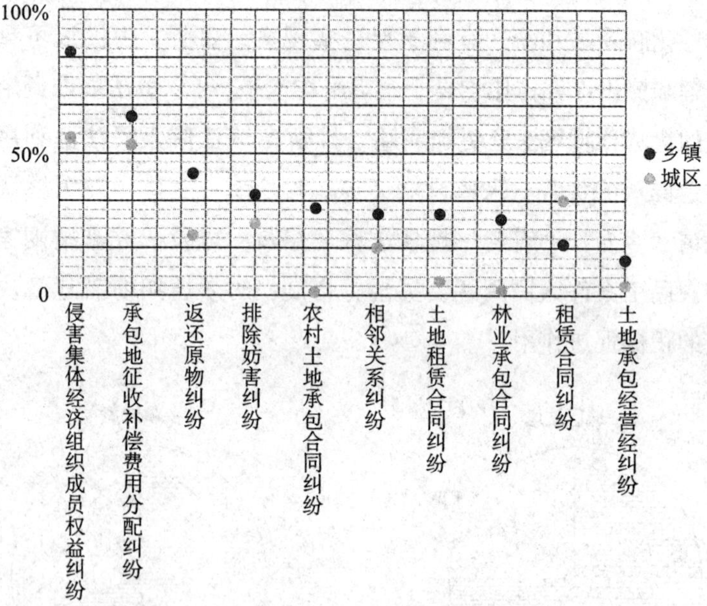

图6　基层群众自治组织涉案案由密集度测算（根据估值模拟）

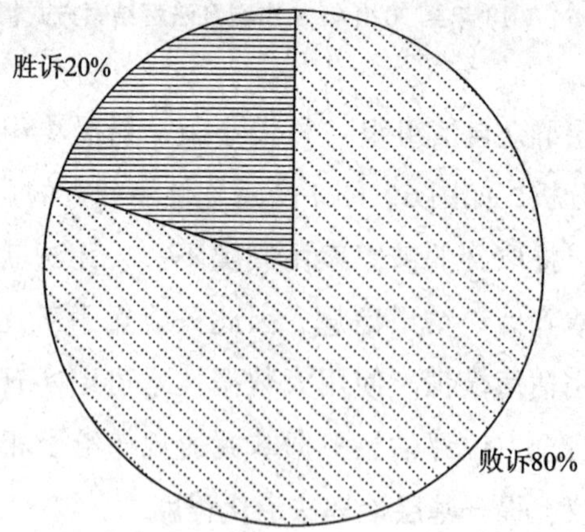

图7　基层群众自治组织诉讼结果分析（根据估值模拟）

3. 延伸分析模型

地域关联发展形势及政策研究分析模型，主要用于诉讼原因分析和诉讼趋势预测。借助大数据技术，建立标准化分析模型，专门抓取重要政策性文件、热点案事件舆情等相关关键词和数字进行运算分析，以供辅助制定司法政策、决策参考性文件。

如图8、图9所示，从审判信息管理系统抓取涉诉企业信息，对市域、县域主要行业涉诉密集度及各行业主要涉诉类型进行测算，进一步分析辖区企业生产经营过程中诉讼纠纷易发多发风险点。由于无法抓取案件高频关键字和具体数字等信息，此项研究思路仅停留在粗浅分析阶段，有待借助大数据技术进行辅佐验证。据此，可以向党委、政府、行业协会等提供更加明确的行业治理风险控制建议。

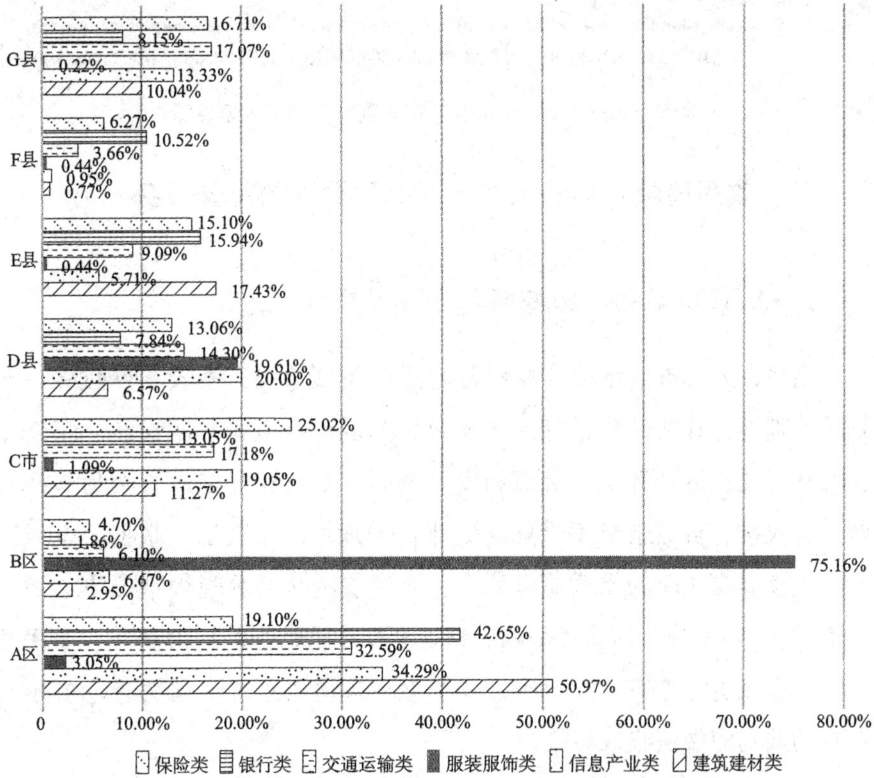

图8　2018年至2020年Y市各辖区主要行业涉诉密集度测算

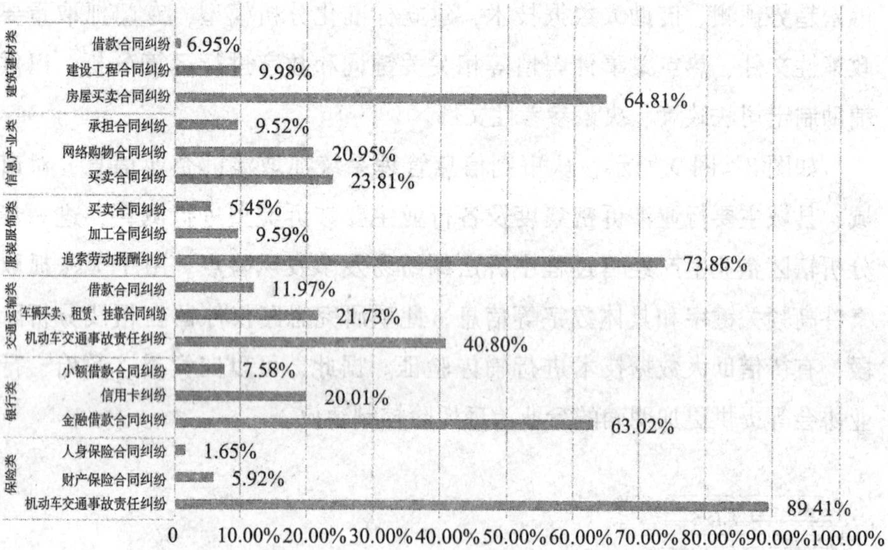

图 9　2018 年至 2020 年 Y 市主要行业涉诉类型测算

三、效用前瞻：司法大数据对基层治理的前景预测

（一）宏观层面：为基层社会厚植法治理念

当前，人民群众维护自身利益的意识不断增强，手段不断创新，与基层治理能力和法治化治理水平不足之间的矛盾也越来越突出，特别是在税费征收、拆迁开发、资源利用等方面，不同程度存在公权力侵犯群众合法权益、自治组织不当处分集体资产现象，导致基层政府、基层自治组织及群众之间的矛盾难以弥合，无法实现基层治理和基层自治的良性范式。① 在实施乡村振兴战略、推进全面依法治国的新形势下，人民法庭仅仅机械坐等办案，或单纯依靠个案审理向群众宣传司法理念寻求与群众的共鸣的做法收效甚微。

新形势下，人民法庭工作方式应由传统的“关门办案”向积极参与

① 参见陈希国、付金良、李洪波：《论人民法庭职能发挥的困境突破与实践进路——基于社会治理法治化的分析视角》，载《山东法官培训学院学报》2019 年第 5 期。

基层治理转变，借助司法大数据技术等信息化资源力量提高审判效率，将更多的精力投入到引领基层社会法治精神、构建基层社会治理新格局、助力基层社会平安建设上来。充分利用好利用“一村一法官”“三官一律”等现有基层治理机制与当地政府、自治组织等进行良性互动，及时将辖区内集中爆发的矛盾纠纷[①]进行大数据梳理、测算、诉源分析所得成果，反馈到相关部门、融入村规民约，为基层社会权力体系的规范化运行，为基层社会治安防控与重大决策提供更为科学翔实的参考依据。

（二）中观层面：为区域行业治理提供对策建议

司法大数据具有外联性，作为社会公共数据的一部分，司法大数据不仅能够反映司法机关自身的规律，还能反映出社会、经济发展的规律。[②] 根据前文延伸分析模型测算可以看出 Y 市辖区内各区域行业分布存在一定的特性，同时存在着城乡发展速度、发展程度不均衡的特点，在经济发展较快程度较高的区域金融借款合同纠纷、房屋买卖合同纠纷、建筑工程合同纠纷等较为突出，在民营企业较为聚集的区域追索劳动报酬纠纷等较为突出。利用司法大数据技术，建立法律经济分析决策辅助机制，可以为党委政府提供法律、经济等方面的大数据分析信息和决策建议，确保人民法院在经济发展和社会治理中的创新力、影响力。例如，从时间的维度深挖地区案件发展态势，可以了解发现某一地域范围内的某一行业、领域矛盾纠纷变化规律，对案件激增的、波动的情况向相关部门及时预警；在保障重点发展的特色产业项目顺利落地过程中，可以通过司法大数据分析提炼出风险点，主动靠前提出发展趋势预测和风险防控建议。例如，通过对城镇、农村居民人均收入、支出、存款余额、投资行业分配比例等经济性指标与涉金融类案件的相关性分析，为金融部门更好发挥引导投资职能、减少民间投资风险提出司法建议；对党委

---

① 如离婚纠纷、民间借贷纠纷、健康权纠纷等传统类型纠纷，以及大批量涌现的金融借款合同纠纷、土地使用权纠纷、宅基地纠纷等。

② 参见张嘉军：《司法大数据的价值功能、应用现状及其应对》，载《郑州大学学报（哲学社会科学版）》2018 年第 1 期。

政府关注的重点企业、行政机关等涉诉案件进行建模分析，为党委政府推进社会治理法治化提供决策参考。

（三）微观层面：为多元解纷集智赋能

多元解纷机制是司法服务社会治理智能化的重要途径，通过大数据思维，探索社会矛盾纠纷多元化解方式新突破，既是司法上的现实需求，也是国家治理能力现代化的必然要求。疫情期间，全国各级人民法院能够依托一站式诉讼服务中心的基本功能，提供在线起诉、受理、调解等服务，充分发挥“云上法庭”的功能，将诉讼服务从线下搬到线上，及时化解各类矛盾纠纷，保障公平正义在疫情期间“不打烊”。[①] 而以大数据技术为支撑的多元解纷机制将具备矛盾纠纷解决的案件预判、信息共享、资源整合、数据分析等功能，促进各类纠纷解决机制的跨界融合，通过对群众的各项合理诉求进行分类、整合等智能管理，优化矛盾纠纷处理流程，实现对纠纷解决进行全程管控、数据采集、信息共享、对比分析，为当事人理性选择纠纷解决方式提供合理预期，也为化解矛盾和社会治理决策提供依据和参考。例如，人民法院以调解平台、移动微法院为窗口，从给群众提供在线立案、在线调解、在线司法确认、在线审判、电子监督程序、电子送达等便民措施，到依托司法大数据技术为群众提供民商事案件起诉率、诉前调解率、委托委派调解成功率等有益于实质性化解矛盾的参考建议，也为深入推进多元化纠纷解决机制改革提供可量化的依据。

① 参见《“智慧法院”保障疫情期间公平正义“不打烊”》，载新华网，http://www.xinhuanet.com/2020-03/30/c_1125788238.htm，2020 年 3 月 30 日发布。

四、治理之道：司法大数据服务基层治理的制度构建

（一）以互联互通为原则，实现数据共享

1. 制定司法数据共享条例

在司法实践中，由于缺乏统一的司法大数据共享制度和规范，各司法部门“各自为政”，随着司法信息化建设进程，海量的司法大数据难以得到有效整合使用，造成数据资源浪费。因此，通过制定司法大数据共享条例，明确共享范围、标准、程序、职责等，推动司法大数据的应用发展在法律框架内规范运行，使得政法各部门之间司法大数据共享交流有法可依，以此科学整合数据资产、提升数据质量，激发司法大数据服务社会治理的效能。

2. 设立司法数据共享中心

司法大数据作为大数据国家战略的重要组成部分，应科学设计、区块结合、自上而下、统筹推开。基于我国政法体制架构的考量，可由中央政法委员会牵头，会同司法部、最高人民法院、最高人民检察院、公安部等相关部门组建全国司法数据共享管理中心。[①] 通过司法大数据一体化共享平台使上述部门及时掌握全国司法动态，适时调整和制定相关司法政策，对相关经费和人才配置进行动态调整和协调跟进。

3. 统一司法数据统计标准

司法大数据是一项建立在司法元数据基础之上的信息化工程，司法数据的充分挖掘和结构化处理是司法数据实现共享的基础性、前置性工作。因此，应建立完善司法领域统一的数据录入、识别、计算标准，对案件分类、关键信息采集、数据分类等内容进行标准化处理，从司法数据生成的源头上增加共享属性，推动跨部门、跨区域、跨层级、跨系统的数据交流与共享，形成全流程、全覆盖、全模式、全响应和全共享的

---

① 参见赵龙、刘艳红：《司法大数据一体化共享的实践探微——以破除“数据孤岛”为切入点的逻辑证成》，载《安徽大学学报（哲学社会科学版）》2019 年第 6 期。

司法大数据共享体系。

（二）以高效聚能为原则，深化数据应用

1. 加大对司法领域专有数据支撑技术的研发

司法领域中大量的半结构化、非结构化数据能够被准确识别、提取是提高司法大数据利用效率的关键所在。一方面，司法领域中的专有术语与日常用语之间存在语义“鸿沟”；另一方面，案件卷宗材料中包含大量难以识别的手写材料、图文重叠等，如果相关技术无法有效突破，则司法数据就无法摆脱对大量人工的依赖。因此，要加大对司法领域专有数据支撑技术的投入，突破司法领域专门用语与日常用语之间的映射技术、司法领域光学字符识别技术的瓶颈。①

2. 增加基层法院对司法数据的使用权限

司法数据的来源呈金字塔形结构，大部分的司法数据来源于基层法院（法庭），而司法数据的使用权限却呈倒金字塔形结构。司法数据使用权限过窄，不利于基层法院通过对司法数据信息进行研究分析，掌握不同社会群体司法需求、社会经济发展的趋势等。因此，要加强法院横纵向之间的信息资源共享，尽可能增加基层司法研究人员合理使用权限，激发基层法院、人民法庭对司法数据价值的挖掘利用。

3. 增强对法律知识工程师的培养

司法大数据研发离不开大量法律知识工程师。② 法律知识工程师是既懂法律、又熟悉技术、能做编程、能建模型、还熟悉产品端工作原理的复合型人才。在教育部等部门“六卓越一拔尖”计划 2.0 的大背景下，以“法律+大数据”“法律+人工智能”为建设重点的“新法科”建设应运而生。推进法学与其他学科，尤其是自然科学的真正交叉、融合，培养法律知识与信息技术的复合型人才不仅顺应“新法科”建设的整体要求，也是司法大数据深化应用的重要抓手。

---

① 参见王禄生：《论法律大数据“领域理论”的构建》，载《中国法学》2020 年第 2 期。
② 参见王禄生：《论法律大数据“领域理论”的构建》，载《中国法学》2020 年第 2 期。

（三）以共治共管为原则，增强治理效能

1. 探索大众参与的数据治理模式

通过数据沙箱、特征库等技术，探索建立数据“可用不可见”的大数据共享流通的综合机制，为行业使用司法数据、司法部门采集行业数据、行业之间共享及交易数据提供共性服务，以特许经营等方式对政务数据、司法数据等进行开发增值应用。建立司法部门和社会互动的大数据采集形成机制，引导各类企业、行业协会、科研机构、社会组织等依法采集并开放数据，积极探索政府数据、司法数据和社会数据融合创新的模式。

2. 建立司法服务社会治理数据模型

发挥大数据分析工具在词频及关联度方面的优势，针对不同类型案件、不同行业和社会群体特点，设计数据分析模型。利用司法大数据，绘制诉讼案件热力图，分析诉讼管辖范围内案件分布情况、各城区乡镇“万人起诉率”等情况，靠前开展诉源治理、多元调解，将法院司法服务触角延伸到每一个村社。提前设置诉讼纠纷预警值提示，将相关情况以司法建议等形式报送党委政府与相关部门，为科学决策提供依据，为社会综合治理提供法治保障。

3. 建立司法服务社会治理反馈机制

运用司法大数据，是提高法院参与社会治理能力的重要机遇。发挥司法大数据在长期追踪、关联分析、趋势预判和对策制定方面的作用，不仅要通过定期报送司法大数据态势变化分析，对社会治理提供预测性和改进性的意见；还要通过对司法大数据治理的法律效果、政治效果、经济效果、社会效果进行定期评估，根据反馈情况及时对司法大数据研究专题、研究方向等进行调整。

结　语

在大数据国家战略背景下，只有把法院工作放在社会治理的大格局

下进行审视，加速建设智慧法院，加强法院工作与现代科技的深度融合，将案件涉及的各种因素进行关联度分析，才能够破冰前进。只有将司法大数据分析成果转化为人民法院服务社会治理的重要力量，激发出司法大数据作为社会的“晴雨表”“方向标”的治理效能，增强社会治理能力，改善社会治理效果，社会矛盾纠纷才会相应减少。只有诉源减少了，法院案的人案矛盾得以缓解了，才有更多的精力研究社会治理中出现的新矛盾新问题，以此反向促进决策科学化、治理现代化，形成司法审判与社会治理之间的良性循环。

【数字法律问题研究专题】

自动驾驶侵权法律问题研究

——以人工智能侵权为视角

江苏省高级人民法院课题组*

习近平总书记在2018年10月中央政治局第九次集体学习中指出："人工智能是新一轮科技革命和产业变革的重要驱动力量，加快发展新一代人工智能是事关我国能否抓住新一轮科技革命和产业变革机遇的战略问题。"① 近年来，人工智能技术飞速发展，大数据计算、算法推荐、虚拟个人助理等人工智能应用深刻改变了人们的生产和生活方式。同时，算法缺陷、深度伪造等围绕人工智能安全的争论也甚嚣尘上。习近平总书记指出："要整合多学科力量，加强人工智能相关法律、伦理、社会问题研究，建立健全保障人工智能健康发展的法律法规、制度体系、伦理道德。"② 在当前人工智能应用场景中，汽车自动驾驶技术受到广泛重视，一是其集合了环境感知、行为决策、大数据收集利用、机器自主学习等人工智能前沿技术，二是其有助于提高交通安全和通行效率，产生显著社会经济价值，三是其作为汽车消费市场的革命性技术，具有极高的市

* 课题组成员：主持人李玉生，成员俞灌南、魏明、秦岸东、杨晓、袁东筱。

① 《习近平：推动我国新一代人工智能健康发展》，载新华网，http：//www.xinhuanet.com/politics/leaders/2018-10/31/c_1123643321.htm，2022年4月16日访问。

② 《习近平：推动我国新一代人工智能健康发展》，载新华网，http：//www.xinhuanet.com/politics/leaders/2018-10/31/c_1123643321.htm，2022年4月16日访问。

场价值。目前，自动驾驶相关产业已经全面铺开。以江苏为例，截至2022年6月，全省相关产业链企业共计约560余家，涉及高性能计算芯片、自动驾驶软件算法、测试验证、车联网设施设备等产业，2021年营业收入规模接近1200亿元。然而值得关注的是，作为一项前沿技术，汽车自动驾驶尚处于起步阶段，需要一个长期的过程以不断完善实用性和安全性，而巨大的市场价值正在将其快速推向市场，由此将给车上人员和其他道路交通参与者带来潜在风险。

本文从人工智能侵权视角出发，聚焦汽车自动驾驶交通事故相关法律问题，对已经投入市场具备自动驾驶雏形的自动辅助驾驶汽车交通事故侵权责任相关重点问题进行分析，服务当前审判实践，并对将来真正意义上的自动驾驶汽车交通事故侵权责任法律适用规则进行探析，希望能为做好司法应对提供参考。

一、L2级别自动驾驶交通事故中的侵权责任

当前，国际影响最大、应用最广的驾驶自动化分级标准为国际自动机工程师学会制定的SAE J3016标准。该标准将驾驶自动化划分为六个级别，即无驾驶自动化（L0，No Automation）、驾驶人辅助（L1，Driver Assistance）、部分驾驶自动化（L2，Partial Automation）、有条件驾驶自动化（L3，Conditional Automation）、高度驾驶自动化（L4，High Automation）及完全驾驶自动化（L5，Full Automation）。

根据上述分级标准，L2级属于部分驾驶自动化，是目前市场在售智能汽车所允许配备的最高自动驾驶等级。业界普遍认为L2级驾驶自动化的性质仍属于辅助驾驶，并不属于真正意义上的自动驾驶，只能称之为自动辅助驾驶。但该级别的自动辅助驾驶，系统不但具备部分目标和事件的探测与响应能力，且车辆横向与纵向运动控制，即车辆方向、加速、减速、刹车，在一定条件下可以持续由系统控制。相较于传统汽车，驾驶人对该类车辆的驾驶方式已经开始发生明显变化，相应的注意义务也随之发生变化，以注意义务之违反作为评判依据的侵权责任也自然发生

变化。当前一辆 L2 级自动驾驶车辆在系统介入下发生的交通事故，极易引发有关事故责任的争论。因此，虽然从技术角度，L3 级才是真正进入自动驾驶的开始，但交通事故侵权责任，需要从 L2 级自动驾驶开始展开讨论。

（一）驾驶人的接管义务

现代侵权法对过错采取客观化评判标准，以是否违反一般人通常注意义务作为评判依据。因此，对驾驶人施加何种通常注意义务，很大程度上决定了对其过错的判定，进而影响到交通事故责任认定。所谓接管义务，是指当车辆在驾驶系统控制状态下行驶时，驾驶人有义务在危急时刻及时接管对车辆的控制。由于业界通常认为 L3 及以上级别才是真正的自动驾驶，故对接管义务的讨论通常涉及的是 L3 及以上级别自动驾驶场景，但在 L2 级自动驾驶车辆上，尽管汽车使用说明书通常要求驾驶人仍应将手放在方向盘上，但包括方向、加减速在内的车辆控制在一定条件下已经实际交由系统掌控，故接管义务事实上已经成为包括 L2 级在内的智能汽车驾驶操作中的重要组成部分，继而成为事故责任认定的重要考量因素。

（二）接管义务的触发

接管义务并非仅为驾驶人设定了义务，因为该义务的触发来源于两个方面：一是来源于驾驶系统的提示，驾驶系统应当及时识别出系统无法应对的情形并向驾驶人提前发出接管提示，如果系统没有及时发出接管提示导致事故发生，则除交通事故侵权责任外还可能存在针对产品生产者、销售者的产品责任的适用空间。二是来源于驾驶人自身的注意义务，驾驶人在系统控制状态下仍应当保持适当的警觉状态，以便在系统未能及时发出接管提示的情况下亦能在必要时及时接管车辆控制，此在 L2 级自动驾驶车辆驾驶中显得尤为重要。

（三）系统提示的及时性对接管义务的影响

由于接管义务通常出现于车辆即将遇到系统无法继续安全应对的复杂路况之前，而人对于复杂路况的应对亦需要反应时间，故系统提示的及时性非常重要。判断接管义务是否适当履行，必须将系统提示的及时性作为重要考量因素。系统提示应当具有提前量，为驾驶人的反应和处理预留足够的时间。所谓足够的时间，应当以一位具有平均驾驶水平的驾驶人，在系统提示后按通常反应时间接管车辆后，一般都有较为充分的时间应对路况以避免事故的发生为标准，而不能以最快反应时间和最高驾驶水平为标准。如果系统预留的时间过于仓促，即使事故发生后回溯发现驾驶人如果以最快速度反应并作出最有效的处理，可能避免事故的发生，也不能当然认为事故的发生是因驾驶人未尽到安全注意义务所致。

（四）驾驶人对路况的注意义务

在当前 L2 级自动驾驶辅助场景下，关于驾驶人对路况注意义务问题争议较大。一种观点认为，自动驾驶辅助仅提供一种增值服务，不应当在任何程度上降低驾驶人自身对路况的注意义务标准，如果出现交通事故，应当由驾驶人独立承担责任。另一种观点认为，即便是当前 L2 级自动驾驶辅助系统，也提供了让驾驶人能够产生合理信赖的功能，驾驶人自然会降低对路况的注意，故应当降低驾驶人对路况的注意义务标准。

本文认为，当前 L2 级自动驾驶辅助系统在一定条件下已经实质接管了车辆的控制，从该系统的功能价值和应用逻辑出发，消费者花费更多的钱购买配备该系统的汽车，是为了获得更加轻松的驾驶体验，而不是背负监管该系统运行情况的负担，故驾驶人在使用该系统过程中享有合理地降低对路况注意义务的空间。如果要求驾驶人在使用该系统时保持与驾驶传统汽车无异的注意义务，随时察觉系统可能无法应对的路况，随时做好接管准备，保持随时采取处置措施的警惕，几乎等同于让一位普通驾驶人充当了系统“测试员”角色，实际是给驾驶人施加了比一般驾驶人更高的注意义务，该义务标准对普通消费者而言是不合理的。因此，对于L2级自动辅助驾驶介入车辆控制的情况，应当适当降低驾驶人对路况的观察注意义务标准，由此造成的义务空缺，应考虑由允许驾驶人合理降低此义务的因素填补，即由自动辅助驾驶系统填补，换句话说，由产品责任填补。由于L2级自动驾驶辅助并不完全免除驾驶人对路况的注意义务，此种情形下多会出现驾驶行为与产品缺陷对损害结果构成多因一果的责任形态。

（五）驾驶人的依规使用义务

2021年10月1日起施行的《机动车驾驶人安全文明操作规范》虽然没有对自动驾驶汽车的操作作出特别规定，但其中第4.1.2条规定，驾驶人应查阅车辆产品使用说明书，了解所驾车辆使用性能。故现阶段，对智能驾驶系统的依规使用主要是指依照汽车使用说明书使用。从域外立法情况看，德国于2017年针对自动驾驶技术修订了道路交通法，其中在规定允许使用高度自动驾驶或完全自动驾驶功能操作车辆的同时，强调需“按规定使用”，但在按何种规定使用问题上，未作更加具体的说明，目前也主要是依据产品制造商的使用说明。

二、机动车交通事故责任视角下的自动驾驶侵权责任

L3级自动驾驶系统能够在设计条件下持续执行全部动态驾驶任务，目标与事件探测和响应亦由系统负责，具备了真正意义上的自动驾驶能力，同时也展现出了算法高度复杂、深度学习、自主操控、难解释性等更加明显的人工智能特征。人工智能具有相当程度的自主决策性，使其在完成工作过程中产生的侵权问题与以人为主体实施的侵权行为有所不同。虽然有学者认为应当赋予人工智能法律主体地位，并据此提出拟制

说、电子人说①、电子代理人说②、有限人格说等学说，但目前各国在实践中的主流观点更倾向于将人工智能界定为法律客体，例如，《美国代理法第三次重述》术语条款中规定，计算机软件只能作为一项工具，而不能作为代理人或主要参与人；欧盟2020年发布的《关于人工智能系统运行的责任立法倡议》表示人工智能既不具有法律人格，也不具有人类的良知，其唯一的任务就是为人类服务，明确否定人工智能具备法律主体地位。

本文认为，在目前的技术发展阶段以及法律框架内，包括自动驾驶在内的人工智能的本质系人类制造的、为人类服务的先进工具，应当被界定为法律关系客体。然而，完全意义上的汽车自动驾驶系统对机动车的控制具有高度独立自主性，使得现行道路交通安全法等以“驾驶人”为中心的法律规则可能难以准确应对自动驾驶造成的交通事故侵权责任，因此有必要在现行法框架内探寻其他更加妥当的规则适用可能性。本文认为，基于自动驾驶的独立性、危险的不可控性、可能造成损害后果的严重性等特征，应当重点考虑物件致人损害责任与高度危险责任的适用。

（一）物件致人损害责任的适用

自动驾驶汽车在道路上的行驶与驾驶人的行为之间具有相对独立性，自动驾驶引发的交通事故相对于传统交通事故，更加呈现出物件致损的特征。

1. 关于归责原则问题

所谓物件致损，并非指与人的行为完全无关，只是行为与损害之间的关系相对于一般侵权行为而言较为间接，人基于对物的所有、管理、

---

① 电子人说最为主要的代表是欧洲议会2017年决议通过的《欧洲机器人技术民事法律规则》。该文件“规则内容”部分第59条中建议：“从长远来看要创设机器人的特殊法律地位，以确保至少最复杂的自动化机器人可以被确认为享有电子人的法律地位，有责任弥补自己所造成的任何损害，并且可能在机器人作出自主决策或以其他方式与第三人独立交往的案件中适用电子人格。”

② 电子代理人说最早为美国所提出。1999年8月美国统一州法全国委员会通过的统一电子交易法第2条对电子代理人进行了定义：“电子代理人系指非经人的行为或审核，全部或部分独立地发起某种行为或应对电子记录或履行的计算机程序、电子手段或其他自动化手段。”

使用等关系，需对物的风险承担责任，在一定程度上可以理解为“人对物的替代责任”。关于物件致损的归责原则，民法典侵权责任编建筑物和物件损害责任一章未设置一般条款，但根据该章各条文规定的归责方式，总体倾向于过错推定。过错推定虽然系过错责任的表现形式，但其价值取向实际更接近无过错责任，域外法上看，德国对“工作物”责任采取过错推定原则，但司法实践中对行为人证明自己没有过错采取极高的证明标准，以至于非常接近无过错责任。法国司法实践中通过对法国民法典第1384条第1款的扩张适用，将几乎所有物件致损都纳入其中，适用无过错归责原则。①

2. 关于责任主体问题

在物件致损模式下，责任主体并不限于物的使用人即驾驶人，还应当包括汽车的所有人与管理人，即保有人。在民法典侵权责任编机动车交通事故责任一章中，虽然也将机动车所有人和管理人列入可能的责任主体，但适用的是过错责任。在物件致损规则评价下，以“保有瑕疵”为归责基础，根据物的设置瑕疵、维护管理瑕疵导向物主责任与实际控制责任。故在“物件致损”模式下，自动驾驶汽车的所有人、管理人和使用人如果不能充分举证证明自己对智能汽车的维护、保养、设置、使用等方面没有过错，则应当对车辆运行产生的事故承担相应侵权赔偿责任。

（二）高度危险责任的适用

民法典侵权责任编第八章规定了高度危险责任，其中第一千二百三十六条作为高度危险责任的一般条款，具有顺应时代发展而不断更新、扩充高度危险责任适用范围的功能；此外，第一千二百三十九条系关于高度危险物致害责任的规定，其适用范围亦具有一定的开放性。

高度危险责任采取无过错归责原则，相较于目前机动车交通事故责

---

① 法国民法典第1384条第1款规定：“任何人不仅对自己的行为造成的损害负赔偿责任，而且对应由其负责之人的行为或由其照管之物造成的损害负赔偿责任。”

任的归责方式总体来说更加严格。理论上讲，汽车自动驾驶技术最终发展成熟后应当比现在的传统汽车更加安全，但在未来相当长一段时期内，该技术仍将处于不断完善的过程之中，危险性明显存在。无过失责任制度着眼于损害的“原因”，即肇致损害之人的行为、管领之物、设施或活动的“特别危险”，包括肇致损害可能性及损害的严重性。[①] 自动驾驶机动车交通事故可能导致不特定他人遭受人身伤亡等严重损害，加之其危险的不可控性，使得适用高度危险责任成为可行的选择。从规则适用方法角度看，此时可以构成机动车交通事故责任与高度危险责任的竞合。但是，高度危险责任适用于自动驾驶交通事故也存在不甚妥当的一面，在适用高度危险责任的领域，行为人虽然不能完全防止损害的发生，但可以通过不断提高管理水平、改进技术等措施降低损害发生的概率，但自动驾驶汽车的使用者面对驾驶系统缺陷造成的风险，难以通过自身的努力对风险进行有效控制。从该角度看，对汽车使用人适用高度危险责任所采取的无过错归责原则存在一定程度的不合理性。

（三）其他可能类推适用的规则

人工智能虽然在现阶段不能作为法律上的主体对待，但如果对其区别于一般物的独立性予以充分的考虑和承认，则还存在类推适用其他侵权法规则的可能，根据观念上对人工智能“趋近于人”的认可程度，可分别将其类比成动物、低龄未成年人、人类助理，故在法律适用方法上还存在类推适用饲养动物致人损害、监护人责任、雇主责任的空间。

1. 类推适用饲养动物致人损害责任

拒绝将人工智能当作“人”对待的观点，可能会退而求其次，认可将其当作“动物”对待。根据民法典第一千二百四十五条的规定，饲养的动物造成他人损害的，动物饲养人或者管理人应当承担侵权责任。此条采用无过错归责原则，类推适用该规定，则得出智能汽车的所有人、

① 参见王泽鉴：《侵权行为》，北京大学出版社2009年版，第627页。

管理人、使用人对自动驾驶车辆造成的损害承担无过错责任的结论。但问题在于，饲养动物致人损害采用无过错归责原则，一是因为动物饲养人、管理人开启了风险，二是因为饲养人、管理人在很大程度上具有降低饲养动物对他人造成损害风险的能力。而智能汽车的保有人是否有能力降低自动驾驶系统产生的风险，存在疑问。因此，与适用高度危险责任存在同样的问题，参照饲养动物致人损害责任适用无过错归责原则缺乏充分妥当性。

2. 类推适用监护人责任

民法典第一千一百八十八条第一款规定，无民事行为能力人、限制民事行为能力人造成他人损害的，由监护人承担侵权责任。监护人尽到监护职责的，可以减轻其侵权责任。将自动驾驶系统等人工智能系统比作被监护人，将系统的所有人、使用人比作监护人，虽然具有一定的形象性，但类推适用监护责任的主要问题在于，根据上述规定，监护人如果尽到监护职责，可以减轻赔偿责任，该规定的目的在于促进监护人尽到监护职责。而自动驾驶汽车的使用人在车辆处于自动驾驶状态时，如果强调其对自动驾驶系统运行的“监护”，实质是要求其提高警觉义务，此与自动驾驶技术的功能价值存在冲突，要求监护人对无民事行为能力人尽到监护职责，具有合理性，而要求驾驶人对自动驾驶系统尽到“监护职责”则缺乏合理性，故类推适用监护人责任的妥当性也存在疑问。

3. 类推适用雇主责任

自动驾驶系统虽不具有独立人格，但基于其高度智能化特征以及为人类提供驾驶服务的功能，可以将其视为人类雇员，故对于自动驾驶状态下发生的侵权事故，存在类推适用雇主责任规则的空间，由接受自动驾驶提供“劳务”的一方承担无过错责任。但该种思路实际与前述“人对物的替代责任”即物件致损责任相似，且并不如直接适用物件致损责任更加妥当。一是在雇主责任中，接受劳务一方在提供劳务一方具有故意或重大过失的情形下可以向其追偿，而自动驾驶交通事故中，驾驶人无法向自动驾驶系统追偿；二是即使认为驾驶人可以向系统生产商追偿，雇主责任规则中要求行使追偿权需以提供劳务一方具有故意或重大过失为前提，设立该前提的初衷系为保护劳动者，而该前提条件显然不应适用于系统生产商。

综上所述，无论适用高度危险责任还是类推适用饲养动物致人损害责任、监护人责任、雇主责任，都在一定程度上缺乏妥当性。相较而言，物件致损责任，无论是责任类型本身的逻辑还是所采取的过错推定责任，都更加妥当，可以作为L3级及以上级别自动驾驶交通事故中对车辆驾驶人、所有人、管理人侵权责任认定优先考虑参照适用的责任类型。

三、产品责任视角下的自动驾驶侵权责任

汽车在自动驾驶状态下发生交通事故，相较于传统交通事故而言更容易引发产品责任。产品责任采用无过错归责原则，自动驾驶产品责任的核心问题涉及两个方面：一是产品缺陷的认定标准；二是产品责任抗辩事由，特别是发展风险抗辩。

（一）产品缺陷的认定标准

现行法中产品缺陷这一概念规定在产品质量法中，该法第四十六条规定："本法所称缺陷，是指产品存在危及人身、他人财产安全的不合理的危险；产品有保障人体健康和人身、财产安全的国家标准、行业标准的，是指不符合该标准。"有观点认为，如果产品符合法定标准，仍然致人损害的，不必然说明产品不存在缺陷，法定标准是一种辅助性标准，是判定产品是否存在缺陷的最低标准。[①] 一个产品即使质量符合相关标准，但只要存在危及人身、财产安全的不合理风险，仍应当判定为存在缺陷，因为标准制定者受知识水平、能力所限，在标准中不可能将所有不合理的危险加以排除，故所谓标准往往并未覆盖产品的全部安全性能指标，产品符合标准只是意味着该产品符合了标准覆盖到的那些安全性

① 参见杨立新：《侵权责任法》，法律出版社2012年版，第308页。

能指标，不具有标准所排除的那些不合理危险而已。[①] 从比较法上看，对产品缺陷的定义多采用消费者合理期待标准或类似标准，而并不关注产品是否符合某一制定标准。如德国缺陷产品责任法第3条规定：“产品未能在所有情况下，特别是在（a）产品上市时；（b）在合理情况下可供使用时；（c）产品进入流通时，不具备为人所合理要求的安全性能，即为缺陷。”丹麦产品责任法第5条规定：“确定产品的缺陷必须考虑以下所有情况：1. 产品的市场适应性；2. 对产品合理指望的用途；3. 产品投入流通的时间。”

本文认为，对于即使符合相关标准但仍实际存在不合理危险的产品，如果仍认为其不存在产品缺陷，会违背产品责任制度保护人民群众生命财产安全的立法本意。产品合格并不等于产品不存在缺陷，应当以产品是否存在危及人身、他人财产安全的不合理危险作为最终判定标准。对于自动驾驶汽车而言，即使其出厂时符合有关自动驾驶技术的强制性标准，如果在自动驾驶状态下发生交通事故，仍应当根据事故发生的具体情况认定是否存在产品缺陷。

（二）自动驾驶系统的警示缺陷与跟踪观察缺陷

产品缺陷的类型一般可分为设计缺陷、制造缺陷、警示缺陷、跟踪观察缺陷。由于自动驾驶技术在相当长时期内将处于发展与完善过程中，风险将长期存在，故应当重点关注进入市场的相关产品是否存在警示缺陷与跟踪观察缺陷。

1. 自动驾驶系统的警示缺陷

产品质量法第二十七条第一款第五项规定：“产品或者其包装上的标识必须真实，并符合下列要求：……（五）使用不当，容易造成产品本身损坏或者可能危及人身、财产的产品，应当有警示标志或者中文警示说明。”消费者权益保护法第十八条第一款规定：“经营者应当保证其提

---

① 参见程啸：《侵权责任法》，法律出版社2015年版，第494页。

供的商品或者服务符合保障人身、财产安全的要求。对可能危及人身、财产安全的商品和服务，应当向消费者做出真实的说明和明确的警示，并说明和标明正确使用商品或者接受服务的方法以及防止危害发生的方法。”对于智能汽车而言，即使以后发展到L3、L4级，亦有其能力和使用范围的边界。自动驾驶不等同于无人驾驶，使用不当仍具有相当的危险性，故应当强化警示义务。特别是在现阶段，自动驾驶技术处于起步阶段，能力范围极为有限，但智能汽车消费市场对于自动驾驶辅助的广告宣传、功能介绍往往缺乏清晰准确的表述，甚至为了追求市场份额进行夸大其功能的误导性宣传，故现阶段尤其应当强化生产者、销售者的警示说明义务。在自动驾驶技术并不完善的今天，警示义务的履行情况在很大程度上决定了对智能汽车产品是否存在缺陷的认定。

2. 跟踪观察缺陷与发展风险抗辩

产品责任一般都将“产品投入流通时的科学技术尚不能发现缺陷的存在”作为免责事由，即发展风险抗辩。根据产品责任法第四十一条第二款的规定，如果生产者能够证明将产品投入流通时的科学技术水平尚不能发现缺陷的存在的，可以不承担赔偿责任。发展风险抗辩的目的在于鼓励产品生产者努力开发产品，鼓励科技创新，以满足社会和公众的需要。因此，即使这种新产品有可能存在缺陷，但在产品投入流通时科学技术尚不能发现的，产品生产者能够免除其责任。但有观点认为，这样的免责事由，在一定程度上牺牲了产品使用人的利益，因为其即使是遭受了此种产品的侵害，也不能得到赔偿，等于其牺牲了自己的获得赔偿的权利，成全了生产者的创新勇气；如何平衡消费者的权益保护和推动科技进步、产业发展，仍然需要谨慎把握，因此，即使是产品投入流通时的科学技术尚不能发现缺陷的存在，但是若法律对生产者在产品投入流通时就施以跟踪观察义务，未尽该义务的，就构成跟踪观察缺陷。[①]民法典第一千二百零六条第一款规定：“产品投入流通后发现存在缺陷

① 参见杨立新：《侵权责任法》，法律出版社2012年版，第304页。

的，生产者、销售者应当及时采取停止销售、警示、召回等补救措施；未及时采取补救措施或者补救措施不力造成损害扩大的，对扩大的损害也应当承担侵权责任。”

在汽车自动驾驶领域，考虑到技术演进的复杂度和衍生危险的可能性，应当强化生产者的跟踪观察义务。自动驾驶作为一项前沿技术，目前并不完善，需要在实际应用中不断积累数据，通过大数据分析、算法调整优化、人工智能自我学习来推动技术不断更新迭代。因此智能汽车企业目前投放市场应用的技术，实际上可能并不成熟和完善，而且从某种意义上说，是让消费者扮演了优化系统的“测试员”角色。显然，将风险全部转嫁给自动驾驶汽车的使用者及公共交通的其他参与者并不妥当，故应尽量强化生产商的跟踪观察义务。此外，自动驾驶作为软硬件相结合的系统，软件作用所占比重较大，相比于传统汽车缺陷所采取的召回方式，软件的升级可以通过快速、便捷、低成本的 OTA 方式进行，故强化生产商的跟踪观察义务，亦符合成本效益原则。

发展风险抗辩就其自身含义来说也极易与产品责任的无过错归责原则产生体系冲突。本文认为，即使承认生产者享有发展风险抗辩，为了与产品责任采取的无过错归责原则相协调，也应提高生产者提出发展风险抗辩的证明标准。比较法上看，日本产品责任法立法释义指出，在认定发展风险抗辩成立与否时，要以可能获得的最高科学、技术的水准来判断；学者指出，不能仅以产品被交付时该企业的规模和生产水平为认定依据，而只有通过调查该产品领域中最领先企业所拥有的资料后，仍无法发现该产品缺陷时，方可作发展风险上的抗辩。①

3. 自动驾驶汽车“生产者”范围

诸如汽车之类的复杂产品，汽车制造商不可能自己制造全部零部件，如果因为汽车的某一部分存在质量缺陷，比如轮胎缺陷导致交通事故，应由汽车制造商还是轮胎制造商承担侵权责任？即谁是“产品生产者”？

① 参见贺琛：《我国产品责任法中发展风险抗辩制度的反思与重构》，载《法律科学（西北政法大学学报）》2016 年第 3 期。

在自动驾驶引发的交通事故中，如果整车制造商并不设计制造自动驾驶系统，而采用其他厂商提供的系统，也会遇到该问题。我国产品质量法并未对生产者概念作出明确规定，比较法上看，《欧共体第 85/374 号关于产品责任的指令》第 3 条规定："本指令中，'生产者' 指成品的制造者、原材料的生产者或者部件的制造者以及任何以生产者名义出现，并将自己的姓名、商标或标识标注于产品上的人。" 法国民法典第 1386-6 条规定："以专业名义、制成品的制造者、原材料的生产者、各种部件的制造者，均为产品的生产者。" 国内学者较多观点也认为最终生产者和零配件生产者均为产品生产者。本文认为，整车制造商与自动驾驶系统制造商对外都应当承担产品责任，整车制造商虽然未设计制造自动驾驶系统，但其将该系统集成进整车系统，使其成为车辆结构上、功能上不可分割的一部分，且其从装配该系统的整车产品上获取商业利益，故应当承担整车的产品责任。

【理论前沿】

预购商品房预告登记的实施保障

万 挺*

因预告登记在存量房、商品房预售领域陷入适用困境，有学者称预告登记制度在实践中走向死亡,① 而实践中大量司法案例表明，社会迫切需要预告登记发挥制度效能以实现立法初衷，这不得不让我们重新审视制度的实施保障是否出现了问题。

预告登记制度是舶来品，由学界传播，从概念界定入手，经理论推演，地方登记制度先试,② 最终被立法确认。在物权法所继受的诸多新制中，预告登记是一项真正揉进本土化创意的制度。③ 民法典第二百二十一条承继完善物权法第二十条，是我国关于预告登记的规定。预告登记的适用对象是“签订买卖房屋的协议或者签订其他不动产物权的协议”，未来的不动产登记法必然与民法典对标，并根据时代和社会经济生活的要求对预告登记的范围予以明确。预告登记是为保全一项请求权而进行的不动产登记，目的在于保全将来发生不动产物权变动的请求权，其本质特征是使被登记的请求权具有物权的效力，进行了预告登记的请求权，对后来发生的与该项请求权内容相同的不动产物权的处分行为，具有对

---

* 最高人民法院民事审判第一庭法官。

① 参见常鹏翱：《预告登记制度的死亡与再生》，载《法学家》2016 年第 3 期。

② 参见张双根：《商品房预售中预告登记制度之质疑》，载《清华法学》2014 年第 2 期。

③ 参见张双根：《商品房预售中预告登记制度之质疑》，载《清华法学》2014 年第 2 期。

抗的效力。①

预告登记制度的立法初衷是解决商品房预售中的交易风险问题。目前，理论与实务中，② 均认可预告登记主要针对商品房预售情形。③ 受二手房指导价新政等去杠杆调控政策影响，二手楼市持续低迷，租售并举分流作用也初见成效，这在一定程度上把刚需推向预售商品房销售，完善包括预告登记制度在内的商品房预售制度迫在眉睫。

一、预告登记制度实施现状

在我国以商品房预售制为主的背景下，预告登记数量与不动产交易数量不匹配，制度并未发挥应有作用。物权法设立预告登记制度之后，多年来实施面临困境，且并未因民法典的出台而得到解决。

（一）商品房预售领域

预告登记在商品房预售领域陷入适用困境。④ 在预售商品房和现房买卖或抵押交易中，网上签约机制发挥着防止所有权人一房数卖的实际作用，这与预告登记制度的功能高度重合。⑤ 在深圳，还可在预购的商品房上径直设立抵押权，这让按揭贷款时抵押预告登记失去必要性，进而亦无须办理商品房预售预告登记。主要原因包括：普法宣传不足，大众对预告登记制度仍不熟悉，也有少数购房者追逐因限价政策带来的利好而忽视风险；预告登记和网签备案被视为互斥关系；一些地方出现二手房价格高于新房的现象，新房“买到即赚到”，开发商抓住广大购房者的迫切心情和“怕麻烦”心理，预售商品房时不提示、不配合、不同意办理

① 参见王胜明主编、全国人大常委会法制工作委员会民法室编著：《中华人民共和国物权法解读》，中国法制出版社2007年版，第47页；黄薇主编：《中华人民共和国民法典释义》，法律出版社2020年版，第428页。

② 参见住房和城乡建设部政策法规司等编：《房屋登记办法释义》，人民出版社2008年版，第306~309页。

③ 参见张双根：《商品房预售中预告登记制度之质疑》，载《清华法学》2014年第2期。

④ 参见常鹏翱：《预告登记制度的死亡与再生》，载《法学家》2016年第3期。

⑤ 参见常鹏翱：《预告登记制度的死亡与再生》，载《法学家》2016年第3期。

预告登记，在意思自治、契约自由的掩护之下，没有任何制约；预告登记没有纳入监管体系。商品房预售违规经营屡禁不止，资信较低或违规经营的开发商不同意办理预告登记的比例更高，风险爆发后购房者与执行债权人的冲突最为常见。此外，还存在理论和实践脱节难以有效指导实践解决本土问题，行政部门之间、行政与司法之间不能协调联动、不能多措并举为制度落地提供服务保障等因素。

（二）现房销售领域

据有关统计，现房交易办理预告登记的比例很低，有些地方甚至为零。[①] 现房交易不存在楼盘烂尾、违建拆除或开发商跑路的问题，权利负担和严重的房屋缺陷问题与期房相比较为清晰，办理过户也较为快捷，交易风险远小于预购商品房。二手房交易中"转贷"或者申请贷款到办理过户时间较长，有一定风险，预告登记本来还有狭窄的适用空间。但是，随着"放管服"的落实以及优秀经验做法的推广，例如，在珠海，可以做到新旧贷款、新旧抵押和过户办理的"五合一"，"最多跑一次"，解决了二手房贷款担保问题等，现房交易中预告登记采用率将进一步下降。

（三）预告登记纠纷案件情况

十余年来，涉及物权法第二十条的预告登记纠纷案件才 1 万件出头，[②] 这与全国法院系统每年新收 55 万余件商品房买卖合同纠纷相比，简直微不足道。执行救济程序方面，《最高人民法院关于人民法院办理执行异议和复议案件若干问题规定》（以下简称《异议复议规定》）第三十条对预告登记的保全效力能否及于强制执行作出了规定，司法保障力度很大，但是，据估算，案外人办理预告登记的案件在执行异议之诉案件中不足百分之一。从司法案件的情况看，一方面，大多数陷入困境的

① 参见常鹏翱：《预告登记制度的死亡与再生》，载《法学家》2016 年第 3 期。
② 参见王利明：《论民法典物权编中预告登记的法律效力》，载《清华法学》2019 年第 3 期。

购房者不能依靠预告登记制度维护权益，反映了登记率低的现状；另一方面，也说明登记率是楼市风险的晴雨表，登记率高的楼盘项目规范化程度往往较高。

二、预告登记实施保障的必要性

（一）发挥制度效能的需要

基于当前实施困境，对于预告登记未来的命运，主要有扩范围说和强效力说。扩范围说认为，预告登记的主要功能（防止所有权人一房数卖）在我国是通过商品房预售登记体现出来的，[①] 因此在商品房预售中缺乏存续基础，如不扩张适用范围到租赁权、优先受偿权等，前景就是维持其作为纸面法律制度的存在地位，任其在实践中消亡。[②] 强效力说则认为，预告登记可以阻却买卖合同订立至房屋移转登记完成时出卖人丧失处分权的一切风险，[③] 物权法明文规定预告登记之后，相关司法解释给予买受人的保护，应被预告登记制度吸收和整理。

上述两个前瞻性观点中，扩范围说立足现状，主张放弃预售商品房和存量房预告登记，另行扩张登记事项；强效力说希望通过进一步强化保全效力，解决制度水土不服的实施困境。从《不动产登记暂行条例实施细则》规定的预告登记事项的范围来看，具有很大的弹性空间，范围不可谓不广。依据民法典第二百二十一条，我国预告登记具有限制处分效力，《最高人民法院关于适用〈中华人民共和国民法典〉物权编的解释（一）》第四条又对预告登记的效力予以明确，《异议复议规定》第三十条还赋予了预告登记在强制执行中的效力，制度效能不可谓不强。制度落地实施后，制度效能可以很好地维护交易稳定性。然而，当预告登记

---

① 参见王利明：《试论我国不动产登记制度的完善（下）》，载《求索》2001年第6期；王利明：《物权法论》，中国政法大学出版社2003年版，第172页。

② 参见常鹏翱：《预告登记制度的死亡与再生》，载《法学家》2016年第3期。

③ 参见庄加园：《不动产买受人的实体法地位辨析——兼谈〈异议复议规定〉第28条》，载《法治研究》2018年第5期。

的办理取决于强势一方自愿受约束，背离自身利益最大化，则约束效力越强，办理预告登记的意愿就越低。预售商品房买卖合同关系之中，根据合同约定，预购人通常在数月之内就要缴清价款，而过户登记时间则往往不能明确。实践中，预购人缴纳认购金、定金之后即丧失话语权，何时签约、备案、能否预告登记等，完全取决于开发商。在单方意志自由的前提下，登记效力和登记率成反比。无论是扩范围说还是强效力说，都不足以推动制度落地实施。

（二）公平交易的需要

预告登记能不能依靠市场的方式自动实现。第一种观点认为，能否达成预告登记的约定属于意思自治、契约自由的范畴，应依靠市场竞争机制约束开发商，让买受人通过自由选择来实现，不应允许任何形式的影响和干涉。第二种观点认为，为保障权益，买受人可以单方申请预购商品房的预告登记。第三种观点认为，在将来的物权法相应立法解释及配套规定中，应当对不动产流转的预告登记作出强制性规定，唯有如此，预告登记制度才能体现其自身价值。①

上述观点均值商榷。一方面，市场竞争机制调节的前提是竞争充分，在法律意识有差异、经济地位分强弱、权责不对等、信息不对称的卖方市场环境下，要求强势一方自觉放弃优势地位，背离利益最大化目标而进行自律非常困难，买受人往往没有平等协商的基础，也普遍缺乏风险防范意识。预售制度之下，开发商获得政府预售许可，销售楼盘表意义上的“楼花”，涉及交易安全，在买受人不能自主办理预告登记且不具有防控风险能力的情况下，用“买者自慎”来要求买受人承受物权实现不能的风险，② 确实强人所难。总体而言，房地产特有的空间固定性、异质性、需求普遍性使得在商品房销售领域竞争并不充分，质次价高的商品

---

① 参见宋宗宇等：《预告登记在不动产流转中的价值分析》，载《社会科学家》2009 年第 4 期。

② 参见冉克平：《〈民法典〉视域中不动产买受人的法律地位》，载《武汉大学学报》2021 年第 3 期。

房仍然有市场，我国房地产业呈现不平等竞争和低效率竞争态势。① 正因为预告登记制度具有维护交易秩序的功效，加之市场竞争不充分、不平等，不能完全依靠市场竞争机制来实施。开发商没有任意拒绝预告登记的绝对自由。对于第二种、第三种观点，如果准许预售商品房预告登记可依（买受人）单方申请或者要求强制办理，确实有利于解决目前预告登记率低的实际困境，也有利于保护广大购房者权益。然而，单方申请事项往往适用于物权设立（原始取得）、（客体）变更、消灭等场合，以继承、受遗赠或者依公权嘱托为例外，一般不适用于因双务合同的物权转让（主体变更）。不动产登记以形式审查为主，难以对合同履行进度、是否违约或解除等实体法内容进行审查，如未达成预告登记的约定，允许买受人单方向不动产登记机构申请预告登记或者强制要求开发商办理，意味着排除了产权人的意思表示，不符合民法典的规定。此外，"房住不炒"的限购政策应当落实到房地产交易监管和不动产登记领域，办理预告登记的前提是买受人具备购房资格，出卖人具备售房资格，并对房源信息进行核验，而上述核验职能是网签备案解决的问题，不动产登记机构难以独立完成审查，也没有必要由两个行政机关重复核验。据此，预告登记要在意思自治和公共秩序维护之间寻求平衡，既不能绝对强制，更不能放任自流。一方面，要注重培养公平的市场竞争机制；另一方面，行政职能部门和司法机关应当积极提供服务保障，支持弱势一方依据民法典保护自身合法权益。

（三）丰富房地产监管措施的需要

过去大家主要注意的是交易的公平，而今天分配的公平则居首位。② 为对房地产市场利益进行分配，提高地价、限制房价和税收政策等手段侧重公法性和强制性，事实上，行政管制法与民法的特定方法、制度效

---

① 参见雷兴虎、蔡科云：《中国商品房预售制度的存与废——兼谈我国房地产法律制度的完善》，载《法学评论》2008年第1期。

② 参见江平、苏号朋：《民法文化初探》，载《天津社会科学》1996年第2期。

能相结合，完成公共事务管理或治理目标已成世界趋势，预告登记作为跨越物法和债法的特殊制度，运用得当可发挥重要作用。对预售商品房买受人的保护，事实上就是如何实现公平分配，在预告登记率较低的情况下，目前主要依靠网签备案和执行程序中的相关特殊保护制度等来实现，要么效果不理想，要么缺乏实体法依据，任何一个制度解决所有问题都不现实，有必要形成制度合力，规范房地产交易市场秩序，维护交易安全，保障公平分配。

房屋买卖合同网签备案是买卖双方当事人通过政府建立的房屋交易网签备案系统，在线签订房屋买卖合同并进行备案的事项。网签备案和预告登记在实际效能上确有部分重叠，这正反映了立法机关对于预售制高风险的担心。相比网签备案，预告登记与预售制度的互补优势主要在于：(1) 预警功能。预售备案重在落实限购等房地产调控政策，确认交易标的；预告登记基于物权法律制度的规定，主要职能是交易风险预警、界定责任财产范围、保障物权实现。按照及时、准确、全覆盖的要求，网签备案的优点是普遍适用，缺点是没有物权法上的效力，实质上是预售许可的延伸；预告登记保全效力显著但没有普遍适用，其风险预警功能没有得到重视，两者互补性强。(2) 丰富监管手段。我国预售制度存在监管单一的"先天不足"，政府主管部门在预售过程中对预售合同的强制登记、预售广告的发布监管、资金的监管都是静态、事后的管理，缺乏动态的、事前的防范。[①] 为落实物权法不动产统一登记的要求，网签备案和不动产登记实现了机构分离，网签备案与不动产所有权登记之间缺乏有效衔接，交易在漫长的房地产开发周期之内处于自主履行状态，容易失管失控。预告登记在网签备案之后达成，未达成约定但适当履行主要义务后是否可诉也值得探讨，合同违约、解除、被撤销等事由还可能涉及异议登记、预告登记失效、注销等动态调整，可以填补网签备案到债权终止或所有权登记之间的管理空白。在此背景之下，推动预告登记

① 参见雷兴虎、蔡科云：《中国商品房预售制度的存与废——兼谈我国房地产法律制度的完善》，载《法学评论》2008 年第 1 期。

实施有利于丰富监管方式。(3) 与实体法相衔接。如果说预告登记办理需要依赖网签备案对交易资格的审查，那么网签备案的注销恐怕要与预告登记注销保持同步。关于注销网签备案的条件，住房和城乡建设部有关规程之中仅笼统表述为当事人申请变更、注销的，应当及时办理。这是因为网签备案的变更、注销只能基于买卖合同权益转让、解除、无效或者被撤销等实体法原因，除非当事人双方申请，办理网签备案的部门无法进行实体审查，司法机关亦无法对注销网签备案进行嘱托。对此，预告登记失效和注销与实体法相衔接，网签备案的注销只能与预告登记保持同步。综上，网签备案因其单一性、静态性的特点，局限性较为明显，网签备案和预告登记不应当互斥。

(四) 界定责任财产的需要

楼盘烂尾、开发商被列为被执行人甚至破产的情况，可能涉及开发贷款人和其他债权人、开发商、众多预购人、按揭贷款人等内部、外部权益冲突问题，预告登记在确定责任财产范围等方面，所具有的定分止争的独立价值无可取代。目前，对预购人的保护一般通过强制执行领域的司法解释如《最高人民法院关于人民法院民事执行中查封、扣押、冻结财产的规定》第十五条和《异议复议规定》第二十八条、第二十九条等规定确立的特殊保护规则来实现。但是，在债的平等性原则之下，即使是有限支持，学界也多质疑实体法依据不足，[①] 理论和实务界都期待预告登记发挥担当作用。只有切实解决预告登记的实施困境，预告登记才能发挥制度效能，解决上述问题才有回归实体法的可能。

(五) 防范虚假诉讼的需要

案外人在民事执行过程中对执行标的提出异议是一类常见多发的虚假诉讼类型，被执行人与案外人串通，采用虚构不动产买卖合同、倒签

① 参见庄加园：《不动产买受人的实体法地位辨析——兼谈〈异议复议规定〉第28条》，载《法治研究》2018年第5期。

日期、虚开收据、查封后交付等手段，规避、对抗执行或者侵害他人物权的情况较为常见，实践中难以防范、识别。预告登记可有效遏制日期倒签，更重要的是，登记后冻结物权变动并保障预告登记权利人实现物权，当案外人反悔不承认串通时，被执行人将丧失物权，这让串通变成对立，失去利益驱动。

三、预告登记实施保障的具体措施

（一）实现预告登记和网签备案协同

在预售制背景下，服务保障的切入点就是理顺网签备案和预告登记的关系。根据《不动产登记暂行条例实施细则》第八十六条的规定，预告登记应以已备案的商品房预售合同为基本材料，交易监管和不动产登记的衔接是必要的，建议正在制定中的不动产登记法对此予以沿袭。在竞争不充分的市场环境之下，离开行政措施的服务保障，预告登记的实施问题就不可能根本落实。当前，办理预告登记经济成本因素已经排除，推动制度落实主要在下列方向。

1. 商品房买卖合同示范文本应必备预告登记条款，并作出重点提示

无论是网签备案还是预告登记，买卖合同都是基础。从住建部、原国家工商行政管理总局制定并联合下发的2014年新版预售和现售的商品房买卖合同示范文本来看，仅在第八章规定了合同备案与转移登记，缺少预告登记的条款，这意味着预告登记只能另行约定，而买受人在支付定金（预付款等）、签订合同之后即完成丧失了平等协商的可能，这极大增加了达成预告登记约定的难度，与民法典的精神不相符合，应予关注。

2. 鼓励开发商单方申请办理预告登记

申请办理预告登记，实质上是登记权利人对自身权利的处分，不违背买受人意愿，属于开发商单方申请的事项，根据网签备案的有关规范，开发商（单方）为申请网签备案的主体，也是基于该法理。特别需要强调的是，开发商申请办理预告登记，可以是基于自愿，并不以买受人支

付价款或占有房屋为前提条件。预告登记办理之后，可以一定程度遏制买受人一方不诚信悔买等行为，除非出现开发商重大违约导致债权消灭，买受人应当继续履行合同。在办理预告登记并适当履行交房义务的情况下，除非另有约定，可以视为合同目的已经实现，遏制“房闹”事件。

3. 网签备案和预告登记的办理应当同步办理

2020 年 1 月 1 日起施行的《优化营商环境条例》第四十七条规定：“不动产登记机构应当按照国家有关规定，加强部门协作，实行不动产登记、交易和缴税一窗受理、并行办理，压缩办理时间，降低办理成本……”建立统一、独立、以服务于交易安全为任务的登记机关，① 不影响部门协作维护交易秩序和办理不动产登记，当事人一次申请，住建、税务和登记机构应当一窗完成网签备案、缴税和预告登记。“互联网+不动产登记”应当进化为“互联网+网签备案+不动产登记”，预告登记和网签备案既然在功能上有重合，在信息共享方面就可以互联互通。开发商申请网签备案时，行政职能部门应当充分提示开发商同时办理预告登记，让预告登记“搭便车”。

在不同行政职能部门达成协同共识的前提下，实现房地产交易管理和不动产登记的有机衔接、预告登记与网签备案同步的目标。现实生活中，预售商品房销售是先签订认购书，在购房款已经支付大额甚至大部分或需要完成贷款手续的前提下，开发商才会通知买受人签订正式合同，进行网签备案。此时，无论是根据住建部关于办理网签备案的规范要求，还是基于公平原则，在住建、不动产登记部门的提示和督促之下，同期完成网签备案和预告登记是可能和具可操作性的，其也是《优化营商环境条例》的要求。

4. 将预告登记纳入房地产交易监管体系

网签备案后，开发商大范围无故不同意预告登记、蓄意危及预购者利益，如发现有一房二卖、卖后再抵押等危及交易安全的行为，乃至形

① 参见王洪亮：《不动产物权登记立法研究》，载《法律科学》2000 年第 2 期。

成司法案件的，应视为重大交易风险预警。交易监管等职能部门接到消费者投诉或重大司法案件通报后，应当采取暂停网签预售等手段，并要求金融机构停止预售资金账户放款，待已售房屋办理预告登记之后恢复网签和预售资金使用。

综上，考虑行政部门职能分工，结合备案和预告登记制度部分重叠的基本现实，采用“搭便车”的方式并行办理，同时，将预告登记纳入交易安全监管范畴成为房地产市场治理体系的一部分，才能切实发挥制度效能，解决预告登记的适用率低的问题。当然，上述保障措施需要职能部门之间具有较高的协同度，距离达成共识尚需时日。

（二）以预告登记为抓手介入预售资金监管

据统计，2020年我国个贷和定金及预收款达近9万亿元，占房企开发资金的35%，开发商自有资金、开发贷款和买受人支付的预售商品房价款是期房建设的三项主要来源，而挪用预售款的现象普遍存在。[①] 根据城市房地产管理法第四十五条第三款的规定，商品房预售所得款项，必须用于有关的工程建设，而非优先清偿设立了在建工程抵押的开发贷款。挪用预售资金导致资金链断裂进而出现楼盘烂尾，是期房预售的最大风险。当前，预售资金账户监管的切入点主要是网签备案，未来应当实现向预告登记转换。《不动产登记暂行条例实施细则》第七十五条第二款规定，当事人申请在建建筑物抵押权首次登记时，抵押财产不包括已经办理预告登记的预购商品房和已经办理预售备案的商品房。即根据当前的实操规则，抵押权人同意商品房销售，办理预售备案就意味着备案商品房已不再属于抵押财产范围，一定程度上加大了设立在建工程抵押的提供开发贷款银行的风险。无论是发放开发贷款的银行，还是办理按揭贷款的金融机构，都有动力对预售资金账户进行监管以保障楼盘顺利竣工交付，各方利益也才能得以最终实现，但以何为抓手介入监管应当明确。

① 参见徐庭芳：《房企挪用“预售金”为何屡禁不止》，载《南方周末》2021年8月2日。

房屋销售后，引入按揭贷款发放的金融机构以抵押预告登记权利人身份参与监管预售资金相当重要，也顺理成章。根据《不动产登记暂行条例实施细则》第七十八条的规定，申请预购商品房抵押登记的基础是预购商品房预告登记。不动产登记、金融监管部门等于 2020 年为协同推进“互联网+不动产登记”联合发文，提出了预售商品房未办理预告登记和抵押预告登记的，银行业金融机构不得审批发放贷款的要求，在实操层面提供了保障，正当性是比较充分的。在按揭贷款领域，以预告登记保障物权实现的效力为担保，构建预购商品房抵押登记，做好预售资金账户的监管衔接之后，就可以解除开发贷款的旧押、设立按揭贷款的新押。此时，各方利益借助预告登记的效力均可以得到保障。同时，金融机构作为抵押预告登记权利人，有权利也有责任介入预售资金监管。因此，建议未来不动产登记法在规定抵押权首次登记的范围时，删除《不动产登记暂行条例实施细则》中预售备案的条件，修改为“当事人申请在建建筑物抵押权首次登记时，抵押财产不包括已经办理预告登记的预购商品房”，更有利于平衡预购人和在建工程抵押权人的关系，促进预告登记制度落地。

当然，实践中还存在大量的买受人全款、分期或者利用非银行金融机构融资交付房款的情形，预告登记仍难以办理，应当考虑其单方申请的可能性。

（三）探索买受人单方申请预告登记的条件

1. 达成约定的单方申请

关于预售商品房预告登记能否由买房人单方申请的问题。根据《不动产登记暂行条例实施细则》第八十六条第二款的规定：“……预售人未按照约定与预购人申请预告登记，预购人可以单方申请预告登记。”在达成预告登记约定的前提下，预购人可以单方申请，如果约定不明或者开发商利用强势地位为办理预告登记限定不合理条件形成纠纷的，人民法院可以作出对预购人有利的处理。

2. 可诉性研究

立法机关曾对买受人未达成预告登记约定而单方申请办理预告登记作过考量，2005 年 7 月公布的物权法（草案）第二十一条曾规定：“当事人约定买卖期房或者转让其他不动产物权的，债权人为限制债务人处分该不动产，保障将来取得物权，可以向登记机构申请预告登记。债权人已经支付一半以上价款或者债务人书面同意预告登记的，登记机构应当进行预告登记。预告登记后，债务人未经债权人同意，不得处分该不动产。”① 对此有学者也提出，在商品房预售等合同欠缺预告登记的约定场合，当事人就是否享有预告登记的请求权发生纠纷时，人民法院有权认定合同存在漏洞，将预告登记的条款补充入合同当中。② 学者的观点论证了合同漏洞填补的思路，草案方案让漏洞填补具有了实体正当性和可操作性，可解释为在对待给付的原则上允许单方申请办理预告登记。只是，是否支付大部分房款属于实体审查内容，在当事人有争议的情况下，登记机构不能通过形式审查的方式予以处理。因此，在登记程序法层面许可当事人向登记机构单方申请不妥，可诉性问题的研究应当引起关注。

当前，实践中买受人起诉要求开发商协助办理网签备案的纠纷比较常见，请求预告登记的非常少，这是因为缺乏法律依据和合同依据。预售的最大问题就是开发商将融资和建设风险转移给了买受人，③ 双方权责不对等。考虑到预售过程中开发商可能利用政策、信息、资金、技术等优势，混淆房地产领域中投资与消费的界限，通过预售中隐瞒期房本身的合法性与质量风险、模糊售楼承诺与售楼广告的法律效力、单方对房屋设计作出重大调整、单方对预售房屋土地设立抵押等方法，将自己的

---

① 参见刘兰兰：《从预告登记到假登记——以德日韩相关制度比较为中心》，载《宁波广播电视大学学报》2006 年第 3 期。

② 参见崔建远：《物权：规范与学说——以中国物权法的解释论为中心》，清华大学出版社 2011 年版，第 192 页。

③ 参见雷兴虎、蔡科云：《中国商品房预售制度的存与废——兼谈我国房地产法律制度的完善》，载《法学评论》2008 年第 1 期。

投资风险转嫁到普通购房者身上。[①] 鉴于此，应当充分认识到商品房预售制度竞争不充分、权利不对等、信息不公开给购房者带来的巨大风险，在司法实践中积极探索建立请求办理预告登记的司法保障制度，理由在于：第一，商品房预售制度存在竞争不充分、权利不对等、信息不公开等特点，合同中欠缺预告登记条款或没有达成预告登记的约定不能归咎于预购人，应当视为合同存在漏洞。买受人履行大部分义务时有权主张对合同漏洞进行填补。第二，预告登记的事项，与主债内容一致，是对将要受让的物权进行预告和公示，并在不动产首次登记前得到现实登记保障，买受人并未因办理预告登记而超越合同目的获取额外利益。第三，这是消费者公平交易权的体现，应当保障已基本履行义务的不动产买受人获得应有的风险防范保障。与此相对，如买受人出现根本违约或约定的解除条件成就，开发商可待债权消灭后主张注销预告登记，双方利益是均衡的。

初步设想，预售商品房合同已办理网签备案完成政策性审查，合同不存在无效、可撤销、解除等情形，且预购人已经依约支付了大部分房款的，不排除买受人通过诉讼要求开发商协助办理预告登记。如因开发商的原因大范围未能办理预售备案，形成群体诉讼的，人民法院可以发出司法建议并征询房地产交易管理部门意见，司法、行政协调联动保障预购人合法权益。

---

① 参见雷兴虎、蔡科云：《中国商品房预售制度的存与废——兼谈我国房地产法律制度的完善》，载《法学评论》2008 年第 1 期。

限制业主共同管理权条款效力评析

谢爱梅[*]　李耕坤[**]

司法实践中，有的物业管理区域的业主大会通过的管理规约或者议事规则规定“业主未按时支付物业费、专项维修基金等的，限制其参选业主委员会成员或者行使表决权”，从而引发纠纷。根据民法典第二百八十条第二款规定，业主对业主大会或者业主委员会作出的决定侵害其合法权益的行为，可以请求人民法院予以撤销。有的案件中，业主直接请求撤销管理规约中限制业主行使共同管理权的相关条款；有的案件中，业主请求撤销业主大会决议，主张管理规约或者议事规则违法限制业主表决权或者被选举权，导致表决程序违法。例如，被限制行使表决权的业主起诉，主张管理规约中限制其表决权的条款违法，其未能行使表决权，业主大会决议程序违法，应予以撤销。这些案件中，以因未按时支付物业费被限制行使共同管理权的情形居多，故本文以此为例，探讨管理规约或业主大会议事规则中关于业主未支付物业费被限制行使共同管理权的条款对业主是否有拘束力。

一、限制业主共同管理权行为效力的实践考察

关于管理规约和业主大会议事规则限制业主共同管理权的条款的拘

* 最高人民法院民事审判第一庭法官。
** 最高人民法院民事审判第一庭实习生，中国政法大学民商经济法学院博士研究生。

束力问题，司法实践中主要有两种观点。

（一）认定限制业主共同管理权的条款对业主具有拘束力

主要裁判理由有如下几种。

（1）业主大会制定的管理规约或者议事规则系按照法定程序表决通过，业主应该遵守。例如，某二审判决认定，案涉议事规则明确将拒付物业费的行为界定为损害业主共同权益的行为，并对拒付物业费的业主的表决权进行限制。且案涉议事规则经专有部分占建筑总面积三分之二以上的业主且占总人数三分之二以上的业主同意通过，并予公示，该决议系民事法律行为，对小区全体业主均具有约束力。因此，这种表决权的限制应予准许。①

（2）支付物业费关系全体业主的共同利益，业主有支付物业费的义务，根据权利义务相一致原则，其不履行义务，可以限制其行使共同管理权。例如，某一审判决认定，权利和义务相一致原则是我国法律体系中所应遵循的基本原则。从整个小区全体业主的利益来考量，支付物业费和维修资金的目的，是为整个小区创造良好的生活环境，主动履行支付物业费和维修资金等义务的业主理应享有完整的业主权利，包括享有业主大会会议上的投票权、享有物业服务所带来的便利等；若赋予未履行义务的业主同样的权利，实则变相侵害了主动履行义务业主的权益，不值得提倡。②

（3）业主委员会成员应该遵守管理规约或者议事规则，模范履行业主义务，其不支付物业费，可限制其参选业主委员会成员。例如，某一审判决认定，按时支付物业费系业主应尽的义务，作为一名诚信守法的业主，其在维权过程中拒付物业费时已侵害了其他业主的权益，不符合议事规则中规定的业主委员会委员应当遵守业主大会议事规则、管理规

① 参见浙江省金华市中级人民法院（2020）浙07民终1494号民事判决书。

② 参见湖北省武汉市蔡甸区人民法院（2019）鄂0114民初2572号民事判决书。

约，模范履行业主义务的条件。①

（二）认定限制业主共同管理权的条款对业主不具有拘束力

持这一观点的裁判文书的主要裁判理由有如下几种。

（1）业主的共同管理权利是基于业主享有小区不动产的物权，非因法定事由不能被剥夺。业主大会通过的管理规约或者议事规则排除未支付物业费的业主的表决权，与法律规定相悖，依法应认定为无效条款。例如，某二审判决认定，业主在业主大会会议上享有投票权是物权法规定的“共同管理的权利”，该权利的行使是基于业主享有小区房屋的物权而产生，不应当受到排除和限制。而业主拒付或欠付物业费，系业主与物业公司之间的合同关系，未付物业费不能取消其因物权产生的选举权与被选举权。故不能以业主未支付物业费为由剥夺业主投票权。案涉业主大会通过的业主大会议事规则中第十三条直接排除未支付物业费的业主的投票权，依法应认定为无效条款。②

（2）限制业主的表决权将损害全体业主的利益。例如，某二审判决认定，根据业主委员会提供的说明，过半数业主欠费，按照管理规约则过半数业主将被取消共同管理事项的表决权，那么任何一项需要业主共同决定的事项均无法进行处理，包括解聘物业服务企业的事项，也包括修改管理规约的事项，这样才是对业主共同权益的损害。③

（3）业主欠付物业费，与业主是否享有被选举权无关。例如，某一审判决认定，能否当选业主委员会委员，最主要的前提条件是看其是否具有业主身份，业主委员会委员是按照业主大会法定多数业主的意愿选举出来的，其他任何人不得干涉。欠费问题是业主与物业服务公司之间的民事合同纠纷，与业主是否有资格被选为业主委员会委员无关。④

---

① 参见湖南省长沙市开福区人民法院（2018）湘0105民初2611号民事判决书。

② 参见湖北省武汉市中级人民法院（2020）鄂01民终4112号民事判决书。

③ 参见广东省东莞市第三人民法院（2017）粤1973民初15099号民事判决书。

④ 参见福建省三明市三元区人民法院（2019）闽0403民初1652号民事判决书。

关于业主因欠付物业费等行为而被限制行使共同管理权所引发的司法纠纷，裁判观点存在分歧，主要涉及业主共同管理权中的表决权、选举权、被选举权。正确处理这类案件需要确定管理规约或业主大会决议对业主的约束力，深层次问题是如何在建筑物区分所有权法律制度框架内协调好业主个体权利与业主共同利益之间的矛盾与冲突，确保共同意志对个体权利的强加不能冲破私权行使自由的底线。

二、对限制业主共同管理权条款进行审查的考量因素

（一）业主共同管理权的性质和行使方式

业主共同管理权是指业主对于建筑区划内共有部分的建筑物及其附属设施享有的共同管理的权利。① 建筑物区分所有权包括所有权人对专有部分的专有权、对共有部分的共有权以及对共有部分进行共同管理的权利。业主的共同管理权是建筑物区分所有权的组成部分。业主共同管理权主要包括制定和修改业主大会议事规则和管理规约的参加权与表决权、业主委员会成员的选举权与被选举权、对业主委员会和物业服务企业的监督权、对物业管理的共用部位的使用情况享有知情权等。并且，制定或修改业主大会议事规则与管理规约、选举或更换业主委员会成员、选聘和解聘物业服务企业等业主共同管理行为均需要由业主共同决定，也

① 民法典第二百七十一条规定："业主对建筑物内的住宅、经营性用房等专有部分享有所有权，对专有部分以外的共有部分享有共有和共同管理的权利。"

即需要通过召开业主大会等形式由业主共同进行表决。[①] 共同管理权是基于物权制度产生的，所有权是绝对权，效力及于任何人，除法律规定、国家公共利益需要或所有权人基于自己的意思表示加以限制外，任何组织和个人不得限制业主的共同管理权。

业主行使共同管理权要遵守业主大会议事规则与管理规约。业主大会是业主的议事机构和权力机构，业主委员会是业主大会的常设执行机构，对内督促业主履行管理规约及业主大会决议，对外代表业主大会履行法律事务，维护业主权益。业主大会是为实现自我管理共同财产而设立的组织，其制度设计的根本出发点是强调业主自治。业主组织对共有财产及共有事务具有管理权。管理规约是为增进共同利益，确保良好生活环境，由全体业主共同制定，并经业主大会表决通过的，有关物业的使用、维护、管理，业主的共同利益，业主应当履行的义务，违反管理规约应当承担的责任等的规范。[②] 管理规约旨在维护建筑物范围内全体业主的共同利益，系通过业主大会会议进行集体表决而制定，是业主行使共同管理权的契约性文件，是全体业主遵守的行为准则。[③] 即使业主在表

---

① 民法典第二百七十八条第一款规定："下列事项由业主共同决定：（一）制定和修改业主大会议事规则；（二）制定和修改管理规约；（三）选举业主委员会或者更换业主委员会成员；（四）选聘和解聘物业服务企业或者其他管理人；（五）使用建筑物及其附属设施的维修资金；（六）筹集建筑物及其附属设施的维修资金；（七）改建、重建建筑物及其附属设施；（八）改变共有部分的用途或者利用共有部分从事经营活动；（九）有关共有和共同管理权利的其他重大事项。"《物业管理条例》第六条第二款规定："业主在物业管理活动中，享有下列权利：……（四）参加业主大会会议，行使投票权；（五）选举业主委员会成员，并享有被选举权；（六）监督业主委员会的工作；（七）监督物业服务企业履行物业服务合同……"第十一条规定："下列事项由业主共同决定：（一）制定和修改业主大会议事规则；（二）制定和修改管理规约；（三）选举业主委员会或者更换业主委员会成员；（四）选聘和解聘物业服务企业……（七）有关共有和共同管理权利的其他重大事项。"

② 参见王超：《业委会对欠费业主的管理权限及依据》，载《人民法院报》2018年6月14日。

③ 民法典第二百八十条第一款规定："业主大会或者业主委员会的决定，对业主具有法律约束力。"《物业管理条例》第十七条规定："管理规约应当对有关物业的使用、维护、管理，业主的共同利益，业主应当履行的义务，违反管理规约应当承担的责任等事项依法作出约定。管理规约应当尊重社会公德，不得违反法律、法规或者损害社会公共利益。管理规约对全体业主具有约束力。"第七条规定："业主在物业管理活动中，履行下列义务：（一）遵守管理规约、业主大会议事规则……（三）执行业主大会的决定和业主大会授权业主委员会作出的决定……（五）按时交纳物业费用……"

决中表达了相反的意愿，也应自觉尊重该决议结果。

（二）业主个体权利与团体共同利益的协调

尽管建筑物区分所有权由多项权利复合而成，① 但其中专有部分所有权始终具有至关重要的主导地位。② 正是基于专有权，共有部分的持分比例、共有部分的使用和收益范围、共同管理权的大小与强弱才得以确定。维系共同关系的基础首先就是个体权利应当得到尊重。建筑物区分所有权的制度功能和目的是“尊重个体权利与维护团体利益”，法官在协调业主个体权利与团体共同利益过程中，应当统合考量两者。③

实践中，业主随意侵占共有部分的行为或以各种理由不履行对共有部分的维护义务等现象时有发生。例如，业主将小区公共用地占为己有违章乱建；再如，为维护电梯启动住宅专项维修资金表决时，很多业主会放弃业主共同管理权中对电梯的使用权而拒绝启动住宅专项维修资金。业主为追求自身利益最大化，可能对公共物品进行过度占用或滥用，导致集体非理性后果。因此，业主通过管理规约或者业主大会决议对物业使用、维护、管理作出约定，有利于预防和化解物业管理中的利益冲突，避免业主共同利益遭受损害，但也要防止共同意志对个体权利的强加冲破私权行使自由的底线。管理规约或业主大会决议的内容不能违反法律法规的强制性规定，也不能违反公序良俗，其程序应当符合法律法规以及相关规定。否则，便存在损害业主个体权益的可能，也不利于保护业主的共同利益。

（三）限制业主共同管理权影响其他民事主体的利益

限制部分业主的共同管理权不仅影响业主的利益，也会影响到业主

① 参见王利明：《物权法论》，中国政法大学出版社2000年版，第361~362页。

② 参见杨立新、谢永志：《业主的建筑物区分所有权之评析（上）》，载《福建警察学院学报》2008年第1期。

③ 参见辛正郁：《业主个体权利与业主共同利益的冲突与协调——以业主大会决议时业主的约束力为视角》，载《人民司法》2010年第21期。

之外的民事主体。根据民法典第二百七十八条规定，业主应共同决定选聘和解聘物业服务公司或者其他管理人。限制部分业主的表决权，会影响到物业服务公司或者其他管理人的利益，故有进行司法审查的必要。

三、对限制欠付物业费业主的共同管理权行为效力的评析

关于管理规约或者业主大会议事规则中因业主欠付物业费而被限制共同管理权的条款效力问题，笔者赞同该等条款对业主无拘束力的观点。主要理由有如下几点。

（一）共同管理权是法律赋予业主的权利，管理规约不能违反法律规定限制业主的权利

业主应享有参加业主大会会议行使表决权、业主委员会委员的选举权或被选举权、对物业服务进行监督等权利。管理规约限制业主的共同管理权应有法律依据。

《物业管理条例》第十七条第二款的规定："管理规约应当尊重社会公德，不得违反法律、法规或者损害社会公共利益。"即管理规约不得违反公序良俗和法律、法规的禁止性规定。管理规约可以对业主的生活方式、生活习惯进行约束，例如对违章搭建、拒付物业费等行为进行规范，有权要求行为人停止侵害、排除妨碍、消除危险、恢复原状、赔偿损失等,① 但是法律并未规定业主大会可对业主的上述不当行为限制共同管理权。民法典第二百七十八条采取列举加兜底的方式明确业主共同决议的事项，其中没有限制和剥夺业主共同管理权的事项。限制共同管理权这样重大的决议也不应该属于应由业主决议的"有关共有和共同管理权利的其他重大事项"，除非业主个人同意对自己的共同管理权进行限制，业主大会不能通过多数决的方式限制业主的共同管理权。

---

① 民法典第二百八十六条第二款规定："业主大会或者业主委员会，对任意弃置垃圾、排放污染物或者噪声、违反规定饲养动物、违章搭建、侵占通道、拒付物业费等损害他人合法权益的行为，有权依照法律、法规以及管理规约，请求行为人停止侵害、排除妨碍、消除危险、恢复原状、赔偿损失。"

住房和城乡建设部 2009 年 12 月制定的《业主大会和业主委员会指导规则》第二十条规定："业主拒付物业费，不缴存专项维修资金以及实施其他损害业主共同权益行为的，业主大会可以在管理规约和业主大会议事规则中对其共同管理权的行使予以限制。"另外，部分地方物业管理条例中规定，对未按时支付物业费、专项维修资金等的业主，限制其业主委员会参选资格，对其参加业主大会、行使投票权等共同管理权进行限制。这些规定缺乏上位法依据，亦不能为管理规约或者业主议事规则提供充分的法律依据。

因此，即便业主拒付物业费，管理规约或者业主大会议事规则对业主行使共同管理权进行限制，亦因缺乏法律依据，对业主不具有拘束力。

（二）通过限制业主共同管理权促使业主支付物业费缺乏合理性、必要性

第一，混淆了物权关系和债权关系。支付物业费等行为与依法享有共同管理权分属不同的法律关系，欠付物业费是业主与物业服务公司之间的民事合同纠纷，业主支付物业费是因物业服务公司提供了物业服务。业主享有共同管理权，是因对建筑物专有部分享有所有权。只要具有业主身份，就应该享有共同管理权。因此，业主是否支付物业费与其能否享有共同管理权并非对等的权利义务关系。业主未支付物业费并不影响其行使共同管理权利。

虽然物业服务公司系受业主的委托对物业服务区域提供物业服务，业主按时支付物业费，以使物业服务企业有充足的资金提供服务，有利于维护物业管理区域良好的秩序，从这个角度说，业主支付物业费关系全体业主的共同利益。但维护业主共同利益，应协调好业主个体权利与团体共同利益之间的冲突，应坚持合法原则，并且采取对业主个体权利限制最小的方式。业主大会或者业主委员会对拒付物业费等损害他人合法权益的行为可以请求行为人赔偿损失，且有关当事人可以向有关行政主管部门报告或者投诉。业主逾期不支付物业费的，可以通过业主委员

会督促其限期支付，或是物业服务企业可以向人民法院起诉。[①] 法律法规对于业主欠付物业费的行为明确规定了救济渠道，而通过限制业主共同管理权的方式惩戒未支付物业费的业主既没有法律上的正当性，也缺乏必要性和合理性。

此外，此种方式预设的前提是业主应该支付物业费，而无正当理由拒绝支付。实践中存在物业服务公司提供的物业服务不符合合同约定的情形，业主可以通过行使共同管理权更换物业服务公司。限制业主的共同管理权将使业主无法表达终止物业服务合同的意愿，从而侵害业主的基本民事权利。

第二，使案件审理复杂化。业主共同管理权纠纷是业主自治过程中，业主与自治组织之间的纠纷，物业服务企业并非当事人，裁判者在处理业主自治纠纷中难以对业主未支付物业费是否正当进行判断。业主未支付物业费可能有正当理由，例如，因物业服务企业未全面履行物业服务义务，或者物业服务企业对业主的财产损害应承担赔偿责任，业主可以行使同时履行抗辩权或者抵销权。在业主和业主自治组织的纠纷中，物业服务公司并非当事人，对于业主可否行使同时履行抗辩权等合法权益的举证未必充分，导致裁判者难以作出准确的判断。对业主应否支付物业费进行审理也会使业主共同管理权纠纷趋于复杂，不利于纠纷快速解决。

第三，增加收取物业费的难度。物业服务包括很多方面，安保、绿化、生活秩序、垃圾清运等，业主对任何一项物业服务不满意均可能导致对支付物业费产生抵触心理，物业服务纠纷矛盾多发。通过限制业主行使共同管理权会加剧业主的对抗心理，不仅不能让业主主动支付物业

---

① 民法典第二百八十六条第三款规定："业主或者其他行为人拒不履行相关义务的，有关当事人可以向有关行政主管部门报告或者投诉，有关行政主管部门应当依法处理。"第二百八十七条规定："业主对建设单位、物业服务企业或者其他管理人以及其他业主侵害自己合法权益的行为，有权请求其承担民事责任。"《物业管理条例》第六十四条规定："违反物业服务合同约定，业主逾期不交纳物业服务费用的，业主委员会应当督促其限期交纳；逾期仍不交纳的，物业服务企业可以向人民法院起诉。"

费，也不利于督促物业服务企业提高服务质量，反而引发业主与业主自治组织的纠纷。

因此，支付物业费和业主享有共同管理权涉及不同的法律关系，将二者作为对等的权利义务关系，不仅缺乏法律依据，也缺乏合理性和必要性，会使纠纷解决复杂化，激化矛盾。

（三）限制业主的共同管理权会损害业主共同利益

限制业主的共同管理权不仅损害业主个体的合法权利，也会导致业主大会无法形成有效决议，从而损害业主的共同利益。共同管理权强调业主对于共同事务的参与和对共同财产的管理。根据民法典第二百七十八条第二款的规定，对于业主共同决定的事项设置了业主参会人数占比及专有部分建筑面积占比双“三分之二”的参与表决条件，[①] 限制欠付物业费业主的表决权，可能导致无法满足参与表决的业主数量条件。如果物业管理区域有超出三分之一以上的业主存在欠付物业费的情形，则意味着业主大会对于民法典第二百七十八条第一款规定的由业主共同决定的事项，无法形成有效的业主大会决定，从而损害全体业主的利益。例如，选聘和解聘物业企业应由业主共同决定，如果物业服务区域大部分业主对物业服务企业提供的物业服务不满意，未支付物业费，其本有权通过行使共同管理权实现权利救济，选聘新的物业服务企业，但将支付物业费作为其行使表决权的前提，会限制其实现自我救济的途径，从而损害业主的共同利益。

四、结论

业主被限制共同管理权的事由，除业主付交物业费外，还有业主欠缴专项维修资金、违章装修、违法搭建等。虽然业主的这些行为并不一

---

① 民法典第二百七十八条第二款规定：“业主共同决定事项，应当由专有部分面积占比三分之二以上的业主且人数占比三分之二以上的业主参与表决。决定前款第六项至第八项规定的事项，应当经参与表决专有部分面积四分之三以上的业主且参与表决人数四分之三以上的业主同意。决定前款其他事项，应当经参与表决专有部分面积过半数的业主且参与表决人数过半数的业主同意。”

定有合理的理由，但是均有相应的救济途径，业主管理规约对业主共同管理权进行限制并不具有合法性、必要性，且会导致民法典规定由业主共同决定的事项无法处理，有违民法典的立法本意。故，司法实践中对于业主管理规约或者议事规则限制业主共同管理权的条款，应予以慎重审查，妥善平衡业主个体权利与团体共同利益。

浅析体育纠纷法律适用问题

张　艳*

一、问题的提出

党的十九届五中全会把建设体育强国纳入 2035 年基本实现社会主义现代化的远景目标。体育强国不仅体现在体育综合实力层面，更体现于体育法治水平建设之上。

在 2022 年体育法修订之前，因我国未设立体育仲裁机构，仅在部分体育协会下设立诉讼委员会或仲裁委员会，体育仲裁制度并未落地。实践中，有的观点认为 2016 年修正体育法第三十二条①规定排除了司法救济路径，导致运动员欠薪等纠纷出现“救济无门”的窘境。此外，2021 年开始实施的新版《世界反兴奋剂条例》规定，主权国家如果没有设立相应的仲裁机构，运动员或者其他当事人可以就有关兴奋剂的处罚直接向国际体育仲裁法院（The Court of Arbitration for Sport，CAS）提起上诉。如果我国未设立体育仲裁机构，一旦运动员或者其他当事人行使该权利，将出现国际体育仲裁法院“代管”国内体育纠纷的情况。

为解决体育仲裁制度的缺失导致国内内部体育纠纷解决存在困境，以及国际体育纠纷管辖空白等问题，我国修订了体育法。体育法于 2022

---

* 最高人民法院民事审判第一庭法官。

① 体育法第三十二条规定：“在竞技体育活动中发生纠纷，由体育仲裁机构负责调解、仲裁。体育仲裁机构的设立办法和仲裁范围由国务院另行规定。”

年6月24日已经第十三届全国人民代表大会常务委员会第三十五次会议修订，自2023年1月1日起施行。体育法的修订标志着我国体育法治体系的不断完善，充分体现了加快建设体育强国的要求，将为推动新时代体育事业高质量发展、满足人民群众日益增长的美好生活需要提供坚实法治保障。随着体育运动商业化、职业化、全球化的发展，体育纠纷不断增多。人民法院作为司法机关，要着力解决体育纠纷，有效应对新挑战。

二、体育纠纷的种类

一般而言，体育纠纷首先可以区分为国际体育纠纷和国内体育纠纷，国内体育纠纷又可以区分为外部体育纠纷和内部体育纠纷两大类。外部体育纠纷系涉及“外部”权利的纠纷，某种意义上属于体育的开展和运营方面的纠纷，如赞助纠纷、转播权纠纷。内部体育纠纷通常是指发生在体育组织及其成员、参与者、管理者之间的纠纷，包括参赛资格纠纷、成员资格纠纷、运动员合同纠纷、转会纠纷、违规（操纵比赛、兴奋剂违规等）纪律处罚等。内部体育纠纷某种意义上主要涉及体育管理方面的纠纷。

外部体育纠纷涉及合同、侵权、知识产权保护等法律关系，当事人可以通过提起仲裁、诉讼等方式保护自己的合法权益。内部体育纠纷有其特殊性，如参赛资格纠纷等，无法通过合同法、侵权法、知识产权法等法律直接予以调整。内部体育纠纷的解决存在三种路径选择：一是依赖单一的体育自治来解决，即由体育协会对纠纷作出最终决定；二是通过仲裁路径解决，由中立的外部仲裁机构对纠纷作出裁决；三是通过司法介入解决。现行体育法第九章以专章的形式对体育仲裁作出规定，其中第九十二条规定：“当事人可以根据仲裁协议、体育组织章程、体育赛事规则等，对下列纠纷申请体育仲裁：（一）对体育社会组织、运动员管理单位、体育赛事活动组织者按照兴奋剂管理或者其他管理规定作出的取消参赛资格、取消比赛成绩、禁赛等处理决定不服发生的纠纷；（二）因运动员注册、交流发生的纠纷；（三）在竞技体育活动中发生的其他纠纷。《中华人民共和国仲裁法》规定的可仲裁纠纷和《中华人民共和国劳动争议调解仲裁法》规定的劳动争议，不属于体育仲裁范围。”该规定界定了体育仲裁与司法、其他仲裁以及体育组织内部仲裁的边界，明确规定竞技体育活动中的纠纷通过仲裁途径解决。第九十八条①规定了当事人向人民法院申请撤销体育仲裁裁决的具体情形。2023 年 2 月 11 日，中国体育仲裁委员会成立。体育仲裁规则于 2023 年 1 月 1 日起施行。

三、国际体育仲裁法院体育仲裁机制简介

由于体育领域的自治性及其所涉纠纷的专业性、时效性、跨国性，体育活动主体间的利益分配与权利义务争议往往排斥普通司法救济的介入。在国际上，体育仲裁是解决体育纠纷的重要手段。奥林匹克运动的三大组织机构是国际奥林匹克运动委员会（以下简称国际奥委会）、国际单项体育运动联合会、国家奥林匹克委员会。早在 20 世纪 80 年代，前国际奥委会主席萨马兰奇先生就开始倡导建立国际体育法庭。国际体育仲裁法院于 1984 年由国际奥委会在瑞士洛桑设立，于 1994 年从国际奥委会的直属领导下独立出来。从 1996 年亚特兰大奥运会起，国际体育仲裁法院在奥运会举办地设立特别仲裁庭（Ad Hoc Division，AHD），将在二十四小时内裁决本届奥运会开幕前十天以及奥运会召开期间所有的与奥运会有关的纠纷。国际体育仲裁法院是目前全球体育领域最高级别的纠纷解决机构，国际足联（FIFA）、世界反兴奋剂机构（WADA）等国际机构、国际性体育单项协会等与国际体育仲裁法院的合作进一步助推了国际体育仲裁的发展，国际体育纠纷解决逐渐形成了一个单独的体系。

---

① 体育法第九十八条规定：“有下列情形之一的，当事人可以自收到仲裁裁决书之日起三十日内向体育仲裁委员会所在地的中级人民法院申请撤销裁决：（一）适用法律、法规确有错误的；（二）裁决的事项不属于体育仲裁受理范围的；（三）仲裁庭的组成或者仲裁的程序违反有关规定，足以影响公正裁决的；（四）裁决所根据的证据是伪造的；（五）对方当事人隐瞒了足以影响公正裁决的证据的；（六）仲裁员在仲裁该案时有索贿受贿、徇私舞弊、枉法裁决行为的。人民法院经组成合议庭审查核实裁决有前款规定情形之一的，或者认定裁决违背社会公共利益的，应当裁定撤销。人民法院受理撤销裁决的申请后，认为可以由仲裁庭重新仲裁的，通知仲裁庭在一定期限内重新仲裁，并裁定中止撤销程序。仲裁庭拒绝重新仲裁的，人民法院应当裁定恢复撤销程序。”

总体而言，国际体育仲裁法院仲裁有三种不同类型：普通仲裁程序（the Ordinary Arbitration Procedure）、上诉仲裁程序（the Appeals Arbitration Procedure）以及临时/反兴奋剂仲裁程序（the Ad Hoc/Anti-Doping Arbitration Procedure）。

1. 普通仲裁程序

国际体育仲裁法院负责仲裁直接向其提起的体育纠纷，如体育赞助合同纠纷、运动员与俱乐部之间的纠纷、电视台体育转播权纠纷等。国际体育仲裁法院通过当事人在有关合同中订立的仲裁条款，或者纠纷产生后签订的仲裁协议取得对案件的管辖权。

2. 上诉仲裁程序

国际体育仲裁法院负责仲裁间接向其提起的体育纠纷，即承担上诉仲裁机构职能。当事人不服体育组织就某一事项的裁决（如对违规的处罚），可以上诉到国际体育仲裁法院进行最终的仲裁裁决。上诉仲裁程序审理案件时，可以对事实和法律进行重新裁决，不受原仲裁裁决认定的拘束。在体育仲裁领域，体育组织规则中的仲裁规定可被视为有效的仲裁条款，且得到《国际体育仲裁法院体育仲裁规则》的认可，其第 R47 条规定，体育组织规则中的仲裁条款是仲裁庭认定仲裁合意的有效形式载体。各体育组织将上诉仲裁的仲裁条款纳入其章程，以此拘束运动员等各方当事人。运动员对该条款的接受方式有两种：一种是运动员以对其体育组织签署一般书面声明的形式表明其明确接受仲裁条款；另一种是运动员针对某个体育赛事以签署有限书面声明的形式表明其明确接受仲裁条款。在国际体育仲裁法院仲裁实践中，体育组织规则中的仲裁条款成为适用最广泛的仲裁条款形态。例如，足球和兴奋剂违纪的上诉案件是国际体育仲裁法院受理最多的争议案件类型，国际足联和世界反兴奋剂机构作为各自领域最高管理机构，在各自的章程中都规定了提交国际体育仲裁法院仲裁的仲裁条款。此外，在世界体育领域具有最大影响的国际奥委会亦在《奥林匹克宪章》中进行了相似规定。

3. 临时/反兴奋剂仲裁程序

临时仲裁程序最早在 1996 年亚特兰大奥运会设立，以专门解决奥运会和其他主要国际赛事中的体育纠纷。此后，欧洲杯、世界杯、亚运会、亚足联亚洲杯等著名国际赛事也开始设立临时仲裁程序来快速解决赛事中发生的争议。反兴奋剂仲裁程序自 2016 年里约热内卢奥运会开始设立，主要解决奥运会期间的反兴奋剂规则违纪问题。此外，国际体育仲裁法院自 2019 年 1 月 1 日起设立了一个常设反兴奋剂部门（Anti-Doping Division），根据国际体育仲裁法院反兴奋剂部门的仲裁规则进行运作。当事人和有关方对反兴奋剂部门裁决不服的，可在收到裁决后的二十一天内向上诉仲裁部门提起上诉。

不论案件的审理地在哪里，所有的国际体育仲裁法院仲裁的仲裁地都是瑞士洛桑，适用国际体育仲裁法院仲裁规则，当事人无法自由约定仲裁地和仲裁规则。因此，所有国际体育仲裁法院仲裁程序的准据法都是瑞士法，其司法救济途径只限于向瑞士法院申请撤销仲裁裁决等，即当事人对国际体育仲裁法院的裁决不服，可向瑞士联邦最高法院提出上诉申请，上诉的理由仅限于瑞士联邦国际私法典第 190 条第 2 款之规定。

一方面，国际体育仲裁法院本身既是一个超国家的专业性仲裁机构，处理很多涉及重要体育人物以及数额巨大的国际体育商事纠纷案件；另一方面，国际体育仲裁法院又是一个瑞士的国际仲裁机构，其很多方面的运作，以及整个国际体育法和国际体育仲裁方面的发展都离不开瑞士法院对规则的权威性解释。

四、奥运会体育纠纷的管辖

（一）与奥组委有关的体育纠纷

1. 奥组委的法律地位

大陆法系国家往往在法律规范中明确奥组委的法律性质和地位。在已有法律明确规定的情况下，应当优先适用国内法对奥组委法律性质的规定。我国《事业单位登记管理暂行条例》第二条第一款对事业单位的法律性质进行了明确界定，即该条例所称事业单位，是指为了社会公益目的，由国家机关举办或者其他组织利用国有资产举办的，从事教育、科技、文化、卫生等活动的社会服务组织。我国将2022年冬奥会的北京冬奥会组委会确定为事业单位，具有国家事业单位登记管理局颁发的事业单位法人证书，中央机构编制委员会办公室也就北京奥组委的机构编制作出了批复，确定了上级政府对奥组委的领导。由此可见，奥组委在我国已经被行政规章明确界定为事业单位法人。

2. 奥组委与国际奥委会的关系

《奥林匹克宪章》第1条规定，国际奥委会是奥林匹克运动的最高权力机关，无论以何种身份与奥林匹克运动建立关系的人员或组织都受该宪章的约束，并应遵守国际奥委会的决定。根据《奥林匹克宪章》第23条的规定，奥组委进行的一切活动都应符合《奥林匹克宪章》，符合国际奥委会和国际奥委会执行委员会的指示。如不遵守上述规定，国际奥委会有权撤销奥组委举办奥运会的资格。《奥林匹克宪章》第37条第4条规定："如果一个城市没有向国际奥运会提交一份由所在国政府签署的文件，向国际奥委会保证该国家将尊重《奥林匹克宪章》，则奥林匹克运动会的举办权将不被授予该城市。"因此，奥组委虽然是一个具有独立法人地位的国内组织，但因其与国际奥委会有特殊关系，其应当接受来自国际奥委会的各项奥林匹克决议。并且，举办奥运会的东道主城市与国际奥委会签订的主办城市合同也再次确立了国际奥委会与奥组委之间管理与被管理的关系。该合同明确要求奥组委应当接受国际奥委会所作出的关于奥运会筹备和举办的决议。此外，在奥运会筹备工作中，奥组委还需要执行各国际单项体育联合会制定的奥运会比赛项目的资格标准以及奥组委所在国国内政府为筹备奥运会所作出的决议。

3. 奥组委执行国际组织的奥林匹克决议产生纠纷的管辖

对于奥组委执行国际组织的奥林匹克决议而产生的纠纷，《奥林匹克宪章》第60条对其管辖权作出了明确规定，即在奥运会举办期间发生的或者与奥运会有关的任何争议，须按照《国际体育仲裁法院仲裁规则》的有关规定，提请国际体育仲裁法院独家仲裁。该条作为一项强制性条款，确立国际体育仲裁法院对与奥运会有关的任何争议行使独家管辖权的合法性。因此，奥组委作为一国为筹备和举办奥运会所设立的专门机构，其执行国际组织作出的奥林匹克决议而产生的纠纷，应接受国际体育仲裁法院的管辖。

综上，奥组委与国际奥委会、各国际单项体育运动联合会的特殊关系，使得奥组委在执行国际体育组织的奥林匹克决议时，就该决议所发生的纠纷成为国内法院管辖的禁区。奥组委只有在执行国际奥委会、国际单项体育运动联合会等国际体育组织与奥运会有关的决议时所产生的纠纷才由国际体育仲裁法院管辖。若奥组委执行与奥运会无关的决议，则当事人不必向国际体育仲裁法院提请仲裁。

（二）与运动员有关的体育纠纷

1. 运动员参加奥运会是否是其权利

《奥林匹克宪章》第 7 条第 2 款规定："……奥运会属于国际奥委会拥有的专属财产……"基于以上规定，《奥林匹克宪章》第 44 条第 2 款规定："国际奥委会可以自由裁量拒绝任何人参赛而无须出具理由。"第 44 条第 3 款规定："……参加奥运会必须获得国际奥委会的同意……任何人都不享有参加奥运会的所谓权利……"因此，根据《奥林匹克宪章》，运动成绩达到选拔标准且不具有兴奋剂禁赛处罚等禁止性因素的运动员只有受到国际奥委会的邀请才能参加奥运会。参加奥运会不是运动员"天赋的""自有的"一项"权利"，而只是国际奥委会授予他们的一项"特权"，国际奥委会随时可以收回其授予运动员的这种"特权"。

2. 奥运会体育纠纷的管辖

《奥林匹克宪章》规定参加奥运会的报名表必须包括自愿提交国际体育仲裁法院仲裁的条款，即参加奥运会的运动员、裁判员和官员必须签署同意提交仲裁的报名表，将所有争议提交国际体育仲裁法院仲裁，并以此作为参加奥运会的先决条件。《奥林匹克宪章》第 74 条规定，奥运会比赛期间出现的体育争议应通过奥运会特别仲裁庭来解决，并且具有排他性管辖权。据此，奥运会比赛期间的体育纠纷必须通过体育仲裁解决。特别仲裁庭对奥林匹克争议具有最终的和唯一的管辖权，国内法院一般不享有管辖权。

五、国际单项体育运动联合会体育纠纷的管辖

国际单项体育运动联合会体育纠纷适用体育仲裁解决。为了参加比赛或训练，运动员必须从国际单项体育运动联合会得到许可或成为其会员。运动员和国际单项体育运动联合会的注册许可合同中一般规定运动员有义务遵守国际单项体育运动联合会的内部章程。在国际单项体育联合会的相应章程中基本上都规定联合会内部出现的所有体育争议都适用体育仲裁。以国际足联为例，《国际足联章程》第 60 条规定：对国际足联各级体育组织都无法解决的体育争议纠纷，国际体育仲裁法院有权最后作出仲裁。参加国际性体育赛事的运动员有义务将其同意将有关争议提交国际体育仲裁法院仲裁作为其参赛的先决条件，否则就可能不具备参赛资格。国际奥委会认为，当一个运动员和国际单项体育运动联合会签订了注册许可合同时，在运动员和该国际单项体育运动联合会之间发生争议的情况下，这种签字就是将争议提交国际体育仲裁法院的一种承诺，故运动员诉诸国内法院的案件限制在严重违反正当法律程序、基本权利或公共秩序方面的争议。由此不难发现，第一，国际单项体育运动联合会对于争议矛盾的解决奉行的是“用尽内部救济”的原则；第二，在内部救济解决不了的情况下，除了国际单项体育运动联合会的特别规定外，国际体育仲裁法院对国际单项体育运动联合会内部的争议具有排他性管辖权，国内法院一般不享有管辖权。

六、承认与执行外国体育仲裁裁决的法律适用

第六届全国人民代表大会常务委员会第十八次会议于 1986 年 12 月 2 日决定我国加入《承认及执行外国仲裁裁决公约》（以下简称《纽约公约》），中国政府于 1987 年 1 月 22 日递交加入书，《纽约公约》于 1987 年 4 月 22 日对我国生效。《纽约公约》第 5 条规定：“一、被请求承认或

执行裁决的管辖当局只有在作为裁决执行对象的当事人提出有关下列情况的证明的时候，才可以根据该当事人的要求，拒绝承认和执行该裁决：(一）第二条所述的协议的双方当事人，根据对他们适用的法律，当时是处于某种无行为能力的情况之下；或者根据双方当事人选定适用的法律，或在没有这种选定的时候，根据作出裁决的国家的法律，上述协议是无效的；或者（二）作为裁决执行对象的当事人，没有被给予指定仲裁员或者进行仲裁程序的适当通知，或者由于其他情况而不能对案件提出意见，或者（三）裁决涉及仲裁协议所没有提到的，或者不包括仲裁协议规定之内的争执；或者裁决内含有对仲裁协议范围以外事项的决定；但是，对于仲裁协议范围以内的事项的决定，如果可以和对于仲裁协议范围以外的事项的决定分开，那么，这一部分的决定仍然可予以承认和执行；或者（四）仲裁庭的组成或仲裁程序同当事人间的协议不符，或者当事人间没有这种协议时，同进行仲裁的国家的法律不符；或者（五）裁决对当事人还没有约束力，或者裁决已经由作出裁决的国家或据其法律作出裁决的国家的管辖当局撤销或停止执行。二、被请求承认和执行仲裁裁决的国家的管辖当局如果查明有下列情况，也可以拒绝承认和执行：(一）争执的事项，依照这个国家的法律，不可以用仲裁方式解决；或者(二）承认或执行该项裁决将和这个国家的公共秩序相抵触。”在加入该公约时，我国提出了“互惠保留”和“商事保留”。《全国人民代表大会常务委员会关于我国加入〈承认及执行外国仲裁裁决公约〉的决定》载明：“中华人民共和国加入《承认及执行外国仲裁裁决公约》，并同时声明：(一）中华人民共和国只在互惠的基础上对在另一缔约国领土内作出的仲裁裁决的承认和执行适用该公约；(二）中华人民共和国只对根据中华人民共和国法律认定为属于契约性和非契约性商事法律关系所引起的争议适用该公约。”为了妥善执行《纽约公约》的规定，最高人民法院发布了《关于执行我国加入的〈承认及执行外国仲裁裁决公约〉的通知》。根据以上规定，人民法院在审查承认与执行外国体育仲裁裁决案件时应注意以下方面。

首先，《纽约公约》第5条规定，拒绝承认与执行外国仲裁裁决的理由既可以由当事人向申请承认与执行地主管机关提出，也可由申请承认与执行地主管机关自行认定。据此，当事人可以根据《纽约公约》第5（1）条规定提出仲裁协议无效、仲裁庭侵犯当事人的正当程序和公平听证权、仲裁庭组成不当、仲裁庭越权仲裁等程序上的抗辩理由，人民法院可以根据《纽约公约》第5（2）条将体育争议的可仲裁性问题、公共利益问题等实体问题纳入主动审查认定的情形之中。

其次，人民法院在审查承认与执行有关运动员转会、合同雇用与代理、参赛资格争议相关的外国体育仲裁裁决时，尤其应注意审查是否属于商事争议、能否适用《纽约公约》。根据我国加入《纽约公约》时所作的商事保留声明，我国仅对按照我国法律属于“契约性和非契约性商事法律关系”所引起的争议适用《纽约公约》。所谓“契约性和非契约性商事法律关系”，具体是指基于合同、侵权或者根据有关法律规定而产生的经济上的权利义务关系，如货物买卖、财产租赁、工程承包、加工承揽、技术转让、合资经营、合作经营、勘探开发自然资源、保险、借贷、劳务、代理、咨询服务和海上、民用航空、铁路、公路的客货运输以及产品责任、环境污染、海上事故和所有权争议，但不包括外国投资者与东道国政府之间的争端。在承认及执行外国体育仲裁裁决时，人民法院应当针对裁决事项是否属于我国法律所界定的商事法律关系予以审查。

最后，在承认及执行外国体育仲裁裁决时，人民法院应当针对裁决事项是否涉及我国社会公共利益予以审查。公共利益是被各国司法实践所广泛接受的概念，是拒绝外国法，拒绝承认与执行外国法院判决和仲裁裁决的正当理由。《最高人民法院关于适用〈中华人民共和国涉外民事关系法律适用法〉若干问题的解释（一）》第八条规定：“有下列情形之一，涉及中华人民共和国社会公共利益、当事人不能通过约定排除适用、无需通过冲突规范指引而直接适用于涉外民事关系的法律、行政法规的规定，人民法院应当认定为涉外民事关系法律适用法第四条规定的强制性规定：（一）涉及劳动者权益保护的；（二）涉及食品或公共卫生安全的；（三）涉及环境安全的；（四）涉及外汇管制等金融安全的；

（五）涉及反垄断、反倾销的；（六）应当认定为强制性规定的其他情形。”根据《纽约公约》的规定，成员国国内法认为体育仲裁员仲裁事项具有不可仲裁性，该国可以拒绝执行体育仲裁院的此项裁决。国际体育仲裁法院已将体育工作合同纠纷（运动员、教练员与俱乐部之间的欠薪争议）纳入仲裁范畴。在职业运动员签订劳动合同问题上，有些国家的法律明确规定不允许将劳动合同提交仲裁。例如，立陶宛上诉法院2010年判决拒绝承认和执行一个涉及职业篮球运动员要求俱乐部支付报酬的仲裁裁决。法院认为此类纠纷属于劳动争议，根据立陶宛商事仲裁法，劳动争议不能提交仲裁。因此，根据《纽约公约》有关争议事项根据国内法不可仲裁的规定，法院拒绝承认和执行该仲裁裁决。基于禁止强迫劳动和经济自由原则，我国对此类外国体育仲裁裁决可以考虑纳入“劳动者权益保护”的范畴，视为符合“涉及中华人民共和国社会公共利益”的情形。

需要注意的是，对于国际体育运动中的当事人而言，国际体育赛事的特殊性在于只有在有关的国际体育组织承认相关运动员的参赛资格的前提下，该运动员才能参加该体育组织主办的国际赛事。因此，有时候虽然当事人达到了拒绝承认与执行有关仲裁裁决的目的，但是也可能因此付出了不能再参加有关体育活动的代价。

七、运动员工作合同纠纷的法律适用

中国职业体育的发展促进了体育商业化，以运动员和俱乐部为核心的体育纠纷也快速增长，其争议焦点之一即职业运动员与体育俱乐部之间是否属于劳动关系，能否适用劳动法律予以调整。

从劳动法理论角度看，我国职业运动员与俱乐部之间的法律关系符合劳动法律中劳动关系“从属性”的认定标准。具体表现为：首先，从人格从属性上，职业运动员无论从事的训练、比赛，或者是参加的公益、宣传等活动都是在俱乐部的安排下进行的，运动员工作内容、时间等受到俱乐部的控制管理；其次，从经济从属性上，俱乐部按照合同约定为运动员发放工资、奖金，缴纳社会保险；最后，职业运动员的训练、比赛是俱乐部最主要的业务。

但是，体育行业具有行业特色，如果将职业运动员视为普通劳动者，对职业运动员与其所属俱乐部之间的法律关系完全适用劳动法调整又会带来行业的混乱，影响体育产业的发展。具体表现为：首先，在人格从属性上，依照我国现行体制，职业运动员不同于普通劳动者，其受到双重管理，一方面接受俱乐部管理，另一方面要受到体育协会的管理，很多职业运动员需要服从国家队的征调。其次，在工作时间上，职业运动员不同于普通劳动者。职业运动员围绕训练、比赛来安排时间，无法适用标准计算工时工作制、综合计算工时制、不定时工作制。再次，在管理方式上，俱乐部对运动员的管理也与普通劳动者存在差别。俱乐部通常建立了完整的青训体系，对运动员从小进行长期培训，与企业培养员工方式存有差异。最后，在经济从属性上，虽然职业运动员的年薪不菲，但知名运动员的收入来源主要来自商业代言和广告。此外，职业运动员与俱乐部签订的工作合同既包括有关劳动的条款，同时也包括有关代言、赞助等商事条款。运动员所具有的肖像权、形象代言权等亦非劳动法律调整和保护的范围。

职业运动员的职业特殊性导致劳动法律的一些条款和基本原则不能适用，具体表现为：第一，在劳动合同到期后用人单位不续签，应当支付劳动者经济补偿。而在职业体育中，通常情况下，运动员12至23周岁是接受培训的期间。职业运动员转会时，下家俱乐部需支付上家俱乐部转会费。第二，普通劳动者在符合法定条件时，如工作满十年、连续签订两次固定期限劳动合同等，用人单位应与其签订无固定期限劳动合同。而职业运动员运动生涯较短，一般运动员35周岁就面临退役。第三，运动员的报酬与运动技能密切相关，“同工同酬”不具有可操作性，也不符合体育商业化、市场化的趋势；由于运动员的工作时间与训练、比赛相关，因此无法适用劳动法律中的休息休假、加班费的相关规定。第四，在合同的解除权方面，劳动法律中除用人单位对劳动者提供专项培训费用而约定服务期外，劳动者只要提前三十日通知用人单位，即可解除劳动合同。如果运动员享有合同的任意解除权，将严重威胁职业体育的竞争秩序和竞争平衡，导致体育行业出现混乱。

从以上分析看，职业体育领域的用工方式给我国劳动法规范中二分法体系带来较大冲击。无论是劳动关系说还是劳务关系说在界定职业运动员与俱乐部的法律关系中均遇到理论和现实适用的困境。随着劳动关系的发展和变革，世界各国普遍注意到在劳动关系和劳务关系中存在“中间地带”。德国在1980年对劳动法体系进行设计时舍弃了传统劳动关系二分法逻辑，在理论和司法实践中创造性地发展出了“类似劳动者”的法律概念，给予其低于劳动关系但高于劳务关系的劳动法保护，即三分法逻辑。在传统二分法基础上，意大利劳动法重构了“准从属性劳动者法律主体”，并兼顾行业的特殊性，对不同类型的准从属性劳动者给予不同的保护。英国也有类似的制度。德国、意大利、英国在二分法基础上创造中间层的劳动者概念，虽然主要目的是应对新经济的发展，适用于新业态就业，但是这些在劳动法领域的创新和实践同样可以启发我国职业体育领域特殊的用工关系设计。为平衡体育产业发展和职业运动员的权益保护，有必要借鉴域外三分法经验，赋予职业运动员“类劳动者”主体的法律地位，构建职业体育领域的劳动法保护体系，对运动员的倾斜保护弱于标准劳动关系，高于劳务关系，实现既有利于保护运动员合法权益，又有利于促进职业体育赛事发展的目的。

总体而言，在我国职业运动员工会等制度不完善的情况下，虽然金字塔顶端的职业运动员拥有较高的收入和地位，但大部分的职业运动员的权利仍然需要劳动法律的保护。司法实践中，人民法院处理此类纠纷时，首先，应明确职业运动员与俱乐部之间的法律关系仍然属于劳动法律所规定的劳动关系范畴；其次，在纳入劳动关系调整的基础上，确立体育纠纷特殊的处理规则，即以维持职业运动员基本权利为本位，寻求运动员与俱乐部之间利益博弈的平衡点。结合职业体育自身的特殊性，一定条件下排除劳动法律有关条款的适用，如合法解约权、经济补偿请求权、无固定期限合同等。

第三人撤销之诉的适格原告浅析

李赛敏*

为防范打击虚假诉讼、为权利受到侵害的案外人提供救济途径，2012年民事诉讼法增设了第三人撤销之诉制度。[①] 具体而言，是在关于民事诉讼第三人制度的原有规定之后增加了一款，即“前两款规定的第三人，因不能归责于本人的事由未参加诉讼，但有证据证明发生法律效力的判决、裁定、调解书的部分或者全部内容错误，损害其民事权益的，可以自知道或者应当知道其民事权益受到损害之日起六个月内，向作出该判决、裁定、调解书的人民法院提起诉讼。人民法院经审理，诉讼请求成立的，应当改变或者撤销原判决、裁定、调解书；诉讼请求不成立的，驳回诉讼请求。”对有效防止虚假诉讼、为权利受到侵害的案外人提供救济途径具有重要意义。但短短172个字的一款规定对于构建一项全新的制度来讲，不免稍显单薄。为此，2015年《最高人民法院关于适用〈中华人民共和国民事诉讼法〉的解释》（以下简称《民事诉讼法解释》）用12个条文对第三人撤销之诉的起诉条件、当事人诉讼地位、裁判方式、与再审程序的关系等作出了解释，从而搭建了我国第三人撤销之诉制度的框架。然而，在运行十年后的今天，对于第三人撤销之诉的

---

* 最高人民法院民事审判第一庭法官。

① 参见全国人大常委会法制工作委员会民法室编著：《〈中华人民共和国民事诉讼法〉释解与适用》，人民法院出版社2012年版，第81页；高民智：《关于案外人撤销之诉制度的理解与适用》，载《人民法院报》2012年12月11日。

适格原告、审理范围、与其他案外人救济渠道之间的关系等重要问题，依然存在不少争议。据统计，2013年至2018年，每年都有40%以上的第三人撤销之诉案件因不符合起诉条件而被不予受理或者驳回起诉，其中2015年、2017年和2018年的比例高达50%以上。① 而在2013年至2018年间以裁定方式结案的第三人撤销之诉案件中，因原告主体不适格而被裁定不予受理驳回起诉或者不予受理的比例稳定在57.84%以上。②

第三人撤销之诉的原告是否适格，直接关系第三人撤销之诉程序能否正常启动，也关系第三人撤销制度的预设功能能否实现。关于第三人撤销之诉适格原告的争议在很长一段时间内可能还将存续，结合现行法律规定对当前司法实践中较为成熟的做法进行梳理总结，对于减少认识分歧，或有裨益。

一、立法上的明确规定

民事诉讼法第五十九条第三款规定第三人撤销之诉的适格原告限于"前两款规定的第三人"，将第三人撤销之诉的主体资格与我国民事诉讼制度中的第三人制度挂钩。这意味着，在判断起诉人是否具有第三人撤销之诉的原告资格时，要看其是否属于该条第一款、第二款规定的第三人。换言之，仅有该法规定的有独立请求权第三人和无独立请求权第三人方为第三人撤销之诉的适格原告。

我国民事诉讼第三人制度源于苏联的诉讼第三人制度，而苏联的诉讼第三人制度又是对大陆法系诉讼参加人制度改造的结果。③ 苏俄民事诉讼法典将第三人参加诉讼的情形分为两种：有独立请求（基于实体请求权的独立请求）而参加诉讼和没有独立请求而参加诉讼，分别对应有独立请求权的第三人和无独立请求权的第三人。苏联学者认为，有独立请求权的第三人，就是以向双方当事人提起诉讼的方法参加到诉讼中，并

---

① 参见崔玲玲：《第三人撤销之诉的程序构建研究》，法律出版社2021年版，第56页。
② 参见崔玲玲：《第三人撤销之诉的程序构建研究》，法律出版社2021年版，第132页。
③ 参见张卫平：《我国民事诉讼第三人制度的结构调整与重塑》，载《现代法学》2020年第4期。

且就双方当事人发生纠纷的物提出自己请求的人；无独立请求权的第三人，则是由于案件的判决可能影响他对于当事人一方的权利或义务而被传唤或自行加入到原告或被告一方来进行诉讼的人。[①]

我国民事诉讼法关于第三人的规定基本继受了苏联的制度和理论。关于有独立请求权的第三人，民事诉讼法第五十九条第一款规定："对当事人双方的诉讼标的，第三人认为有独立请求权的，有权提起诉讼。"立法机关在民事诉讼法说明中指出，有独立请求权的第三人，指对当事人之间的诉讼标的的全部或者一部分，以独立的实体权利人的资格提出诉讼请求进而参加诉讼的人。有独立请求权的第三人提出的诉讼请求既不同于原告，也不同于被告；其诉讼地位相当于原告，以本诉的原、被告作为被告。[②] 一般认为，有独立请求权第三人的范围较窄，其实体权利依据多为物权请求权，[③] 在实务中相对容易判断。而无独立请求权第三人，根据民事诉讼法第五十九条第二款的规定，则指对当事人双方的诉讼标的没有独立请求权，但案件处理结果同他有法律上的利害关系而申请参加或者由人民法院通知其参加原、被告之间诉讼的人。就法律条文本身而言，立法对于第三人撤销之诉的主体资格规定不可谓不明确，但"案件处理结果同他有法律上的利害关系"应如何理解，在实践中应如何把握，却见仁见智。

二、理论上的不同观点

关于"案件处理结果同他有法律上的利害关系"，有的观点认为，法律上的利害关系就是指第三人可能因为一方当事人败诉而承担民事义务或赔偿责任。有的观点则认为，无须考虑第三人与案件法律关系的关联性，只要案件处理结果影响到他的利益，即可以认定案件处理结果同他

---

① 参见［苏］C. H. 阿布拉莫夫：《苏维埃民事诉讼》，刘家辉译，法律出版社 1956 年版，第 140~143 页。

② 参见全国人大常委会法制工作委员会民法室编：《中华人民共和国民事诉讼法条文说明、立法理由及相关规定》，北京大学出版社 2012 年版，第 84 页。

③ 参见张卫平：《新民事诉讼法原理与适用》，人民法院出版社 2012 年版，第 115~116 页。

有法律上的利害关系，故原则上案件的处理结果影响到第三人的利益的，都可以作为无独立请求权第三人。更有观点认为，应当站在“事后救济”的视角考虑案外人有无可能以有独立请求权或者无独立请求权第三人，甚至以共同诉讼主体的身份参加到原诉讼之中，第三人撤销之诉的适格原告范围与第三人参加诉讼制度的主体范围不必非要做到严格对应。[①]

我国第三人撤销之诉在一定程度上参考我国台湾地区关于民事诉讼的规定中的第三人撤销诉讼程序。我国台湾地区在 2003 年修订关于民事诉讼的规定时，借鉴法国民事诉讼法上的案外人裁判异议之诉制度，在第五编“再审程序”之后增加“第三人撤销诉讼程序”作为第五编之一，对第三人撤销诉讼的提起、管辖、效力、判决、再审程序之准用等事项作出了规定，其规范目的在于贯彻程序保障和纠纷的一次性解决、协调裁判的安定性和具体妥当性等要求。[②] 依法国新民事诉讼法典第 583 条的规定，对原判决有诉的利益且没有以当事人身份或者借由代理参与原判决程序的主体，均可以提起案外人裁判异议之诉。而依我国台湾地区关于民事诉讼的规定第 507 条之 1 的规定，提起第三人撤销诉讼的主体须为对他人之确定终局判决“有法律上利害关系”的第三人。对于何谓“有法律上利害关系的第三人”，我国台湾地区理论界同样存在认识分歧。有人认为，应与该“法”第 58 条关于从参加诉讼的要求作同一理解，即第三人在私法上的地位因确定判决而受到直接或者间接的不利益，仅有道德上、事实上、名誉上或感情上之利害关系情形则不符合法律规定的要件；[③] 有人则认为，第三人撤销之诉中的第三人应有别于诉讼参加者，因为第三人撤销之诉涉及裁判的安定性和程序保障，故适格原告范围应比诉讼参加者更窄。[④] 邱联恭教授认为，提起第三人撤销之诉的适格原告

---

① 参见刘君博：《第三人撤销之诉原告适格问题研究——现行规范真的无法适用吗?》，载《中外法学》2014 年第 1 期。

② 参见邱联恭：《口述民事诉讼法讲义（三）》，我国台湾地区元照出版有限公司 2015 年版，第 313 页。

③ 参见陈计男：《民事诉讼法论》，我国台湾地区三民书局 2006 年版，第 413 页。

④ 参见林家庆、徐崧博：《第三人撤销诉讼当事人适格及其他起诉问题之研究》，载《军法专刊》第 57 卷第 4 期。

应当同时满足四个条件：一是须为本诉形式当事人以外之人；二是须为原判决效力所及而未被赋予机会参与该判决作出程序，且无适格者代其遂行本诉讼之第三人；三是须非一般债权人；四是须非任意诉讼担当之被担当者。[①] 但上述标准同样含混不清，除了在诸如任意诉讼担当的被担当人非适格原告等个别问题上达成一致外，我国台湾地区理论界对于诉讼系属标的物的受让人、共有物返还之诉中其他共有人、法定诉讼担当的被担当人、诈害诉讼的受害人等主体是否为第三人撤销之诉适格原告，依然存在很大争议。

三、司法实践中的认识变化

第三人撤销之诉被媒体称为遏制虚假诉讼的制度“猛药”，[②] 但按照传统民事诉讼法理论，作为虚假诉讼受害人的债权人显然并非第三人撤销之诉的适格原告，立法机关基于应对恶意诉讼而引入该制度的初衷势必难以实现。故有观点认为，为发挥该制度的作用，应当对“前两款规定的第三人”作扩张解释，将所有因生效裁判错误而遭受不利益的案外人都纳入第三人撤销之诉适格原告范围。[③]

第三人撤销之诉制度是一把双刃剑，在具体的适用中必然要解决个案正义与法的安定、事前保障与事后保障、案外人权益与当事人权益等多种价值层面的冲突。[④] 从十年来的运行情况来看，第三人撤销之诉制度的整体效果并不佳，对遏制虚假诉讼作用也极为有限。有学者在对公开的裁判文书数据进行分析后发现，大致可以用“声称者多，证实者少，认定者（几乎为）无”来概括当前第三人撤销之诉规制虚假诉讼的实践

---

① 参见邱联恭：《口述民事诉讼法讲义（三）》，我国台湾地区元照出版有限公司2015年版，第315页。

② 参见卫建萍、蔡东芳、王俊莎：《第三人撤销之诉：遏制恶意诉讼再下制度“猛药”》，载《人民法院报》2013年5月20日。

③ 参见高民智：《关于案外人撤销之诉制度的理解与适用》，载《人民法院报》2012年12月11日；全国人大常委会法制工作委员会民法室编著：《〈中华人民共和国民事诉讼法〉释解与适用》，人民法院出版社2012年版，第81页。

④ 参见王福华：《第三人撤销之诉适用研究》，载《清华法学》2013年第4期。

效果,[①] 第三人撤销之诉对于遏制虚假诉讼的作用远未达到预期。在近年司法实践中，甚至出现了以第三人撤销之诉为手段的新型虚假诉讼。随着案件数量的持续增长，无论是立法机关还是司法机关都逐渐认识到，突破文义限制而径行将“第三人”解释为“案外人”，有悖于法律解释的基本原理，对于发挥第三人撤销之诉制度的功能亦无实质助益，应当回归法律规定本身，在文义范围之内对第三人撤销之诉适格原告进行解释。最高人民法院在胡某光等五人与金恒坤公司、陈某英等人第三人撤销之诉纠纷案[②]的二审裁定中，明确传达了这个信号。该案中，胡某光等五人系陈某英的普通金钱债权人，诉请撤销陈某英与金恒坤公司等主体因股权转让纠纷在前案诉讼二审中达成的调解书，一审判决支持了其诉讼请求，金恒坤公司等上诉至最高人民法院。尽管在案证据显示前案诉讼极有可能为虚假诉讼，但依传统民事诉讼理论，胡某光等五人并非前案中的第三人，是否为第三人撤销之诉的适格原告不无争议。在就相关法律问题征求立法机关意见并经最高人民法院审判委员会讨论后，最高人民法院在该案二审裁定中表示：“根据《中华人民共和国民事诉讼法》第五十六条[③]的规定，有权提起第三人撤销之诉的主体应当严格限定在该条前两款规定的有独立请求权和无独立请求权两类第三人，不能将有权提起第三人撤销之诉的主体扩大至《中华人民共和国民事诉讼法》第五十六条规定的两类第三人之外的享有普通债权的案外人。原案确有错误的，可依法通过审判监督程序予以纠正。”该案最终以胡某光等人不具有提起第三人撤销之诉的主体为由裁定撤销一审判决，驳回胡某光等人的起诉，同时依据职权指令一审法院再审前案。

但2019年12月发布的《全国法院民商事审判工作会议纪要》又对第三人撤销之诉的适格原告范围作了适度的目的性扩张解释。《全国法院民商事审判工作会议纪要》第120条认为，设立第三人撤销之诉的目的

---

① 参见郑金玉：《我国第三人撤销之诉的实践运行研究》，载《中国法学》2015年第6期。

② 参见（2017）最高法民终319号民事裁定书，生效裁判作出日期为2018年12月5日。

③ 现为2021年修正民事诉讼法第五十九条，下同。——编者注

在于，救济第三人享有的因不能归责于本人的事由未参加诉讼但因生效裁判文书内容错误受到损害的民事权益，因此在特定情形下债权人亦可提起第三人撤销之诉。2021 年 2 月最高人民法院发布的第 152 号指导案件“鞍山市中小企业信用担保中心诉汪薇、鲁金英第三人撤销之诉案”和第 153 号指导案例“永安市燕诚房地产开发有限公司诉郑耀南、远东（厦门）房地产发展有限公司等第三人撤销之诉案”，也与《全国法院民商事审判工作会议纪要》第 120 条的精神保持了一致。

由此可见，自第三人撤销之诉制度设立以来，司法实践中对于适格原告的尺度把握，经历了“极宽—从严—适度从宽”的转变过程。而理论界对于第三人撤销之诉适格原告的研究，也往往忽略对“前两款规定的第三人”进行文义上的解释，而直接运用体系解释或者目的解释方法，探讨某一类主体作为原告提起第三人撤销之诉适格与否，待得出肯定的结论后，再将该类主体视同为有独立请求权的第三人或无独立请求权第三人。① 理论研究上的学说分立，司法实践中的尺度不一，共同造就了当前我国第三人撤销之诉适格原告判断规则纷繁复杂的现状。

四、不属于第三人撤销之诉适格原告的情形

如前所述，尽管民事诉讼法明确规定第三人撤销之诉的适格原告仅为“前两款规定的第三人”，但“法律上的利害关系”如何界定，理论与实践中都有不同认识，加之我国诉讼标的理论亦未形成通说，正面界定第三人撤销之诉的适格原告几乎是“不可能完成的任务”。故笔者拟在梳理近年司法实践的基础上，尝试列举一个“负面清单”，总结不具有第三人撤销之诉主体资格的情形。

1. 前案被遗漏的必要的共同诉讼当事人不能对前案生效裁判提起第三人撤销之诉

如前所述，第三人撤销之诉制度通过之初，立法机关与最高人民法

---

① 参见刘东：《第三人撤销之诉》，上海人民出版社 2020 年版，第 101 页。

院在相关解读文章中都一度认为被遗漏的必要共同诉讼当事人具有提起第三人撤销之诉的主体资格。但我国民事诉讼法同时规定了第三人撤销之诉和案外人申请再审，依民事诉讼法及《民事诉讼法解释》的规定，被遗漏的必要共同诉讼当事人可以通过案外人申请再审程序获得救济，其在原案中的诉讼地位实际为共同原告或者共同被告，而非第三人，故近年司法实践普遍认为此类主体不属于第三人撤销之诉的适格原告。例如，在王某某诉张某、王某等人第三人撤销之诉案①中，王某与王某某同为被继承人王甲的继承人，王某某诉请撤销张某与王某等人继承纠纷一案生效判决。最高人民法院认为："王某某虽然从形式上看是案外人，但其系与一方当事人具有共同诉讼标的，属于必须共同进行诉讼的主体，本应作为当事人参加到诉讼中来。王某某属于被遗漏的必要共同诉讼人，并非第三人，不能通过第三人撤销之诉获得救济。"《全国法院民商事审判工作会议纪要》第 121 条也未将其纳入第三人撤销之诉适格原告范围，而是指引通过申请再审程序寻求救济。

2. 未参加登记的权利人对代表人诉讼案件的生效裁判不能提起第三人撤销之诉

代表人诉讼，是指当纠纷一方当事人人数众多、同时起诉或应诉比较困难或不可能时，由人数众多一方推选出诉讼代表人进行诉讼的多数人诉讼形态。我国民事诉讼法上的代表人诉讼包括起诉时人数确定的代表人诉讼和起诉时人数不确定的代表人诉讼两类。前者规定于民事诉讼法第五十六条，其性质既可能是必要共同诉讼，也可能是普通共同诉讼；后者规定于民事诉讼法第五十七条，其性质只能是普通共同诉讼。人数确定的代表人诉讼中被代表的权利人本身就是该案的当事人，人数不确定的代表人诉讼中已经参加登记的权利人也已由诉讼代表人代表，自然无提起第三人撤销之诉的资格，亦无此种必要。但根据民事诉讼法第五十七条第四款的规定，未参加登记的当事人在诉讼时效期间提起诉讼的，

---

① 参见（2018）最高法民申 1661 号。

适用人数不确定的代表人诉讼的判决、裁定。换言之，法律明确规定人数不确定的代表人诉讼生效裁判可扩张适用于未参加登记的权利人，未参加登记的权利人要受代表人诉讼裁判的约束，其在前案中的实际诉讼地位也属于当事人，而非第三人。如果未经登记的权利人认为人民法院裁定适用代表人诉讼的裁判错误的，应当通过上诉或者申请再审予以救济，不得提起第三人撤销之诉。故《民事诉讼法解释》第二百九十五条第三项规定，民事诉讼法第五十七条规定的未参加登记的权利人对代表人诉讼案件的生效裁判提起第三人撤销之诉的，人民法院不予受理。

与此类似，已授权著作权集体管理组织行使著作权或者与著作权有关权利的权利人，对于著作权集体管理组织代其实施诉讼中的生效裁判，也不得提起第三人撤销之诉。依著作权法的规定，著作权人和与著作权有关的权利人可以授权著作权集体管理组织行使著作权或者与著作权有关的权利。依法设立的著作权集体管理组织是非营利法人，被授权后可以以自己的名义为著作权人和与著作权有关的权利人主张权利，并可以作为当事人进行涉及著作权或者与著作权有关的权利的诉讼、仲裁、调解活动。一般认为，著作权集体管理组织以自己的名义作为当事人参加诉讼，属于任意诉讼担当，即通过被担当人（已授权的权利人）的授权，使本来不具有诉讼实施权的主体（著作权集体管理组织）享有诉讼实施权，成为正当当事人。因此，在著作权集体管理组织为已授权的权利人的利益以自己的名义参加的诉讼中，已授权著作权集体管理组织行使著作权或者与著作权有关的权利人为实质意义上的诉讼当事人。

3. 公司股东对公司与他人之间的诉讼生效裁判不能提起第三人撤销之诉

依公司法基本原理，公司具有独立的法人资格且公司人格独立于其股东，故公司得以自己名义参加民事诉讼。尽管公司对外诉讼的裁判结果会间接影响股东的利益，但股东的利益在该诉讼中已经由公司代表，故通常情形下股东无权介入公司的诉讼活动，也无权改变公司诉讼的裁判结果，不能对公司对外诉讼的裁判结果提起第三人撤销之诉。同理，在其他法人或者合伙企业等非法人组织的对外诉讼中，其成员的利益也已经由该组织代表，故其成员原则上对该生效裁判也不能提起第三人撤销之诉。最高人民法院第 148 号指导案例“高光诉三亚天通国际酒店有限公司、海南博超房地产开发有限公司等第三人撤销之诉案”明确了上述规则。

需要注意的是，对于第 148 号指导案例所体现的裁判规则的认识，不宜过于绝对化，必须与该案具体案情相结合。实践中股东对公司对外诉讼生效裁判提起第三人撤销之诉的情形多样，对股东是否属于适格原告，尚需结合公司行为样态进行分析。公司人格独立是对交易相对人利益和交易安全的保障，当公司管理者与相对人恶意串通订立损害公司利益的合同时，既不存在需要保护的善意相对人，也不存在需要保护的交易安全，能否再简单地以公司人格独立排斥股东介入，就有了探讨的空间。①

4. 公司对该公司分支机构以自己名义参加诉讼案件的生效判决不能提起第三人撤销之诉

依《民事诉讼法解释》第五十二条的规定，依法成立的社会团体的分支机构、代表机构，依法设立并领取营业执照的法人的分支机构，依法设立并领取营业执照的商业银行、政策性银行和非银行金融机构的分支机构，都属于民事诉讼法第四十八条所指的“其他组织”，具有民事诉讼权利能力和行为能力，可以作为民事诉讼的当事人。但在实体法上，上述分支机构或者代表机构以自己的名义从事民事活动所产生的民事责任由法人承担，并非独立的民事主体。只是在承担责任时，可以先以该分支机构管理的财产承担，不足以承担的，再由法人承担。② 因此，在法人分支机构以自己名义参加的诉讼中，虽然该法人在形式上未被列为当事人，生效裁判对该法人当然具有拘束力，该法人系该诉讼中实质上的

① 参见宋史超：《论股东对公司对外诉讼裁判提起第三人撤销之诉——兼评最高人民法院指导案例 148 号》，载《法学》2022 年第 1 期。该文认为，在公司对外行为构成恶意串通时，股东有主张无效的实体法地位，相应就具备有独立请求权第三人的程序法地位。

② 参见民法典第七十四条。

当事人，而非第三人，故不具有对前案诉讼提起第三人撤销之诉的主体资格。最高人民法院第 149 号指导案例“长沙广大建筑装饰有限公司诉中国工商银行股份有限公司广州粤秀支行、林传武、长沙广大建筑装饰有限公司广州分公司等第三人撤销之诉案”确认了前述观点。该案裁判要旨认为，公司法人的分支机构以自己的名义从事民事活动，并独立参加民事诉讼，人民法院判决分支机构对外承担民事责任，公司法人对该生效裁判提起第三人撤销之诉的，其不符合民事诉讼法规定的第三人条件，人民法院不予受理。

5. 受害人对基于同一侵权行为提起的公益诉讼案件生效裁判不得提起第三人撤销之诉

民事公益诉讼制度也是 2012 年民事诉讼法修订新增的制度。根据民事诉讼法的规定，公益诉讼和私益诉讼立法目的和起诉条件均不同。公益诉讼的生效裁判对损害社会公共利益行为遭受损失的公民、法人和其他组织不具有约束力，受害人保护自己民事权益的诉讼不受公益诉讼的影响，《民事诉讼法解释》第二百八十六条明确规定：“人民法院受理公益诉讼案件，不影响同一侵权行为的受害人根据民事诉讼法第一百二十二条规定提起诉讼。”由此可见，损害社会公共利益行为的受害人，对基于同一侵权行为提起的公益诉讼案件生效裁判，并无诉的利益，无提起第三人撤销之诉的必要。故《民事诉讼法解释》第二百九十五条第四项规定，损害社会公共利益行为的受害人对公益诉讼案件的生效裁判提起第三人撤销之诉的，人民法院不予受理。

6. 已经对另案诉讼标的物申请查封保全的普通债权人不能提起第三人撤销之诉

债权具有相对性，前案诉讼当事人的普通金钱债权人，对于前案中当事人之间的诉讼标的不具有实体法上的独立请求权，也与前案处理结果不具有法律上的利害关系，既不属于有独立请求权的第三人，也不属于无独立请求权的第三人，故不属于前案诉讼中的第三人。在前案不涉及虚假诉讼嫌疑的情况下，理论界和实务界都一致认为当事人的普通金钱债权人不能对前案生效裁判提起第三人撤销之诉。

但已经对另案诉讼标的物申请查封保全的普通债权人，能否对债务人与他人之间的该另案诉讼生效裁判提起第三人撤销之诉，目前司法实践中有肯定说和否定说两种观点。肯定说认为，依现行法律规定，查封在物权法上可以排除他人对查封标的进行处分，故如果债权人已经对另案诉讼标的物申请查封保全，则其与查封标的具有物权法上的利害关系，其债权属于法律给予特殊保护的债权，另案裁判认定他人对查封标的物享有物权或受偿顺位在先的特殊债权，会影响申请保全的债权人的债权实现，因而该债权人可以对另案生效裁判提起第三人撤销之诉。否定说则认为，此种情形下的债权人不能对该另案诉讼生效裁判提起第三人撤销之诉，因为查封不能改变其系普通债权人的法律地位，另案处理结果对其普通债权仅具有一定的事实上的影响，并非法律上的利害关系。

笔者赞同否定说。第一，保全行为并不直接产生私法上的权利变动效果。依相关法律规定，保全行为会对被执行人所有权占有、使用、收益及处分权能形成剥夺或限制，同时申请人对于保全财产处分后所有价款的分配享有优先权，但保全行为对标的物产生的限制效力系基于司法强制措施产生的，并不直接产生私法上的权利变动效果。若在保全之后、该查封债权人获得最终清偿之前，债务人进入参与分配或者破产程序的，该查封债权人并不能按照查封先后顺序而获得优先受偿的权利，可见债权人的普通债权并不因保全行为而成为优先债权。第二，无独立请求权第三人与案件处理结果有“法律上的利害关系”，应指实体权利义务上的利害关系，而非程序上的利害关系。在债务人作为当事人的前案诉讼中，案件处理结果对于该查封债权人与债务人之间债的成立、债的数额、双方权利义务关系等均不构成影响，仅有可能影响债务人的偿债能力，但该种影响仅是事实上、经济上的影响，而非法律上的利害关系。第三，即使普通债权人已经申请保全另案诉讼标的物，也不能改变其普通债权人的法律地位，其并不能以查封人的名义参加到原审诉讼中。

我国民事诉讼第三人制度源于苏联的诉讼第三人制度，而苏联的诉讼第三人制度又是对大陆法系诉讼参加人制度改造的结果。第三人撤销之诉制度将原告是否适格问题与第三人制度相关联，致使原本就存在先天不足的第三人撤销制度运行更为困难。总体而言，目前理论和实务界多倾向于结合制度目的某一类主体能否成为第三人撤销之诉的适格原告作适度的扩张解释，这倒也不失为一种务实的做法。值得注意的是，权利保护顺位和权利本身是否存在是两个不同的问题，不能混淆执行异议之诉与第三人撤销之诉制度功能。执行异议之诉中，执行案外人指实体权利因执行受到损害的不特定第三人，执行异议之诉主要解决数个权益的履行顺位问题，即就特定执行标的而言，一方当事人的民事权益是否优先于对方当事人，并不否定作为执行依据的生效裁判本身的正确性，也不否定对方当事人的权益本身。而第三人撤销之诉制度的作用在于改变或者撤销错误的生效裁判，维护第三人因此受到损害的权益，生效裁判“部分或者全部内容错误”是第三人的诉请获得支持的必要条件，换言之，第三人撤销之诉案件的胜诉判决实际上要否定或者改变前案当事人已经生效裁判认定的权益。因此，即使一项权益在执行异议之诉中能够阻却基于另一项权益的强制执行，也只表明两项权益的顺位不同，并不能在第三人撤销之诉中据此否定顺位居后的那项权益。

关于农村集体经济组织成员资格问题的几点思考

赵风暴*

农村集体经济组织成员资格，是农民享有农村权益的前提和基础。在全面推进乡村振兴和农村集体经济组织法立法稳步推进背景下，农村集体经济组织成员资格的标准如何规范以及出现争议时当事人如何进行救济，则是需要研究的重要问题之一。

一、农村集体经济组织成员资格的确定标准

立法上，2018 年修正的农村土地承包法并未对农村集体经济组织成员资格的确认标准问题进行明确，而是通过指引性条文进行了立法留白。司法解释层面，最高人民法院在制定《关于审理涉及农村土地承包纠纷案件适用法律的解释》过程中曾对农村集体经济组织成员资格的确定问题提出初步意见。后经最高人民法院审判委员会讨论认为，农村集体经济组织成员资格问题事关广大农民的基本民事权利，属于 2000 年立法法第四十二条第二款第一项规定的情形，其法律解释权在全国人大常委会，最高人民法院不宜通过司法解释的形式对此问题予以规定。在此情况下，司法解释未能对此问题予以明确以弥补立法的空白。实践中，涉及农村集体经济组织成员资格的纠纷案件仍具有一定的数量，且基于立法规范的缺失，裁判结果存在一定程度的不统一。为推动相关纠纷的解决，最

* 最高人民法院民事审判第一庭法官。

高人民法院在出台司法政策中给予指引，比如，2020 年发布的《关于为抓好“三农”领域重点工作确保如期实现全面小康提供司法服务和保障的意见》中要求，“对于因分配土地补偿费、其他集体经济收益等产生的集体经济组织成员资格认定问题，综合考虑当事人生产生活状况、户口登记状况以及农村土地对农民的基本生活保障功能等因素认定相关权利主体”。但是，基于该司法政策并非司法解释，且仅强调因分配土地补偿费、其他集体经济收益等产生的集体经济组织成员资格认定问题的处理，并不能涵盖农村集体经济组织成员资格纠纷的全部。

在学界，学者们对此进行了大量的研究，取得了丰硕的研究成果。实践中，地方人大、政府以及高级人民法院通过规范性文件的方式对农村集体经济组织成员资格的问题进行了明确。从前述情况看，农村集体经济组织成员资格的认定因素基本包括户籍、承包关系、生活保障来源因素以及出生、婚姻、收养等事实，进而形成了户籍标准、以户籍为基础的复合标准、权利义务关系标准等三种标准。

立法如何规范农村集体经济组织成员资格，笔者认为，基于农村集体经济组织成员资格问题的复杂性、立法规范的抽象性等因素，希冀通过法律条文形成完整、全面、具有可操作性的规范不具有客观现实性。在此情况下，通过法律明确确认基本原则，同时对于特殊情况的处理授予司法机关根据当地具体情况的裁量权不失为一种可选择的立法技巧，亦可对实践给予规范和引导。

首先，从相关政策看，2016 年 12 月 26 日中共中央、国务院出台的《关于稳步推进农村集体产权制度改革的意见》中要求科学确认农村集体经济组织成员身份，并提出了确认的原则和考量因素，即“依据有关法律法规，按照尊重历史、兼顾现实、程序规范、群众认可的原则，并按照户籍关系、农村土地承包关系、对集体积累的贡献等因素”统筹考虑。根据中央政策，对于农村集体经济组织成员资格的确认，需依据一定的原则，并统筹考虑各种因素。

其次，从历史渊源看，农村集体经济组织的自身功能也是一个不断变化的过程。我国农村集体经济组织的形成是基于当时农耕社会的特点而形成的共同生活体，通过农村集体经济组织的形式维系特定范围内成员的基本生活保障。随着社会的发展，成员个人与集体经济组织之间的依赖关系相对减弱，也即集体经济组织维持成员生计最基本保障之作用随着经济社会的快速发展而减弱。根据有关统计，2021 年末，我国常住人口城镇化率已达 64.72%。① 随着社会经济和城镇化的快速发展变化，农村经济组织成员资格的自身功能的内涵也在发生变化。在此情况下，用一个固定的标准难以涵盖发展变化的情况，也不符合集体经济组织的历史发展客观实际。

再次，从我国国情看，我国地域辽阔，各地农村集体经济组织的情况并不一致，且各地结合本地实际情况，通过法规、规章的形式对农村集体经济组织成员问题进行了明确。各地实际情况的差异性，决定了成员资格认定因素的差异性。

最后，从具体实践看，在统一发包本集体土地之前，通常由集体经济组织按照中央有关文件精神和地方政府文件的具体规定，统一按照规定的程序，确认本集体经济组织成员；在开展集体产权制度改革、量化集体经营性资产，以及统一分配集体收益之前，通常由集体经济组织按照当地人民政府的相关规定，结合当地的村规民约，确认本集体经济组织成员，并进行量化、分配；在分配补偿费之前，通常由集体经济组织依照当地的村规民约和具体情况，确定本集体经济组织成员并进行分配。实践中各地按照有关政策、政府规定、村规民约等因素确定本集体经济组织成员的做法，决定了确定标准的复合性。

二、农村集体经济组织成员资格争议的救济路径

从目前人民法院处理农村集体经济组织成员资格争议的情况看，针

---

① 《中华人民共和国 2021 年国民经济和社会发展统计公报》，载国家统计局网站，http://www.stats.gov.cn/sj/zxfb/202302/t20230203_1901393.html?eqid=a840c61300030aa500000006642e87ff，2022 年 2 月 28 日。

对不同的诉讼请求，处理结果也不同，主要存在以下两种情况：一是当事人仅提出确认农村集体经济组织成员资格的诉讼请求。从人民法院的裁判情况看，对于当事人的起诉，人民法院的处理结果通常为不予受理或驳回起诉。二是当事人提出有关侵害集体经济组织成员权益等诉讼纠纷中，在确定当事人诉讼请求能否成立时，需对其是否具备农村集体经济组织成员资格问题进行判断。在此情况下，又存在着两种不同的处理方式。一种处理方式为直接驳回起诉，另外一种处理方式则是根据相关证据对当事人是否具有农村集体经济组织成员资格进行判断，并在此基础上对当事人的诉讼请求进行判定。

从最高人民法院的态度看，对相关争议的处理有一个不予受理到有条件保护的过程。比如，1994 年 12 月 30 日最高人民法院回复江西省高级人民法院的《关于王翠兰等六人与庐山区十里乡黄土岭村六组土地征用费分配纠纷一案的复函》中明确，征用土地的补偿、安置补助费，除被征用土地上属于个人的附着物和青苗的补偿费付给个人外，其余由被征地单位用于发展生产和安排就业等事业。现双方当事人（集体经济组织成员与集体经济组织）为土地征用费的处理发生争议，不属于法院受理案件的范围，应向有关机关申请解决。2001 年，最高人民法院研究室回复广东省高级人民法院的《关于人民法院对农村集体经济所得收益分配纠纷是否受理问题的答复》中明确："农村集体经济组织与其成员之间因收益分配产生的纠纷，属平等民事主体之间的纠纷。当事人就该纠纷起诉到人民法院，只要符合《中华人民共和国民事诉讼法》第一百零八条的规定，人民法院应当受理。"此后，最高人民法院在相关的司法政策中明确要依法妥善处理农村集体经济组织成员资格问题，保护农民基本财产权利。

立法如何设置当事人的权利救济途径，既关涉当事人权利的有效保护问题，又涉及人民法院解决此类纠纷的质效问题。基于集体组织成员资格纠纷的特点以及解决此类纠纷的质效，笔者认为应设置民事诉讼的前置程序，以政府有关部门处理为提起诉讼的前置程序。

首先，从设置前置程序的理论基础看，诉讼前置程序的设置多应遵循程序相称原理、系争外利益保护原理、程序选择权保护原理、司法资源合理配置原理等。针对农村集体经济组织成员资格争议，设置民事诉讼前置程序与前述原理并不存在冲突。第一，农村集体经济组织成员资格纠纷，多涉及承包权益，通常而言争议标的金额并不大，案件事实较为简单，设置民事诉讼前置程序符合程序相称原理；第二，设置民事诉讼前置程序，通过其他程序解决当事人的纷争，可避免当事人通过诉讼而带来的纠纷解决成本，有利于保护当事人系争外的利益。第三，基于国家司法资源的有限性，特别是目前基层法官办案压力较大的情况下，通过设置民事诉讼前置程序，让当事人通过诉讼外手段解决纷争，有利于减轻法院的负担，得以节约司法资源。

其次，从设置前置程序的现实基础看，2023年修正立法法第十一条对只能制定法律的情形予以明确。诉讼前置程序的设定，既涉及诉讼程序和诉讼方式的规定内容，也涉及当事人诉讼权利的行使，故根据立法法第十一条的规定，在农村集体经济组织法立法中明确集体经济组织成员资格争议的诉讼程序和方式符合法律的规定。同时，集体经济组织成员资格的认定，通常按照中央有关文件精神和地方政府文件、当地的村规民约和具体情况等具体确定。政府相关部门对农村集体经济组织的历史变化和情况最为了解，设置民事诉讼前置程序在纠纷的有效化解上是有必要的。

需要强调的是，设置诉讼前置程序可能暂时限制当事人向法院请求裁判的权利，但并不会最终妨碍和阻止当事人裁判请求权的实现。在通过诉讼外的其他纠纷解决程序无法解决纷争或对纷争结果仍有异议时，当事人仍可以起诉至法院主张权利。从某种程度而言，该制度设计扩大了当事人解决争议的方式和途径，具有一定的积极意义。

三、民事诉讼前置程序的纠纷处理主体

既然农村集体经济组织成员资格争议的解决需经前置程序处理，那

么，在争议发生后，有权处理的主体或者说当事人可以向哪些部门和机构申请解决呢？对此问题，存在不同的认识。有的认为，在对农村集体经济组织成员资格存有争议时，当事人应向农村集体经济组织申请处理。未设立村集体经济组织的，基于村民委员会可以依法代行村集体经济组织的职能，故村民委员会也可以作为处理主体。有的认为，农业农村主管部门作为统筹推动发展农村社会事业、农村公共服务、乡村治理以及负责承包地、宅基地改革和管理工作的职能部门，对于农村集体经济组织成员资格的争议，负有处理之责。

笔者认为，在农村集体经济组织成员资格发生争议时，由农村集体经济组织或者村民委员会作为处理主体有失妥当。虽然农村集体经济组织成员资格为本集体经济组织内部事务，农村集体经济组织对于当事人是否具有集体经济组织成员的情况较为熟悉，但基于农村集体经济组织为纠纷的当事人，与纠纷具有利害关系，特别是在村民委员会代行农村集体经济组织职能的情况下，有的村民委员会成员不一定是本集体经济组织成员，由村民委员会负责处理，难免出现不公正的情况，甚至出现损害农村集体经济组织成员权益的行为。为提高解决争议的有效性，及时解决当事人纷争，在设置民事诉讼前置程序的情况下，除了农业农村主管部门可作为解决当事人农村集体经济组织成员资格争议处理主体之外，我国基层人民政府（乡镇人民政府）亦可作为争议解决的处理主体。

首先，从我国基层人民政府的职能设置看，根据宪法的规定，乡镇人民政府负有执行本级人民代表大会的决议和上级国家行政机关的决定和命令，管理本行政区域内的行政工作的职责。在农村集体经济组织成员资格存在争议的情况下，当事人可以向基层人民政府申请处理，此种处理方式既是基层人民政府的职责所在，也是就地化解矛盾纠纷之多元解纷机制的具体要求。

其次，从实际情况看，乡镇人民政府对于农村集体经济组织的有关情况相对较为熟悉，有较为优先的条件处理争议，主要体现在以下几个方面：从农村土地承包法的规定看，土地承包经营及承包经营合同的管理由乡镇人民政府负责；从承包地的调整看，承包地调整除了经本集体经济组织成员的村民会议三分之二以上成员或者三分之二以上村民代表的同意外，需报乡镇人民政府和县级人民政府农业农村、林业和草原等主管部门批准；从发包方将农村土地发包给本集体经济组织以外的单位或者个人承包的要求看，其须经本集体经济组织成员的村民会议三分之二以上成员或者三分之二以上村民代表的同意，并报乡镇人民政府批准。从土地承包经营发生纠纷争议时的纠纷解决主体看，当事人因土地承包经营发生纠纷时，依法可以请求乡镇人民政府等调解解决。基于此，乡镇人民政府作为争议处理主体责无旁贷。

最后，从有关规范性文件规定看，2020 年 11 月 4 日，农业农村部印发的《农村集体经济组织示范章程（试行）》明确了乡镇人民政府和县级以上农业农村部门对农村集体经济组织的指导和监督职责。根据该规定，在农村集体经济组织成员资格存在争议时，当事人有权向乡镇人民政府以及县（市区）农业农村主管部门反映，请求处理。

【审判实务热点问题研究】

适用民法典继承编的若干问题探讨

汪治平*

继承法律制度是现行民事法律制度中最为稳定与成熟的部分。1985年4月10日第六届全国人大三次会议通过的继承法，是极少数从未修改的部门法之一。根据我国社会家庭结构、继承观念等方面的发展变化，民法典第六编“继承”在继承法的基础上，新增6条并调整部分内容，完善了继承制度，以满足人民群众处理遗产的现实需要。继承制度是关于自然人死亡后财富传承的基本制度。随着经济社会的高速发展，个人和家庭拥有的财产日益增多，人民群众法治意识不断增强，因继承引发的纠纷也日益增多。由于继承法施行早，司法解释出台及时，法学界理论研究较为深入，各级人民法院审理继承纠纷案件的经验丰富，继承法律制度没有如同民法典其他编那样引起人们的高度关注。不过，民法典颁布施行后，仍有必要就继承编的一些有争议的法律问题予以探讨，以便准确适用法律规定，及时公正处理继承纠纷。

一、准确领会继承法律制度，必须重视民法典非继承编的规定

一部法典本就是由相互协调配套的各个部分组成的有机统一体，民

* 最高人民法院民事审判第一庭法官。

法典亦不例外。继承是财产流转的重要法律制度，在整个民事关系中具有基础地位并在实际生活中广泛应用。现代继承法所调整的民事关系均为财产关系。民法典继承编当然不是与其他各编毫不相干、彼此孤立的部分，它必然与总则编、物权编、合同编、婚姻家庭编等协调一致。总则编、物权编、婚姻家庭编等许多概念的界定是继承法准确适用的前提。民法典总则编的基本规定当然适用于继承领域，总则编之外的非继承编，或者就涉及继承问题作出了具体规定，或者影响到继承制度。关于继承编与其他各编的关系简述如下。

总则编是理解和适用民法典其他各编包括继承编的前提和基础。总则编规定了民事活动必须遵循的基本原则和一般性规则，统领各分编。与继承直接相关的内容至少包括：总则编规定的生理死亡和宣告死亡制度，确立了继承开始的原因；承认在遗产继承中，胎儿应视为具有民事权利能力的主体；依据遗嘱可指定监护人；建立了撤销死亡宣告后的继承复原制度；宣示了自然人享有继承权；建立了民事法律行为与意思表示的一般制度，民事法律行为能力、意思表示、撤销或撤回等基本概念都构成了继承法的重要前提。其中，特别值得注意的有两点：一是按照继承编的规定，限制民事行为能力人所立遗嘱无效，而不适用总则编有关限制民事行为能人实施的民事法律行为效力待定等规定；二是按照继承编的规定，受欺诈、胁迫所立的遗嘱无效，而不适用总则编有关受欺诈、胁迫实施的民事法律行为可请求撤销的规定。

物权法律制度调整因物的归属和利用而产生的民事关系，是最重要的民事基本制度之一。物权编明确了遗产的物权变动。该编中的第二百三十条规定："因继承取得物权的，自继承开始时发生效力。"同时规定因继承导致遗产的不动产物权变动，未经公示不得作进一步处分。这体现了非基于民事法律行为的不动产物权变动的独到之处。物权编对遗赠的法律效果采取债权说而不是物权说，删除了物权法上关于遗赠也当然引起物权变动的规定。此外，物权编规定当事人可以以遗嘱方式设立居住权。

合同制度是市场经济的基本法律制度。合同编调整因合同产生的民事关系，该编中的第四百六十八条规定："非因合同产生的债权债务关系，适用有关该债权债务关系的法律规定；没有规定的，适用本编通则的有关规定，但是根据其性质不能适用的除外。"所以，遗赠扶养协议可以适用合同编有关规定。此外，合同编明确规定继承对债权债务关系产生影响。例如，第六百六十四条规定："因受赠人的违法行为致使赠与人死亡或者丧失民事行为能力的，赠与人的继承人或者法定代理人可以撤销赠与。"该编进一步规定债权债务关系不会因为当事人的死亡而终止，可发生债权债务关系的概括承受。例如，第九百三十五条规定："因委托人死亡或者被宣告破产、解散，致使委托合同终止将损害委托人利益的，在委托人的继承人、遗产管理人或者清算人承受委托事务之前，受托人应当继续处理委托事务。"

人格权是民事主体对其特定民事利益享有的权利，关系每个人的人格尊严，是民事主体最基本的权利。因此，人格权编中的第九百九十二条明确"人格权不得放弃、转让或者继承"。人格权作为特定自然人享有的人身和行为自由、安全以及精神自由等利益，专属于特定主体，只能为特定的权利人所享有，与权利主体不可分离，因而具有专属性，因权利人死亡而消灭。这是人格权与财产权的重要区别，也是人格权不能继承的基本原因。

婚姻家庭制度是规范夫妻关系和家庭关系的基本准则。婚姻家庭编与继承关系十分密切。首先，婚姻家庭编明确了家庭成员间的继承关系。该编规定："夫妻有相互继承遗产的权利"，且"父母和子女有相互继承遗产的权利"。其次，法定继承人范围需要根据婚姻家庭编父母子女关系和其他近亲属关系规则予以确定。例如，自收养关系成立之日起且一直有效维持，则养父母与养子女间有相互继承遗产的权利。最后，婚姻家庭编对夫妻各自享有的财产范围的规定是确定遗产的依据。夫妻一方死亡后，只能根据婚姻家庭编明确的规则界定夫妻一方的个人财产范围，从而确定遗产的范围。

侵权责任编明确规定侵权责任是民事主体侵害他人权益应当承担的

法律后果，死者近亲属有权请求侵权人承担侵权责任。

二、准确理解继承法律制度，应当充分注意其他法律以及行政法规等的规定

民法典之外的一些法律涉及继承问题，不少行政法规更是直接就继承相关内容作出了规定，少数行政规章性质的文件亦涉及继承问题。

首先，宪法以国家根本法的形式明确："国家依照法律规定保护公民的私有财产权和继承权。"其次，一些单行法律对继承有特殊规定。这些规定大体表现如下三方面：一是实现各民事主体继承权平等。妇女权益保障法、未成年人保护法等宣示保护妇女、未成年人等弱势群体继承权；台湾同胞投资保护法、归侨侨眷权益保护法中突出强调保护台胞、归侨、侨眷等特殊群体的继承权；老年人权益保障法除了明确老年人依法享有继承权和接受遗赠权外，还强调财产继承和赡养义务不构成对待给付关系，明确规定"赡养人不得以放弃继承权或者其他理由，拒绝履行赡养义务"。国家赔偿法规定，"受害的公民死亡，其继承人和其他有扶养关系的亲属有权要求赔偿"。二是明确特殊遗产的可继承性。农村土地承包法、社会保险法、保险法、公司法、合伙企业法与个人独资企业法等法律明确规定林地承包权、社会保险个人账户余额、保险金、股东资格、合伙权益、个人独资企业财产等权利的可继承性。这些规定构成民法典的重要补充。此外，信托法第四十八条规定："受益人的信托受益权可以依法转让和继承，但信托文件有限制性规定的除外。"这表明财产的可继承性受到当事人意志的限制。国家勋章和国家荣誉称号法第十五条第一款规定："国家勋章和国家荣誉称号获得者去世的，其获得的勋章、奖章及证书由其继承人或者指定的人保存；没有继承人或者被指定人的，可以由国家收存。"这一规定表明勋章、奖章及证书等物的财产属性不强，不能直接适用遗产继承的规定。三是规定继承的具体方式或纠纷解决机制。农民专业合作社法第十五条规定，农民专业合作社成员出资的继承问题可由农民专业合作社章程确定。仲裁法第三条规定继承纠纷不适用

仲裁。涉外民事关系法律适用法第三十一条至第三十五条就涉外继承关系的冲突规范即法律适用作出了明确规定。民事诉讼法明确因继承遗产纠纷提起的诉讼适用专属管辖。

行政法规就特殊遗产的可继承性、继承方式或程序等，在相关法律的基础上有更加具体的规定，明确了特殊遗产的可继承性。《住房公积金管理条例》《城镇集体所有制企业条例》《退耕还林条例》《企业债券管理条例》《著作权法实施条例》《计算机软件保护条例》《集成电路布图设计保护条例》《可转换公司债券管理办法》《城镇国有土地使用权出让和转让暂行条例》等行政法规明确了职工住房公积金账户内的存储余额、城镇集体所有制企业职工股金和集体企业吸收的各种投资、退耕还林土地和荒山荒地造林后的承包经营权、企业债券、著作权、软件著作权、布图设计专有权、可转换公司债券、个人依法取得的城镇国有土地使用权等权利的可继承性。

有些民族自治地方的自治条例就继承问题根据本地区情况有变通或补充规定。例如，《四川省阿坝藏族羌族自治州施行〈中华人民共和国继承法〉的变通规定》第六条第二款规定，孙子女与祖父母，外孙子女与外祖父母，相互尽了主要扶养义务的，互为第一顺序继承人。这一规定并不与民法典相冲突。

按照立法法的规定，部门规章不规定民事关系，涉及继承关系的更少。一些涉及继承的部门规章，侧重规定继承的程序性或技术性问题，与民法典不存在冲突的内容在民事审判中具有一定的参照价值。较有直接关联性的部门规章有《遗嘱公证细则》《公证程序规则》等。

三、准确适用继承法律制度，应当紧密结合现行有效的司法解释

司法解释对人民法院准确适用法律，妥善处理各种纠纷案件具有重要的指导意义。自20世纪80年代初起，最高人民法院就刑事、民事和行政三大审判工作中具体应用法律的问题进行了大量解释，取得了巨大成

就。继承法于1985年4月10日公布，最高人民法院于当年9月11日即发布了共64条的《最高人民法院关于贯彻执行〈中华人民共和国继承法〉若干问题的意见》[法（民）发〔1985〕22号，以下简称《继承法意见》]，该意见就当时人民法院审理继承纠纷案件时的问题作了全面的系统解释。三十多年的司法实践证明，该意见符合继承法规定，满足了司法实践的需要。此外，还有一些司法文件就特定继承问题或者具体案件表明了最高人民法院的态度，例如，最高人民法院作出的《关于保险金能否作为被保险人遗产的批复》（〔1987〕民他字第52号)、《关于被继承人死亡后没有法定继承人，分享遗产人能否分得全部遗产的复函》（〔1992〕民他字第25号)、《关于如何处理农村五保对象遗产问题的批复》（法释〔2000〕23号）等①。民法典编纂时，有不少规定直接吸收了司法解释的内容，例如，民法典第一千一百五十二条与第一千一百六十三条分别吸收了《继承法意见》第五十二条、第六十二条的内容。民法典施行前，最高人民法院及时出台了《关于适用〈中华人民共和国民法典〉继承编的解释（一）》（法释〔2020〕23号，以下简称《继承编解释》），就人民法院适用民法典继承编的典型性问题进行了及时解释。该解释针对继承编的一般规定、法定继承、遗嘱继承和遗赠、遗产的处理的四章进行了针对性解释，加上附则共45条。从内容上可知，《继承编解释》主要以《继承法意见》为基础制定。同其他适用民法典的司法解释一样，《继承编解释》所坚持的基本原则是：与民法典抵触的坚决予以废止，确保司法解释符合民法典规定，法律适用标准统一；对已经被民法典吸收的，如相互有继承关系的几个人在同一事件中死亡如何确定死亡时间、被继承人宽恕制度、转继承制度、遗产分割顺序等，因司法解释内容已经上升为法律，适用中直接引用法律规定即可，相关内容不再纳入新的司法解释；对其他与民法典规定不抵触的，以保留为原则，整体思路是未作大的变动。

---

① 该三件司法解释的内容或已经被其他法律吸收，或已经不适应当前经济社会发展需要，均已废止。

当然，《继承编解释》只是在民法典施行前对既有司法解释清理的结果，并不是法院适用民法典继承编中产生的问题的解释。对于民法典继承编一些新的规定，如遗产管理人制度的落实，以及将来适用中产生的问题，需要更加广泛、充分的调研和论证，在积累审判实践经验的基础上，再予以解释。

四、准确贯彻继承法律制度，对三个有争议问题的分析

民法典继承编虽是在继承法的基础上，修改完善了继承制度，但民法典继承编的编纂毕竟是对继承法的整合、编订纂修，对近年来继承领域新出现的重大、疑难问题，并未完全回应；同时作为法律规范，天然具有原则性与概括性。因而在司法实践中，要适用好民法典继承编，对其中的一些规定，如出现理解或者适用上的争议，应当作出符合立法原意与实际的解读。下面对三个具体争议问题予以分析。

（一）接受遗赠的表示形式、表示对象及期限的起算点

自然人以遗嘱方式作出遗赠虽然是单方法律行为，但从法律行为的本质上而言，遗赠行为在某种程度上应当视为一种双方法律行为，遗赠人作出赠与的意思表示，受遗赠人需要接受，双方意思达成一致方能成立，遗赠人不得将自己的意思强加给另一方。如果受遗赠人在法定期限内不作任何意思表示，赠与的合意难以形成，法律不宜强迫当事人达成合意，故未规定受遗赠人不作出接受表示即视为接受。接受遗赠必须以明示的方式作出意思表示，受遗赠人在法定期限不作出意思表示的，视为放弃。因此，民法典第一千一百二十四条第二款规定："受遗赠人应当在知道受遗赠后六十日内，作出接受或者放弃受遗赠的表示；到期没有表示的，视为放弃受遗赠。"

对上述规定自然产生如下理解上的问题：接受遗赠的表示形式、表示对象以及该六十日从何时开始起算。基于接受遗赠属于行使权利的行为，不宜对当事人要求过高，在形式上法律不宜作硬性规定，只要受遗

赠人作出接受的意思表示即可，不必必须以书面或者其他特定方式作出。也就是说，以对话方式作出的意思表示，只要相对人知道其内容即可；以非对话方式作出的意思表示，能够到达相对人即可。此时相对人应是哪些人呢？虽然“遗赠行为在某种程度上应当视为一种双方法律行为”，但接受遗赠的表示并非向立遗嘱人作出，因为遗赠作为死因行为，是以被继承人死亡作为生效条件的。被继承人未死亡的情况下，其遗赠在设立时并不生效，而且立遗嘱人在其死亡前还有权根据其意愿的改变或者财产的增减以及近亲属的变化等因素修改其遗嘱，甚至还可能放弃遗嘱而与继承人以外的组织或者个人签订遗赠扶养协议。因此，受遗赠人接受或者放弃一个对立遗嘱人并无法律约束力的遗嘱并无实际意义。由于遗赠直接影响继承人是否享有继承权或者继承遗产的份额，而且民法典继承编引入了遗产管理人制度，受遗赠人向遗产管理人作出接受或放弃受遗赠的意思表示最为妥当；如果没有遗嘱执行人或者继承人未推选遗产管理人，受遗赠人向享有继承权的继承人中的一人或者数人作出接受遗嘱的表示，即可认定受遗赠人接受遗赠的表示；没有继承人或者继承人均放弃继承的，应当向被继承人生前住所地的民政部门或者村民委员会作出接受遗赠的表示。受遗赠人应当何时作出接受遗赠的表示呢？民法典第一千一百二十四条第二款只规定“受遗赠人应当在知道受遗赠后六十日内，作出接受或者放弃受遗赠的表示”，但该六十日从何时起算，法律未作具体规定。只能在继承开始之后，也即被继承人死亡之后，还是在被继承人生前也可以作出接受遗赠的表示呢？因为只有继承开始后，才能确定遗产的范围、确定继承人的范围、确定遗产的继承规则，而且只有继承开始后，遗产的归属才因继承发生变动，遗产管理人才开始履行其职责，所以受遗赠人接受或者放弃受遗赠的意思表示不能在被继承人死亡前作出。这也与民法典第一千一百二十四条第一款能够协调一致，该条第一款规定：“继承开始后，继承人放弃继承的，应当在遗产处理前，以书面形式作出放弃继承的表示；没有表示的，视为接受继承。”可见，接受或放弃继承的起始点即为继承开始后，而继承是从被继承人死亡时开始。

因此，受遗赠人接受或者放弃受遗赠同样应当是在继承开始之后，自其知道受遗赠之日起六十日内行使该权利，即作出接受遗赠的表示。

（二）必留份权利人的范围

依照民法典的规定，遗嘱人立遗嘱，可以自主决定在其死后如何对其个人财产进行分配与处置，在分配的对象、方式、份额等方面都具有较大程度的自由。遗嘱自由原则是当事人意思自治原则以及保护私有财产原则在继承法领域的具体化，是各国继承法普遍确立的重要原则。正如自由不能没有限制，遗嘱自由亦有相应限制。由于继承制度还须发挥遗产的扶养功能和维护基本的家庭伦理的功能，如果任由遗嘱人将身后财产全部赠与法定继承人之外的他人，会影响到亲情伦理关系的稳定，而为社会善良风俗所不容。民法典第一千一百四十一条规定："遗嘱应当为缺乏劳动能力又没有生活来源的继承人保留必要的遗产份额。"该条就必留份的权利人范围作了规定，是遗嘱人立遗嘱的合理限制。

对于民法典第一千一百四十一条中的权利人范围在理解上存在争议。无疑，享有遗嘱为其保留必要份额权利的人应当是遗嘱人的继承人。民法典第一千一百二十七条第一款、第二款规定："遗产按照下列顺序继承：（一）第一顺序：配偶、子女、父母；（二）第二顺序：兄弟姐妹、祖父母、外祖父母。继承开始后，由第一顺序继承人继承，第二顺序继承人不继承；没有第一顺序继承人继承的，由第二顺序继承人继承。"该条款是民法典关于法定继承人范围的基本规定。就必留份权利人范围，有两种意见。第一种意见认为，只要是被继承人的继承人，无论其是第一顺序继承人还是第二顺序继承人，只要该继承人丧失了劳动能力同时又没有生活来源的，被继承人订立遗嘱时即应为其保留必要的遗产份额。第二种意见认为，享有为其保留遗产份额的继承人应按照继承顺序确定，在有第一顺序继承人时，第二顺序继承人不享有这种权利。只有在没有第一顺序继承人的情况下或者第一顺序继承人放弃继承权、丧失继承权的时候，第二顺序继承人才可能享有此权利。

笔者认为前述第二种意见似更合适。首先，从继承的顺序上来说，在法定继承情况下，如果存在第一顺序继承人，那么第二顺序继承人是无权继承遗产的，即使该第二顺序继承人中存在既缺乏劳动能力又没有生活来源的人，这类人员也无法分得遗产。如果按照第一种意见，则会出现在法定继承情况下第二顺序继承人无法继承遗产，而在遗嘱继承情况下第二顺序继承人却又能继承遗产的情况，这是否与立法精神相悖值得探讨。订立遗嘱是被继承人的自由，在一般情况下，其可以通过遗嘱自由处分个人财产，被继承人订立遗嘱处分其财产，直接影响的是其第一顺序的继承人的权益，故只有在第一顺序继承人中缺乏劳动能力又无生活来源的人，遗嘱才应给其保留必要的份额。其次，从第一千一百四十一条规定的目的来看，其是为了保护缺乏劳动能力又没有生活来源的继承人的生存权，并不像一些大陆法系国家特留份制度一样是为了保证财产在家族内部的流转。通常情况下，立遗嘱人对享有必留份权利的继承人负有抚养、扶养或赡养的义务，第一千一百四十一条实际上是为了避免被继承人通过遗嘱的方式规避自己应尽的抚养、扶养或赡养义务，故应该按照法定继承的顺序来确定哪些继承人享有该条规定的权利，因为法定继承人的顺序就是法定继承人与被继承人之间在身份上亲疏远近的体现。最后，在实务中，继承纠纷案件的当事人也是按照法定继承人的顺序确定的，在有第一顺序继承人时，只列第一顺序继承人作为当事人，第二顺序继承人此时并不是适格的当事人。

民法典第一千一百四十一条完全承袭了继承法第十九条的内容，只是将该第十九条中的“对”改成“为”。全国人大常委会法工委立法规划室原主任吴高盛主编的《〈中华人民共和国继承法〉释义及实用指南》对继承法第十九条关于必留份权利人范围的解释是：“在有第一顺序继承人时，第二顺序的继承人无法享受遗嘱应当为其‘保留必要的遗产份额’的权利，在没有第一顺序继承人或第一顺序继承人放弃继承或丧失继承权时，第二顺序继承人才有该权利。”全国人大常委会法工委民法室主任黄薇主编的《〈中华人民共和国民法典〉释义及适用指南》在比较必留份与特留份的异同时提及："必留份权利人的确定依据为身份关系以及受扶养的客观需要，如我国的必留份权利人为同时具备缺乏劳动能力和没有生活来源两个条件的法定继承人，该继承人既可以是第一顺序继承人，也可以是第二顺序继承人。"其实，两相比较，前者明确亮明了自己的观点，而后者未直接就此问题表明态度，但是否可以理解为：享有必留份权利的继承人应按照继承顺序确定，在有第一顺序继承人时，第二顺序继承人不享有此权利；没有第一顺序继承人或者第一顺序继承人放弃继承权、丧失继承权时，第二顺序继承人享有此权利。

当然，随着研究的深入以及司法实践的需要，笔者相信立法机关或者司法机关将以适当的方式对民法典第一千一百四十一条中的继承人范围作出更加权威的解释。毕竟仅从字面上理解，该条中的继承人包括法定继承第一顺序继承人，也包括第二顺序继承人。

（三）对共同遗嘱的态度

民法调整民事关系，但社会生活的发展导致民事关系复杂多变，新事物层出不穷，民法典难以就所有的民事关系提供毫无遗漏的明确规范。继承法律制度在民事法律制度中是非常成熟的制度，然而民法典继承编毕竟只有45条，《继承编解释》刚好也是45条。民法典继承编与继承法相比，就继承法律制度向财产法回归、维持人身关系的特质方面有所创新。前者表现为概括规定遗产范围、完善遗嘱及遗赠扶养协议制度；后者则表现为克服法定继承人范围不足，完善继承权丧失、遗产管理人、遗产债务清偿制度等。民法典继承编对遗嘱形式进行了完善，但未涉及共同遗嘱。

共同遗嘱，特别是夫妻共同遗嘱作为一个社会现象是客观存在的，有的还到公证机关办理了夫妻共同遗嘱的公证。审判实务中，处理因共同遗嘱继承而产生的纠纷时，因无明确法律规定，导致做法各异，客观上存在违背被继承人生前意愿而否定遗嘱效力，或按遗嘱处理，导致损害部分法定继承人和其他人的合法财产利益的情形。由于我国法律对共同遗嘱没有直接规定，所以对于何谓共同遗嘱，多是根据域外法律规定或者研究予以定义。通常多表述为：共同遗嘱也称合立遗嘱，是指两个以上的遗嘱人共同设立的，同时处分共同遗嘱人各自或共同的财产的遗嘱。共同遗嘱可以分为形式意义的共同遗嘱和实质意义的共同遗嘱。形式意义的共同遗嘱又称单纯的共同遗嘱，是指内容各自独立的两个以上的遗嘱记载于同一遗嘱书中。这种共同遗嘱只保持着某种形式上的同一，而在内容上是各遗嘱人独立进行意思表示，并根据各自意思表示产生独立的法律效果，相互不存在制约和牵连。实质意义的共同遗嘱是指两个以上的遗嘱人将其共同一致的意思通过一个遗嘱表示出来，形成一个内容共同或相互关联的整体遗嘱。实质意义上的共同遗嘱通常可以分为三类：相互指定对方为自己的遗产继承人；共同指定第三人为遗产的继承人或受遗赠人，其遗产以共同财产居多；相互指定对方为继承人，并约定后死者将遗产留给指定的第三人。共同遗嘱又分为夫妻共同遗嘱及非夫妻共同遗嘱，前者又称夫妻合立遗嘱，是指夫妻双方为了处分其共有财产而共同订立的同一份遗嘱。

域外民事立法对共同遗嘱的态度不一致，法国、日本等国的民法典明文禁止共同遗嘱，例如，法国民法典第968条规定，二人或者二人以上不得以同一证书订立共同遗嘱。与此相反，德国、奥地利的民法典则明文确立了共同遗嘱这种形式，但这种形式仅限于夫妻之间。1961年10月5日订立于海牙的《关于遗嘱处分方式法律冲突公约》第4条规定："本公约亦应适用于两个或两个以上的人在同一份文件中作出的遗嘱处分的方式。"此外，英美等没有统一成文法典的国家，其法院判例也都承认共同遗嘱的效力。

我国民法理论界有意见认为，不论什么形式的共同遗嘱都应加以禁止，主要理由是：共同遗嘱违背遗嘱的一般原理，立遗嘱是遗嘱人单方的法律行为，遗嘱人单方的意思表示完全可以独立自主决定遗嘱的成立、变更或撤销，而共同遗嘱则没有这种随意性，其订立、变更或撤销必然要受到另一遗嘱人的制约，这就违背了遗嘱自由原则。

目前，至少夫妻共同遗嘱还是有认可的必要的，毕竟共同遗嘱反映了共同遗嘱人对生前及死后财产作出处分的一种合意，这种合意反映了民法中当事人意思自治的原则。当然，一份具有实质效力的共同遗嘱，其形式要件和实质要件都必须符合现行法律对遗嘱的要求。从遗嘱形式上分析，共同遗嘱应采取自书遗嘱和公证遗嘱形式，不宜采取其他形式。更重要的是，共同遗嘱人在设立遗嘱时都必须具有遗嘱能力，即立遗嘱人都是完全民事行为能力人；共同遗嘱必须是共同遗嘱人的真实意思，处分共同遗嘱人个人或共有财产；必须遵守继承编其他关于遗嘱的规定，如必须为缺乏劳动能力又没有生活来源的继承人的保留必要的遗产份额等。夫妻共同遗嘱通常表达以下内容：夫妻自书一份遗嘱，指定当两人死亡之后，夫妻共同财产中的甲财产由其长子继承，乙财产由其次子继承，丙财产由女儿继承。或者表述为：夫妻一方死亡后，共同财产属于死者的那一部分由对方继承（即夫妻双方相互指定对方为自己的继承人）。当双方都去世后，财产由特定继承人如未成子女继承。这种共同遗嘱既使配偶的生活不致因一方死亡而受到冲击，又保证了年幼子女的利益，完全符合夫妻财产共同所有制及养老育幼原则，同时还可以避免子女们争夺遗产的纠纷，有利于家庭的和睦团结。实际上，我国司法部颁布的《遗嘱公证细则》作为行政规章承认了共同遗嘱。该细则第十五条规定，“两个以上的遗嘱人申请办理共同遗嘱公证的，公证处应当引导他们分别设立遗嘱。遗嘱人坚持申请办理共同遗嘱公证的，共同遗嘱中应当明确遗嘱变更、撤销及生效的条件。”司法实践中，在一定程度上承认共同遗嘱。例如，2018年6月11日北京市高级人民法院发布的《关于审理继承纠纷案件若干疑难问题的解答》指出：“以夫妻双方名义共同订立的处理夫妻共同财产的遗嘱，符合遗嘱形式要件的应为有效。当事人仅以遗嘱内容为一方书写，不符合代书遗嘱相关形式要件为由请求认定遗嘱无效的，人民法院不予支持。”“夫妻一方先死亡的，在世一方有权撤销、变更遗嘱中涉及其财产部分的内容；但该共同遗嘱中存在不可分割的共同意思表示，上述撤销、变更遗嘱行为违背该共同意思表示的除外。”

建设用地使用权合同纠纷案件裁判规则解析

谢　勇*

我国实行土地公有制，市场主体只能通过划拨、出让、租赁等形式获得建设用地的占有、使用和收益权，利用建设用地建造建筑物、构筑物及其附属设施。建设用地使用权人可以通过互换、出资、赠与、抵押等方式处分建设用地使用权。司法实践中遇到最多的纠纷类型是建设用地使用权出让合同纠纷和建设用地使用权转让合同纠纷。

一、建设用地使用权出让合同纠纷案件的审理

（一）国有建设用地使用权出让合同纠纷属于民事纠纷

国有土地使用权出让行为属于民事法律行为，故国有建设用地使用权出让合同纠纷属于民事纠纷。首先，建设用地使用权出让行为是平等的机关法人和其他民事主体之间的合同行为，属于平等的民事主体之间自愿开展的市场交易行为。建设用地使用权出让行为不具有强制性。市场行为本质上是合同行为，是以意思表示为核心的民事法律行为。其次，国家机关出让建设用地使用权行使的是民事权利。民法典物权编第五章专门对国家所有权作了规定。国家所有权包括对城市土地以及法律规定属于国家所有的农村和城市郊区的土地的所有权。国有建设用地所有权

* 最高人民法院民事审判第一庭法官。

中占有、使用、收益权能分离出来之后，形成一个独立的他物权，即国有建设用地使用权。民法典第二百四十六条第二款规定："国有财产由国务院代表国家行使所有权"。国务院根据行政管理需要，将此权利授予相应的土地管理部门来行使。土地管理部门与市场主体签订建设用地使用权出让合同，本质上是代表国家行使国家对国有建设用地的所有权。最后，行政机关在国有建设用地使用权出让合同关系中，属于机关法人，是民事主体。根据民法典第九十七条规定，机关法人可以从事为履行职能所需要的民事活动。

（二）国有建设用地使用权出让合同的订立

1. 国有建设用地使用权出让合同的订立主体

根据城市房地产管理法第十五条第二款的规定，"土地使用权出让合同由市、县人民政府土地管理部门与土地使用者签订"。市、县人民政府土地管理部门在国有建设用地使用权出让合同中属于出让人，其作为机关法人，在国有建设用地使用权出让合同中与土地使用者是平等的民事主体。双方在平等、自愿的基础上建立国有建设用地使用权出让合同关系。根据民法典第九十七条规定，机关法人只能从事为履行职能所需要的民事活动。其他机关法人作为出让人超出履行职能所需要签订的土地使用权出让合同应被认定为无效。对此，《最高人民法院关于审理涉及国有土地使用权合同纠纷案件适用法律问题的解释》（2020年修正，以下简称《国有土地使用权合同解释》）第二条规定："开发区管理委员会作为出让方与受让方订立的土地使用权出让合同，应当认定无效。本解释实施前，开发区管理委员会作为出让方与受让方订立的土地使用权出让合同，起诉前经市、县人民政府自然资源主管部门追认的，可以认定合同有效。"

2. 国有建设用地使用权出让合同的标的物

国有建设用地使用权出让合同的标的是国有建设用地使用权，以国有建设用地为标的物。如果集体所有土地未成为国有土地，不能成为国有建设用地使用权出让合同的标的物。城市房地产管理法第九条规定："城市规划区内的集体所有的土地，经依法征收转为国有土地后，该幅国有土地的使用权方可有偿出让，但法律另有规定的除外。"无论是城市规划区内的集体所有土地还是农村地区的集体所有土地，均不能作为国有建设用地使用权出让合同的标的物。

3. 国有建设用地使用权出让合同的订立方式

出让国有建设用地使用权处分的是国家所有权中的用益权能，并由相应的机关法人代为行使所有权。这种代理行为会产生代理成本，代理人可能基于自身利益最大化而作出损害被代理人利益的行为。降低代理成本的一个有效方式是提高交易的透明度，进行公开竞价。根据民法典第三百四十七条的规定，工业、商业、旅游、娱乐和商品住宅等经营性用地以及同一土地有两个以上意向用地者的，应当采取招标、拍卖等公开竞价的方式出让。上述强制性规定承载的是国家利益和市场秩序，违反此规定将导致国有建设用地使用权出让合同无效。如果不能采取拍卖、招标等公开竞价的方式出让，可以采取双方协议方式出让土地使用权，但双方约定的出让金不得低于按国家规定所确定的最低价。《国有土地使用权合同解释》第三条规定："经市、县人民政府批准同意以协议方式出让的土地使用权，土地使用权出让金低于订立合同时当地政府按照国家规定确定的最低价的，应当认定土地使用权出让合同约定的价格条款无效。当事人请求按照订立合同时的市场评估价格交纳土地使用权出让金的，应予支持；受让方不同意按照市场评估价格补足，请求解除合同的，应予支持。因此造成的损失，由当事人按照过错承担责任。"

4. 国有建设用地使用权出让合同的形式和内容

国有建设用地使用权出让合同属于要式合同，应当采用书面形式。民法典第三百四十八条规定："通过招标、拍卖、协议等出让方式设立建设用地使用权的，当事人应当采用书面形式订立建设用地使用权出让合同。建设用地使用权出让合同一般包括下列条款：（一）当事人的名称和住所；（二）土地界址、面积等；（三）建筑物、构筑物及其附属设施占用的空间；（四）土地用途、规划条件；（五）建设用地使用权期限；（六）出让金等费用及其支付方式；（七）解决争议的方法。”

（三）国有建设用地使用权出让合同的履行

1. 使用权人应当依约定支付土地出让金等费用

国有建设用地使用权出让合同是双务有偿合同。依照合同约定支付土地出让金，是使用权人的基本义务。根据民法典第三百五十一条规定，建设用地使用权人应当依照法律规定以及合同约定支付出让金等费用。土地管理法第五十五条第一款规定：“以出让等有偿使用方式取得国有土地使用权的建设单位，按照国务院规定的标准和办法，缴纳土地使用权出让金等土地有偿使用费和其他费用后，方可使用土地。”因此，使用权人支付土地出让金应当先履行。根据城市房地产管理法第十六条规定，土地使用者未按照出让合同约定支付土地使用权出让金的，土地管理部门有权解除合同，并可以请求违约赔偿。

2. 土地管理部门应当履行交付土地和办理建设用地使用权登记的义务

土地管理部门负有依合同约定向土地使用权人交付土地的义务。城市房地产管理法第十七条规定：“土地使用者按照出让合同约定支付土地使用权出让金的，市、县人民政府土地管理部门必须按照出让合同约定，提供出让的土地；未按照出让合同约定提供出让的土地的，土地使用者有权解除合同，由土地管理部门返还土地使用权出让金，土地使用者并可以请求违约赔偿。”根据该条规定，应当先由土地使用者按照出让合同约定支付土地使用权出让金，再由市、县人民政府土地管理部门按照出让合同约定，提供出让的土地。城市房地产管理法第二十条规定：“国家对土地使用者依法取得的土地使用权，在出让合同约定的使用年限届满前不收回；在特殊情况下，根据社会公共利益的需要，可以依照法律程序提前收回，并根据土地使用者使用土地的实际年限和开发土地的实际情况给予相应的补偿。”实践中，有的市、县人民政府土地管理部门所交付的土地因未完成拆迁，或者未达到可出让的条件，不符合合同约定，应当承担违约责任。

我国实行土地使用权登记发证制度。民法典第三百四十九条规定："设立建设用地使用权的，应当向登记机构申请建设用地使用权登记。建设用地使用权自登记时设立。登记机构应当向建设用地使用权人发放权属证书。"建设用地使用权的设立采登记生效主义，即建设用地使用权经登记方可设立，当事人仅签订建设用地使用权出让合同未依法登记的，建设用地使用权不能设立。城市房地产管理法第六十一条第一款规定："以出让或者划拨方式取得土地使用权，应当向县级以上地方人民政府土地管理部门申请登记，经县级以上地方人民政府土地管理部门核实，由同级人民政府颁发土地使用权证书。"第六十三条规定："经省、自治区、直辖市人民政府确定，县级以上地方人民政府由一个部门统一负责房产管理和土地管理工作的，可以制作、颁发统一的房地产权证书，依照本法第六十一条的规定，将房屋的所有权和该房屋占用范围内的土地使用权的确认和变更，分别载入房地产权证书。"根据上述规定，我国的建设用地使用权由县级以上人民政府登记造册。建设用地使用权人办理登记后，登记机构应当依法核发权属证书。只有办理了建设用地使用权登记后，使用权人才能获得建设用地使用权。土地使用权人获得建设用地使用权证书后，非因法定原因、未经法定程序不得注销。实践中，有的市、县人民政府土地管理部门擅自注销建设用地使用权证书，应当承担法律责任。

3. 使用权人不得擅自变更土地用途

我国对土地用途进行严格管制。土地使用权人应当按照土地规划的用途使用土地。民法典第三百五十条规定："建设用地使用权人应当合理利用土地，不得改变土地用途；需要改变土地用途的，应当依法经有关行政主管部门批准。"如果建设用地使用权人获得建设用地使用权后确需变更土地用途的，需要满足以下条件：一是经出让方同意，并经原审批单位批准。根据土地管理法第五十六条、城市房地产管理法第十八条和《国有土地使用权合同解释》第五条的规定，受让方经出让方和市、县人民政府城市规划行政主管部门同意，报原批准用地的人民政府批准，可改变建设用地使用权出让合同约定的土地用途。二是城市规划行政主管部门同意。根据土地管理法第五十六条规定，在城市规划区内改变土地用途的，在报批前，应当先经有关城市规划行政主管部门同意。三是由出让人与受让人变更国有建设用地使用权出让合同或者重新签订出让合同。根据城市房地产管理法第十八条的规定，土地使用者需要改变土地使用权出让合同约定的土地用途的，必须取得出让方和市、县人民政府城市规划行政主管部门的同意，签订土地使用权出让合同变更协议或者重新签订土地使用权出让合同。当事人签订土地使用权出让合同变更协议应当采用书面形式。四是按新用途调整土地出让金。根据城市房地产管理法第十八条规定，当事人签订土地使用权出让合同变更协议或者重新签订土地使用权出让合同的，相应调整土地使用权出让金。《国有土地使用权合同解释》第五条规定："受让方经出让方和市、县人民政府城市规划行政主管部门同意，改变土地使用权出让合同约定的土地用途，当事人请求按照起诉时同种用途的土地出让金标准调整土地出让金的，应予支持。"

（四）国有建设用地使用权出让合同的解除

当法律规定或者当事人约定的合同解除条件成就后，当事人有权解除合同。在当事人约定合同解除权的情形中，当事人对于解除合同的争议不大。实践中争议较多的是，在法律规定解除权的情形下，法定解除条件是否成就。根据民法典及相关司法解释的规定，在不可抗力、情势变更、拒绝履行、迟延履行经催告仍未履行、根本违约等情形下，当事人享有合同解除权。除关于合同解除权的一般规定外，建设用地使用权相关法规和司法解释还规定了当事人的法定解除权。首先，根据城市房地产管理法第十七条的规定，市、县人民政府土地管理部门未按照出让合同约定提供出让的土地的，土地使用者（受让方）有权解除合同。根据《国有土地使用权合同解释》第四条的规定，土地使用权出让合同的出让方因未办理土地使用权出让批准手续而不能交付土地的，受让方有权解除合同。其次，根据城市房地产管理法第十六条的规定，土地使用者未按照出让合同约定支付土地使用权出让金的，土地管理部门有权解除合同。最后，根据《国有土地使用权合同解释》第六条的规定，受让方擅自改变土地使用权出让合同约定的土地用途的，出让方有权请求解除合同。合同解除后，受让方应当返还建设用地、注销建设用地使用权登记、收回权利证书、退还土地出让金并由违约方承担违约金责任和赔偿责任。

（五）集体建设用地使用权出让合同

1. 集体经营性建设用地使用权出让合同的主体

集体经营性建设用地使用权出让合同的出让人是集体经济组织。农村集体经济组织作为集体经营性建设用地的所有权人，是出让合同的出让人。其他单位或个人为出让合同的受让人。与农村土地承包经营权人和宅基地使用权人原则上应当是本集体经济组织成员不同，集体经营性建设用地使用权出让合同的受让人不限于本集体经济组织成员。根据土地管理法第六十三条第二款规定，集体经营性建设用地使用权出让，应当经本集体经济组织成员的村民会议三分之二以上成员或者三分之二以上村民代表的同意。违反该集体决策规定的出让合同，损害了集体经济组织成员利益，应当认定为无效。

2. 集体经营性建设用地使用权出让合同的标的物

集体经营性建设用地使用权出让合同的标的物应当是集体建设用地。我国农村土地用途受到严格管理，并非所有的集体土地均可作为建设用地，亦非所有的集体建设用地均可作为集体经营性建设用地出让。根据土地管理法第六十三条第一款的规定，只有土地利用总体规划、城乡规划确定为工业、商业等经营性用途，并经依法登记的集体经营性建设用地才可作为集体经营性建设用地，出让其使用权。

3. 集体经营性建设用地使用权出让合同的形式和内容

根据土地管理法第六十三条第一款的规定，集体经营性建设用地的所有权人可以通过出让方式交由单位或者个人使用的，并且应当签订书面合同。集体经营性建设用地使用权出让合同应当载明土地界址、面积、动工期限、使用期限、土地用途、规划条件和双方其他权利义务等内容。

4. 集体经营性建设用地使用权出让合同的处理可参照关于国有建设用地使用权出让的相关规定

土地管理法第六十三条第四款规定，集体建设用地使用权的出让及其最高年限、转让、互换、出资、赠与、抵押等，参照同类用途的国有建设用地执行。具体办法由国务院制定。

二、建设用地使用权转让合同纠纷案件的审理

（一）出让土地使用权转让合同纠纷案件的审理

1. 建设用地使用权变更登记不是转让合同生效的条件

建设用地使用权转让合同是要式、诺成合同，自当事人形成书面的合意时成立并生效。根据民法典第三百五十四条的规定，建设用地使用权转让的，当事人应当采用书面形式订立相应的合同。《国有土地使用权合同解释》第八条规定："土地使用权人作为转让方与受让方订立土地使用权转让合同后，当事人一方以双方之间未办理土地使用权变更登记手续为由，请求确认合同无效的，不予支持。"因此，建设用地使用权是否进行变更登记不影响转让合同的成立和生效。

2. "一物多卖"型土地使用权转让合同纠纷的审理

司法实践中，有的土地使用权人作为转让方会就同一出让土地使用权订立数个转让合同。除非存在违反法律、行政法规强制性规定的情形，数个转让合同均应当认定为有效。在多个受让人要求履行合同的情况下，应当支持哪位受让人的请求呢？《国有土地使用权合同解释》第九条规定，对此问题应当区分以下情形分别处理：一是已经办理土地使用权变更登记手续的受让方，请求转让方履行交付土地等合同义务的，人民法院应予支持；二是受让方均未办理土地使用权变更登记手续，已先行合法占有投资开发土地的受让方请求转让方履行土地使用权变更登记等合

同义务的，人民法院应予支持；三是受让方均未办理土地使用权变更登记手续，又未合法占有投资开发土地，先行支付土地使用权转让款的受让方请求转让方履行交付土地和办理土地使用权变更登记等合同义务的，人民法院应予支持；四是合同均未履行，依法成立在先的合同受让方请求履行合同的，人民法院应予支持。未能取得土地使用权的受让方有权请求解除合同，并请求转让方承担赔偿损失等违约责任。

3. 明为合作实为建设用地使用权转让合同纠纷的审理

民法典以合同标的类型不同作为区分不同有名合同的标准。当事人所签订合同名实不符的，应当依据合同所约定的权利义务来确定当事人之间合同的性质。《国有土地使用权合同解释》第二十一条规定："合作开发房地产合同约定提供土地使用权的当事人不承担经营风险，只收取固定利益的，应当认定为土地使用权转让合同。"

4. 建设用地使用权转让中应坚持"房地一体"原则

建设用地使用权之效用是将建设用地用于建设建筑物、构筑物。在实物上，一旦建筑物和构筑物等建成后，其与建设用地不可分离。在法益上，建设用地使用权与建设用地上的建筑所有权亦不宜分别由不同的民事主体享有。对此，民法典第三百五十六条规定："建设用地使用权转让、互换、出资或者赠与的，附着于该土地上的建筑物、构筑物及其附属设施一并处分。"第三百五十七条规定："建筑物、构筑物及其附属设施转让、互换、出资或者赠与的，该建筑物、构筑物及其附属设施占用范围内的建设用地使用权一并处分。"这两条规定确定了"房随地走""地随房走"原则。

"房地一体"体现在交易的各个方面。在物的原始取得方面，民法典第三百五十二条规定："建设用地使用权人建造的建筑物、构筑物及其附属设施的所有权属于建设用地使用权人，但是有相反证据证明的除外。"在物的继受取得方面，根据民法典第三百五十六条和第三百五十七条规定，无论是转让建设用地使用权还是转让建筑物所有权，均应当坚持"房地一体"原则。如果建筑物所有权和建设用地使用权分属不同的权利人，在转让时亦应一并转让，转让的价款应当由相应的权利人依据建筑物和建设用地使用权的价值进行分配。

5. 项目开发不是建设用地使用权转让合同的生效条件

城市房地产管理法第三十九条第一款第二项规定：“以出让方式取得土地使用权的，转让房地产时，应当符合下列条件：……（二）按照出让合同约定进行投资开发，属于房屋建设工程的，完成开发投资总额的百分之二十五以上，属于成片开发土地的，形成工业用地或者其他建设用地条件。”如果当事人签订建设用地使用权转让合同时不具备上述转让条件，是否会导致转让合同无效，在实践中存在不同认识，倾向性意见认为，不影响转让合同的效力。对该问题有两种解释路径：一是认为上述规定不属于效力性强制性规定，违反该规定不导致合同无效；二是该规定针对的是发生物权变动的物权行为①，而不针对产生给付义务的债权行为，虽然在签订转让合同时上述条件还不具备，但这并不意味着在合同签订后该条件永远不会具备，这种情况属于合同标的一时法律不能，不影响合同效力。转让合同成立生效后，在合同约定的履行期限届满时，前述条件仍不具备的，合同履行在法律上不能，不能产生物权变动之效果，应当由当事人承担违约责任。

（二）划拨土地使用权转让合同纠纷案件的审理

1. 审批不影响划拨土地使用权转让合同的效力

城市房地产管理法第四十条规定：“以划拨方式取得土地使用权的，转让房地产时，应当按照国务院规定，报有批准权的人民政府审批。有批准权的人民政府准予转让的，应当由受让方办理土地使用权出让手续，并依照国家有关规定缴纳土地使用权出让金。以划拨方式取得土地使用权的，转让房地产报批时，有批准权的人民政府按照国务院规定决定可

---

① 本文所称物权行为是指直接产生物权产生、变更、消灭之效果的行为。该行为是否为民事法律行为，是否需以具有物权产生、变更、消灭之效果意思为要件在所不论，以避免学理上关于债权行为与物权行为区分原则和无因性原则的争议。

以不办理土地使用权出让手续的，转让方应当按照国务院规定将转让房地产所获收益中的土地收益上缴国家或者作其他处理。”未经审批而签订的划拨土地使用权转让合同是否有效，司法实践的认识经历了一个发展变化的过程。《国有土地使用权合同解释》（法释〔2005〕5号）第十一条规定：“土地使用权人未经有批准权的人民政府批准，与受让方订立合同转让划拨土地使用权的，应当认定合同无效。但起诉前经有批准权的人民政府批准办理土地使用权出让手续的，应当认定合同有效。”从交易过程上看，当事人应当先签订划拨土地转让合同再申请有批准权的人民政府批准。如果以土地使用权人未经有批准权的人民政府批准为由，认定转让划拨土地使用权的合同无效，就会存在悖论：只能依据无效合同申请审批。在有批准权的人民政府批准前，划拨土地使用权转让合同的标的并非确定、永久不能，而属于一时法律不能。合同签订后，当事人依约定和法律规定申请办理审批手续即可。城市房地产管理法第四十条规定可理解为对直接产生物权变动效果的物权行为的效力性规定，违反该规定，不产生物权变动之效果。如果在合同约定的履行期限届满时，未能完成审批手续，合同确定履行不能，则由当事人承担违约责任。因此，2020年清理民事司法解释时，《国有土地使用权合同解释》原第十一条规定被删除。据此，审批不影响划拨土地使用权转让合同的效力。

2. 划拨土地使用权转让后土地出让金和土地收益的处理

划拨土地使用权转让包括两种形式：一是将划拨土地变为出让土地，由受让人缴纳土地使用权出让金；二是不改变划拨地的性质，受让人不用缴纳土地使用权出让金。使用权人系无偿取得划拨土地使用权，划拨土地使用权变更为出让土地使用权后，使用权人应当补交土地出让金。根据城市房地产管理法第四十条的规定，有批准权的人民政府准予转让划拨土地上的房地产的，应当由受让方办理土地使用权出让手续，并依照国家有关规定缴纳土地使用权出让金。该出让金应当支付给国家机关而非转让人。同时，有批准权的人民政府按照国务院规定批准转让划拨土地使用权时决定可以不办理土地使用权出让手续的，转让方应当按照国务院规定将转让房地产所获收益中的土地收益上缴国家或者作其他处理。

3. 划拨土地使用权转让合同中转让人与受让人之间补偿法律关系的处理

关于划拨地使用权转让人与受让人之间的关系，应当依据《国有土地使用权合同解释》第十条和第十一条规定处理。土地使用权人与受让方订立合同转让划拨土地使用权，起诉前经有批准权的人民政府同意转让，并由受让方办理土地使用权出让手续的，或者起诉前经有批准权的人民政府决定不办理土地使用权出让手续，并将该划拨土地使用权直接划拨给受让方使用的，土地使用权人与受让方订立的合同可以按照补偿性质的合同处理。实践中要注意，土地出让金或土地收益归国家所有或按法律规定处理，而土地使用权转让人在此之外获得的补偿性收益归土地使用权转让人。

三、审判实践中的疑难问题

（一）关于提前锁定国有建设用地使用权出让金合同的效力

民法典第三百四十七条第二款规定："工业、商业、旅游、娱乐和商品住宅等经营性用地以及同一土地有两个以上意向用地者的，应当采取招标、拍卖等公开竞价的方式出让。"实践中，有的市、县人民政府或者相关政府机关提前与使用权人约定建设用地使用权出让金数额，使用权人再参与建设用地使用权的招标、拍卖、挂牌等公开竞价。如果公开竞价高于事先约定的土地出让金金额，就由政府机关返还或者变相返还建设用地使用权出让金。这种交易模式损害国家利益、建设用地使用权出让秩序和其他公开竞价人的公平竞争权益，当事人关于提前锁定建设用地使用权出让金和返还、变相返还国有建设用地使用权出让金的约定应当认定为无效。

（二）关于土地一级开发合同的效力

土地一级开发是指政府或其授权委托的企业，对一定区域范围内的城市国有土地、乡村集体土地（生地）进行统一的征地、拆迁、安置、补偿，并进行适当的市政配套设施建设，使该区域范围内的土地达到“三通一平”“五通一平”或“七通一平”的建设条件（熟地），并由政府或其授权委托的企业支付相应对价的土地开发行为。市场化开展土地一级开发有利于土地市场健康发展，但是土地一级开发的对价不能直接与建设用地使用权出让金挂钩，即由投资开发方参与建设用地使用权出让金的分成或者直接用建设用地使用权出让金抵顶开发费用。因为建设用地使用权出让金的收取、使用由法律规定，不能任意处分，同时也要防范此类交易中的道德风险，防止恶意串通损害国家利益的行为，维护建设用地使用权出让市场秩序。

（三）关于迟延缴纳土地出让金的违约金调整

实践中，有的建设用地使用权受让人在签订建设用地使用权出让合同后，迟延缴纳土地出让金。建设用地使用权出让合同通常约定了受让人迟延缴纳土地出让金的，应当依约定承担支付违约金责任。当受让人依据民法典第五百八十五条第二款规定，主张合同约定的违约金过分高于所造成的损失，请求人民法院予以适当减少时，人民法院应慎重处理，注意保护国家利益、维护交易秩序。《国务院办公厅关于规范国有土地使用权出让收支管理的通知》（国办发〔2006〕100 号）第七条及《财政部、国土资源部、中国人民银行关于印发〈国有土地使用权出让收支管理办法〉的通知》第三十四条都明确规定，对国有土地使用权人不按土地出让合同、划拨用地批准文件等规定及时足额缴纳土地出让收入的，应当按日加收违约金额 1‰的违约金。上述规定表明，迟延缴纳土地出让金的违约金责任的制度价值不仅在于弥补损失，更在于加强土地市场调控，提高土地利用效率，保证国家及时取得土地收益并投入国家建设。因此，为维护公共利益和国有土地使用权出让市场秩序，人民法院在依法调减迟延缴纳土地出让金的违约金时，应当充分考虑上述规定精神。

关于彩礼返还纠纷中的法律问题研究

王　丹*

"彩礼"是我国民间的一种习惯称呼，也被称为"聘礼""纳彩"等，来源于我国古代婚姻制度中的"六礼"。作为中国传统嫁娶礼仪，彩礼有着深厚的社会文化基础。但是，近年来，随着经济社会发展，尤其是农村人口结构比例变化，彩礼数额持续走高，甚至出现互相攀比现象，导致婚姻关系物化，严重影响了社会的和谐稳定。"高价彩礼"因此成为社会的一大痛点。尤其是在一些农村偏远地区，这一问题更为突出。2023年"中央一号文件"《中共中央、国务院关于做好2023年全面推进乡村振兴重点工作的意见》再次专门提出要"扎实开展高价彩礼、大操大办等重点领域突出问题专项治理"。遏制高价彩礼陋习、培育文明乡风是社会的共同期盼。

一、彩礼纠纷现状

（1）彩礼数额持续走高且形式多样。各省由于经济发展水平、风俗习惯等不同，彩礼数额有差别。比如，陕西省结婚彩礼一般为3万元至15万元。黑龙江省和安徽省结婚彩礼在10万元左右，江苏省和广东省经济发达的地市有的结婚彩礼则高达几十万元甚至更多。但总的特点是彩礼主要存在于农村，并且逐年上涨，远远超过当地农村年平均收入水平。

* 最高人民法院民事审判第一庭法官。

彩礼形式多样，除金钱外，还包括房屋、车辆、金银首饰等贵重财物。

（2）大多数男女双方已共同生活。从婚姻缔结程序来看，绝大部分男女双方已按农村习俗举办了婚礼或已经同居生活，办理结婚登记手续的也占一定比例。少部分女方已有怀孕、生育孩子的情形。已经共同生活的案件中，一般共同生活时间较短。

（3）绝大部分系女方提出离婚或解除婚约。绝大多数离婚纠纷或婚约财产纠纷案件中，都是由女方提出离婚或解除婚约，男方不同意，离婚或解除婚约原因多为家庭琐事、性格不合、身体健康等。

二、审判实践常见问题

（1）诉讼主体不清晰。彩礼多数是在媒人、亲朋在场的情况下给付，也有少数通过转账等方式给付，可能是由亲朋转交，也可能是直接交予女方或其父母。对于金银首饰等女方个人权属色彩较浓的物品，一般认定由女方返还；对于其他彩礼，因接收方的不确定性使得法院在认定诉讼主体时存在不明确之处。审判实践中，一般将订立婚约的男女以及双方父母作为诉讼主体，这种做法从司法实践效果来看，符合彩礼的习惯做法，也有利于查明案件事实和案件的执行，但是容易激化矛盾，不利于调解案件。

（2）彩礼范围界定存在争议。彩礼通常是指男女双方以缔结婚姻为目的，按照当地民间习俗或习惯做法，由一方（通常是男方）或其家庭成员给付另一方或其家庭的礼金及贵重物品。但由于各地风俗习惯不同，人们对于彩礼的认知存在很大差异，特别是在具体案件中，由于当事人双方立场、诉求及利益的不同，对于哪些财物应当计入彩礼范围，哪些财物属于赠与或正常往来，陪嫁物品如何折价等，均存在争议。主要争议在于彩礼与一般赠与的区别，这也决定了当结婚目的无法实现时，给付方是否有权主张返还的问题。婚约财产纠纷中，就双方之间的给付，主张返还彩礼一方（通常为男方）往往将其交付或者支出的所有费用均主张为彩礼性质要求返还；女方往往仅认可“聘礼”部分的金额，其余部分如“三金”“见面礼”“改口费”等均主张为赠与性质。这导致实践中彩礼数额难认定。

（3）男女双方共同生活情况下判决返还彩礼无明确法律依据。《最高人民法院关于适用〈中华人民共和国婚姻法〉若干问题的解释（二）》［以下简称《婚姻法解释（二）》］第十条规定了彩礼返还问题。[①]《最高人民法院关于适用〈中华人民共和国民法典〉婚姻家庭编的解释（一）》［以下简称《婚姻家庭编解释（一）》］沿袭了《婚姻法解释（二）》第十条规定，内容未作修改。该条对彩礼返还规定的条件非常严格，仅在双方未办理结婚登记（司法实践还要求“且未共同生活”）、双方办理结婚登记但确未共同生活或者彩礼给付导致给付人生活困难情况下才支持返还的请求。但是，近些年来，给付了彩礼的男女双方大部分已经办理结婚登记并已共同生活，实践中对导致给付人生活困难掌握的标准又非常严格，使得大多数案件均无法适用《婚姻法解释（二）》第十条第一款。对于虽办理结婚登记，但同居生活时间较短，彩礼数额较大，男方无明显过错的情形下，女方提出离婚，是否能根据具体情况，按比例适当返还彩礼，无明确具体的法律依据。但是，如果对相关返还彩礼的诉讼请求完全不予支持，会导致双方利益明显失衡，严重影响社会和谐稳定，甚至可能对乡村振兴和脱贫攻坚等国家重大战略部署产生一定影响。因此，有必要明确特定情形下彩礼的返还条件和比例。

（4）“高价彩礼”的界定难。中央多次提出要治理“高价彩礼”问题，但实践中，判断彩礼是否属于“高价”，并没有明确的参考标准。从法律规定看，民法典虽未对彩礼问题予以明确规定，但亦未否认彩礼本身的合法性。根据民法典第十条的规定，处理民事纠纷，应当依照法律；法律没有规定的，可以在不违背公序良俗的前提下，适用习惯。如前所述，合理范围内的彩礼属于“习惯”范畴，应当尊重其所承载的文化因

---

① 该条规定：“当事人请求返还按照习俗给付的彩礼的，如果查明属于以下情形，人民法院应当予以支持：（一）双方未办理结婚登记手续的；（二）双方办理结婚登记手续但确未共同生活的；（三）婚前给付并导致给付人生活困难的。适用前款第（二）项、第（三）项的规定，应当以双方离婚为条件。”

素和社会功能，法律不宜一概否定。因此，治理的对象是“高价彩礼”，而非彩礼本身。但彩礼作为习惯，必然根植于当地的社会生活，而我国幅员辽阔，有的地方“百里不同俗”，因此，很难确定一个统一的“高价”标准。

三、解决路径探索

“高价”彩礼规范得好不好，在一定程度上影响着农村社会的稳定，影响脱贫攻坚成果的巩固和乡村振兴战略的实施。同时，让婚俗回归本心、让婚姻回归本质，也是社会主义核心价值观的应有之义。笔者对当前应进一步厘清的问题作了以下思考。

（一）关于给付彩礼的性质

关于给付彩礼行为的性质，理论上认识不一，各国或地区的司法实践做法亦不同。例如，在日本，理论上有证约定金说、附解除条件的赠与说、目的赠与说、证约定金兼有婚姻准备资金性质之赠与说等。原有附解除条件的赠与说为有力说，但后来则以成立婚姻为最终目的的赠与说为有力说。[①] 在我国台湾地区，多数学者主张附解除条件的赠与说。[②] 但是在司法实践中，原或认为其为附解除条件的赠与，或认为其为附有负担的赠与。后又认为，当事人接受聘礼，应系期待他日之履行婚约，应无先预想婚约不履行，而附以解除条件，对聘礼的返还预先为意思表示的情理，则以聘礼为附解除条件的赠与，与当事人的意思及实际的情形，似均有不符。将聘礼的接受解释为附负担的赠与，即无异于认为当事人因受领聘礼而负担结婚的义务，与婚姻的纯洁性，初已不合，更与婚约不得请求强迫履行的规定有所不符。于是，不再采上述二说。[③] 笔者

---

① 参见陈棋炎等：《民法亲属新论》，我国台湾地区三民书局 2004 年版，第 90~91 页，转引自余延满：《亲属法原论》，法律出版社 2007 年版，第 157 页。

② 参见史尚宽：《亲属法论》，中国政法大学出版社 2000 年版，第 138~139 页。

③ 参见陈棋炎等：《民法亲属新论》，我国台湾地区三民书局 2004 年版，第 91 页，转引自余延满：《亲属法原论》，法律出版社 2007 年版，第 157 页。

认为，以婚姻为最终目的的赠与说更为符合当事人的本意，也更能兼顾婚姻家庭关系的伦理性，给实践中需要考量的各种因素预留空间。虽然民法中单纯的目的或动机通常没有法律意义，但是，在将目的或动机作为法律行为的附款时，该目的和动机亦应受到法律保护。附解除条件的赠与说虽然可以从体系解释上与民法典第一百五十八条一致，但是，也存在如下两个问题：其一，如上所述，所附条件并非当事人本意，纯为法律拟制，而且，以婚姻不成作为合同解除条件亦存在限制当事人结婚自由之嫌；其二，根据民法典第一百五十九条的规定，附条件的民事法律行为，当事人为自己的利益不正当地阻止条件成就的，视为条件已成就；不正当地促成条件成就的，视为条件不成就。如果将彩礼的性质认定为附解除条件的赠与，则无法与结婚不成的情况下不考虑各方过错的基本理念协调。因为，一般认为，婚约的破裂没有真正的过错一方，婚约期间任何一方均有权改变主意不与对方结婚，这实际上也是为了防止出现不幸福的婚姻，缔结婚约的目的之一就是给当事人时间以对对方的感情进行考验。更何况现代离婚都不考虑双方是否有过错，解除婚约更无须考虑过错问题。[①] 因此，也就无法适用民法典第一百五十九条关于一方不正当地阻止条件成就或者不正当地促成条件成就的拟制情形。

既然给付彩礼的行为属于以婚姻为最终目的的赠与，当结婚不成时，最终目的无法实现，给付人自可请求受领人返还。而且，原则上应当全部返还。当然，如果有证据证明彩礼已经被用于举办婚礼、置办酒席、购置双方共同生活的物品或者已在双方共同生活中消费的，可以不予返还。另外，此种赠与行为既然以缔结婚姻为最终目的，在双方已经结婚的情况下，目的已经实现，原则上不应再予以返还。但是，婚姻毕竟是男女两性以永久共同生活为目的，因此，即便已经办理结婚登记，但是如果共同生活时间较短，则永久共同生活的目的并没有全部达成，部分返还亦有其合理性。

---

① 参见夏吟兰：《美国现代婚姻家庭制度》，中国政法大学出版社1999年版，第53页。

（二）关于彩礼返还的请求权基础

有观点认为，在婚约解除的情况下，给付彩礼一方享有的是不当得利返还请求权。对此，笔者认为，由于德国民法和我国台湾地区所谓的“民法”采物权行为理论，于是有所谓给付型不当得利，赠与人享有的自为不当得利返还请求权；但是，我国民法典并未采物权行为理论，因此，不能简单套用德国尤其是我国台湾地区的理论，认为赠与人享有的是不当得利返还请求权。参考未真正采物权行为理论的瑞士民法典规定①，赠与人请求受赠人返还财产的根据或其享有的权利应具体分析。当彩礼是实物且存在时，赠与人可基于物权请求权请求受赠人返还原物；当原物已转让他人且他人构成善意取得时，赠与人可基于不当得利请求权或侵权损害赔偿请求权，要求受赠人返还相应款项；当原物已经毁损、灭失时，赠与人只能基于侵权损害赔偿请求权，要求受赠人返还相应款项。当彩礼是金钱时，因金钱的交付导致了所有权的绝对转移，赠与人可基于不当得利请求权，要求受赠人还款。

（三）关于彩礼范围的界定

如前所述，审判实践中，彩礼与恋爱期间一般赠与不易区分。对此，笔者认为，既然法律没有明确规定彩礼，对涉彩礼纠纷案件审理的主要法源是习惯，那么在确定彩礼范围时，就要以当地群众普遍认可的彩礼内容为基础。具体来说，彩礼与恋爱期间一般赠与存在以下区别：一是发生阶段不同。恋爱期间的赠与发生在恋爱阶段，有些尚未谈及结婚；而彩礼发生在谈婚论嫁的特殊阶段，通常已经有较为明确的婚期。二是发生的原因不同。彩礼的给付一般是基于当地风俗习惯，直接目的是缔结婚姻；恋爱期间的赠与多是为了联络关系、增进感情，由一方自愿、无偿给予对方。三是数额或价值不同。彩礼所给付财物的数额或价值按照

---

① 瑞士民法典第94条规定：婚约双方的赠与物，在解除婚约时可请求返还；如赠与物已不存在，可依照返还不当得利的规定处理。

当地生活水平看，一般较大；而恋爱期间的赠与通常金额不高，以表情达意为主。总体而言，区分给付的财物是彩礼还是恋爱期间一般赠与，应结合当地是否有给付彩礼的习俗、给付的目的、给付的时间、给付金额的大小等因素进行判断。下列财物及消费支出不宜认定为彩礼：（1）当地并无给付彩礼的风俗习惯，一方在婚前自愿给付另一方的财物；（2）男女双方在交往期间，一方为表情达意而赠与对方的定情物、信物及其他财物；（3）男女双方在交往过程中请客花费等人情往来的消费性支出及其他维系发展情感的必要支出；（4）一方及家人在特定节日等时点给付对方和家人的礼物和礼金；（5）男女双方在筹备、举办婚礼过程中为款待、宴请亲友所支出的相关费用。

（四）关于彩礼返还的主体

在中国的传统习俗中，儿女的婚姻被认为是其终身大事，一般由父母操办，送彩礼也大都由父母代送，且多为家庭共同财产。因此，在确定彩礼返还主体时需要考虑习惯做法。实践中，涉及彩礼返还的，大体分为以下两种情况：第一种是男女双方办理结婚登记手续后，一方提起离婚诉讼，并在离婚诉讼中一并要求返还彩礼。由于离婚诉讼的诉讼主体只能是夫妻双方，因此，此类诉讼中，不宜将其他彩礼实际给付人、实际收受人列为诉讼当事人，而应以男女双方作为彩礼返还的权利人与义务人。一方以不是彩礼的实际收受人为抗辩，拒绝返还彩礼的，可以告知当事人另行起诉。第二种是男女双方未办理结婚登记手续，一方提起婚约财产纠纷诉讼，要求返还彩礼。此类案件，原则上以婚约双方当事人作为诉讼主体。但如前所述，实践中，彩礼的给付方和接受方并不限于婚约当事人，双方父母也可能参与其中，这符合习惯做法，因此，若婚约当事人与父母共同生活且以家庭财产给付彩礼的，当事人及其父母可作为共同原告；同样，接受彩礼的婚约当事人与其父母共同生活，彩礼直接交付给当事人父母并由其父母或者家庭实际使用的，接受彩礼的婚约当事人及其父母也可作为共同被告。

（五）关于彩礼返还的条件和比例

如前所述，现有的司法解释对于未办理结婚登记或未共同生活的情况明确规定了彩礼应予返还，但是对于已经共同生活（包括未办理结婚登记但已共同生活和已办理结婚登记且已共同生活）的情况未予规定。而目前彩礼返还纠纷中，该种情形占比较大，亟待予以规范。对此，笔者认为，双方已经结婚并共同生活的，原则上，给付彩礼目的已实现，不应再予以返还。但基于目前的国情，考虑到彩礼作为习惯所承载的社会功能，在彩礼数额较大，而双方结婚时间较短，且男方无明显过错的情况下，可以酌情适当返还，以妥善平衡双方利益。如果给付彩礼一方存在家庭暴力、吸毒赌博恶习等过错的，一般可不予返还。确定是否返还彩礼以及返还比例时，应当考虑以下因素：共同生活时间、生育情况、彩礼数额、彩礼使用情况。

1. 共同生活时间

在处理彩礼返还纠纷时，共同生活时间应当作为确定返还比例的首要考虑因素。彩礼以缔结婚姻为最终目的，而婚姻是男女双方以永久共同生活为目的的一种社会关系，而非简单地办理结婚登记一个即时的行为。因此，是否共同生活以及共同生活时间长短对于彩礼是否返还以及具体的返还比例有重要影响。司法实践中，在具体适用《婚姻家庭编解释（一）》第五条第一款第一项时，不仅要求双方未办理结婚登记手续，还要求“未共同生活”。因为有些情况下，虽然未办理结婚登记，没有法律上的夫妻关系，但是双方可能已经在当地举办婚礼并已经共同生活，此时，双方已具有婚姻的实质内容，要求全部返还彩礼，不符合习惯做法。总而言之，双方未共同生活，无论是否办理结婚登记手续，原则上均应返还彩礼；双方共同生活一段时间的，根据时间长短，确定返还比例；双方共同生活三年以上的，原则上不再予以返还。

2. 生育情况

生育是婚姻的重要内容，也是中国传宗接代传统观念的重要体现。

生育子女，对男方来说有一定慰藉，对女方身心又有较大影响。因此，生育情况应当作为是否返还彩礼的重要考量因素。一般来说，已经生育子女的，原则上彩礼不应当予以返还。

3. 彩礼数额

彩礼以缔结婚姻为目的，但彩礼无法保障婚姻长久。在当事人已经办理结婚登记并共同生活的情况下，给付彩礼的目的已经实现，一般不宜再判决返还。但是，在彩礼数额远远超出当地年人均收入和家庭经济承受能力的情况下，彩礼已经失去其本身承载的功能限度，甚至异化为借婚姻索取财物。而民法典是明确禁止借婚姻索取财物的，因此，彩礼数额过高的，应当予以返还。

4. 彩礼实际使用情况

将彩礼实际使用情况作为彩礼返还的考量因素，关键在于查明彩礼是作为双方共同消耗，还是接受彩礼一方单方使用。如果彩礼用于双方共同生活、购置共同财产或者办婚礼酒席消费等，在彩礼返还时应当将该部分予以扣除。

（六）关于“导致给付人生活困难”的认定

“导致给付人生活困难”一般应指给付彩礼的一方婚前举债给付、婚后无经济来源偿还债务，或者是婚前用家庭财产给付、婚后无固定经济来源、依靠自己的力量无法维持最基本的生活水平，即给付人因婚前给付彩礼导致其生活依靠个人财产和离婚分得的财产都不足以维持当地最低基本生活水平。生活困难需根据给付彩礼的数额、给付人的生活来源及家庭状况、当地生活水平等因素综合考虑，参照当地最低生活保障标准合理确定。若因给付彩礼，导致给付人及其家庭背负高额债务，虽然给付人的收入能维持基本生活，但无经济来源偿还债务的，仍然可以有条件地支持一方要求返还彩礼的诉讼请求。

（七）关于“高价”彩礼的判断

全国各地经济发展水平不同，因此，判断彩礼是否属于“高价”，不宜一概而论，应考虑各种因素综合确定。笔者归纳如下：一是根据当地经济收入、消费水平和风俗习惯，确定彩礼一定幅度的上限金额或上限比例。比如，可以规定以不超过上一年度当地城镇居民人均可支配收入三至四倍为限。若当事人支付彩礼的金额高于上限金额或上限比例，可认定该彩礼属于“高价”彩礼（当事人家境富裕且自愿支付巨额彩礼的除外）。对于超出上限金额的部分，在已经共同生活的情况下，应考虑共同生活时间等因素酌情返还。二是通过审查给付方的经济来源、收入高低等，判断所给付的彩礼价值金额对于给付方家庭经济总量而言是否占比过高、负担过重。同时，引导民众树立正确的婚姻观念，摒弃彩礼攀比之风，引领社会新风尚。

【地方法院调研】

关于执行程序中的异议之诉案件的调研

浙江省高级人民法院联合课题组*

民事诉讼法和相关司法解释设立的一种特殊的执行救济制度——执行程序中的异议之诉①，包括民事诉讼法第二百三十四条、《最高人民法院关于适用〈中华人民共和国民事诉讼法〉的解释》（以下简称《民诉法解释》）第三百零二条至第三百零四条规定的执行异议之诉（含案外人执行异议之诉和申请执行人执行异议之诉）、《最高人民法院关于适用〈中华人民共和国民事诉讼法〉执行程序若干问题的解释》第十八条规定的执行分配方案异议之诉和《最高人民法院关于民事执行中变更、追加当事人若干问题的规定》（以下简称《变更追加当事人规定》）第三十二条规定的追加变更被执行人异议之诉三大类，以维护当事人以及案外

---

* 课题组负责人：孙公幸，浙江高院审委会专职委员；成员：赵江涛，浙江高院审监一庭庭长；刘国华，浙江高院审监一庭副庭长；沈伟，浙江高院审监一庭审判员。本课题系浙江高院2022年全省法院重点调研课题，课题参与单位还包括杭州中院、宁波中院、绍兴中院、丽水中院、温州瓯海法院和嘉兴海宁法院。

① 本调研报告所指执行程序中的异议之诉与《民事案件案由规定》五十四类二级案由“执行程序中的异议之诉”一致，包括民事诉讼法第二百三十四条、《最高人民法院关于适用〈中华人民共和国民事诉讼法〉的解释》第三百零二条至第三百零四条规定的执行异议之诉（含案外人执行异议之诉和申请执行人执行异议之诉）、《最高人民法院关于适用〈中华人民共和国民事诉讼法〉执行程序若干问题的解释》第十八条规定的执行分配方案异议之诉和《最高人民法院关于民事执行中变更、追加当事人若干问题的规定》第三十二条规定的追加变更被执行人异议之诉三类。唯就《最高人民法院关于公证债权文书执行若干问题的规定》第二十二条规定的债务人提起的申请不予执行公证债权文书诉讼，因案件数量极少，未纳入本次调研的执行异议之诉范围。

人的合法权益。此类案件横跨执行与审判，程序和实体问题并存，争议大、化解难、矛盾对立明显，成为当前民事审判的难点。为此，浙江省高级人民法院成立联合课题组以全省法院2019年至2021年审结的7141件执行程序中的异议之诉案件为样本，分析此类案件审理情况，剖析实践面临的问题与困难，提出相关完善的对策建议，以进一步规范此类案件审理，提升案件审判质效。

一、执行程序中的异议之诉案件概况

（一）案件总体情况

1. 案件类型及占比

2019年至2021年全省法院共审结执行程序中的异议之诉案件7141件，相较于2019年至2021年全省审结的200余万件民商事案件和执结的180余万件执行案件，案件总量较少（见表1）。其中执行异议之诉占86.04%（案外人执行异议之诉占72.19%和申请执行人执行异议之诉占13.85%），占执行程序中的异议之诉案件绝大部分；执行分配方案异议之诉和追加变更被执行人异议之诉分别占10.26%和3.7%，占比较少（见图1）。但在执行异议之诉和执行分配方案异议之诉三年案件数量均逐年缓慢下降的情况下，追加变更被执行人异议之诉案件数量上升明显，2020年比2019年上升9.5%，2021年比2020年上升34.57%。考虑到同期追加变更被执行人异议案件分别为1588件、1538件和1231件，[①] 这意味着当事人因对法院追加变更被执行人存在异议提起诉讼的比例从2019年的4.66%上升到2021年的8.85%。究其原因，主要是申请执行人对《变更追加当事人规定》及公司法相关规定的理解日益加深，《全国法院民商事审判工作会议纪要》（以下简称《九民会纪要》）确立非破产情

① 课题组以案由“执行异议”“《最高人民法院关于民事执行中变更、追加当事人若干问题的规定》”等为关键词，对中国裁判文书网中公开的2019年至2021年间全省基层法院变更、追加当事人执行异议案件进行检索，获得执行裁定公开文书4357份，因不包含未公开文书，仅起到相对参考作用。

形下的股东认缴出资加速到期规则后，在被执行人企业无法清偿债务的情况下，越来越多地选择申请追加公司股东作为被执行人以保护自身权益获得清偿。

表1　2019年至2021年全省法院执行程序中的异议之诉结案统计

年份	执行案件数（件）	执行程序中的异议之诉				
		案外人执行异议之诉（件）	申请执行人执行异议之诉（件）	执行分配方案异议之诉（件）	追加变更被执行人异议之诉（件）	合计（件）
2019	644489	1842	365	301	74	2582
2020	599060	1653	339	265	81	2338
2021	626059	1660	285	167	109	2221
合计	1869608	5155	989	733	264	7141

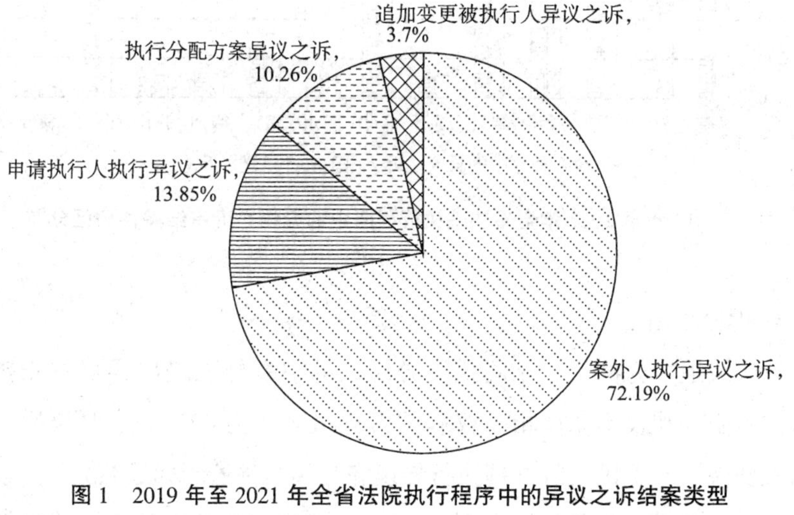

图1　2019年至2021年全省法院执行程序中的异议之诉结案类型

2. 案件地区分布

各地区执行程序中的异议之诉案件数量基本与该地区执行案件数量相匹配，执行案件较多的地区，执行程序中的异议之诉案件也较多。值得关注的是，个别地区近三年审结的执行异议之诉案件数量明显偏多，占全省执行异议之诉案件总量的 27.88%。主要原因在于该地区农村宅基地上房产、拆迁安置权益买卖较为盛行，存在大量跨县域甚至城镇居民购买农村宅基地上房产或者拆迁安置权益的交易，当地法院多认可其效力，但由于受政策限制，交易房产难以过户或者实际履行期限较长，导致相关房产或拆迁安置权益作为出卖人责任财产被执行后，受让人提起案外人执行异议之诉案件数量较多。

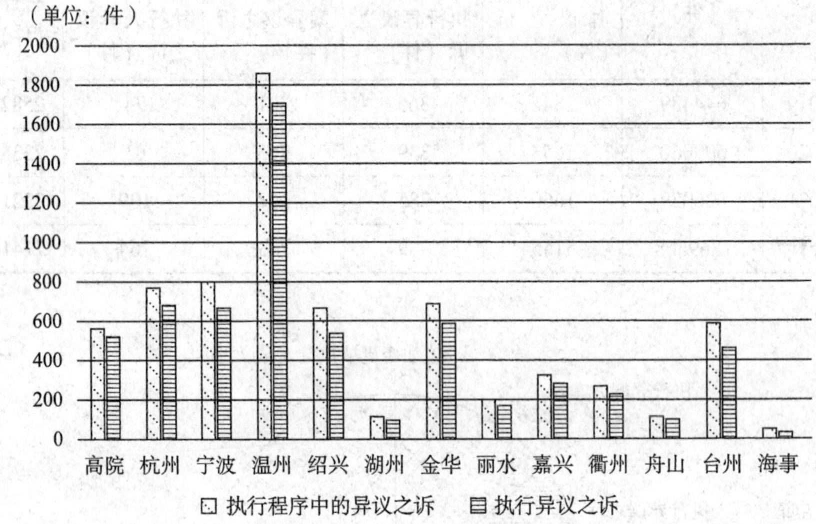

图 2　2019 年至 2021 年全省法院执行程序中的异议之诉审结案件地区分布

3. 诉讼事由

以宁波地区为例，三年间执行异议之诉中案外人提出异议主张排除执行的事由，涉及不动产相关权利的占比最高，为 42%，主要包括《最高人民法院关于人民法院办理执行异议和复议案件若干问题规定》（以下简称《执行异议复议规定》）第二十八条规定的不动产买受人物权期待权、第二十九条规定的消费者物权期待权以及第三十一条规定的租赁权；其次是特殊动产所有权，占比 28%，主要包括船舶和机动车；其他权利类型依次为建设工程价款优先权、股权、存款和有价证券所有权（见图 3）。追加变更被执行人异议之诉中当事人申请追加的事由类型更为集中，全省法院三年审结的203件追加变更被执行人异议之诉案件中，以股东未缴纳或未足额缴纳出资为由申请追加的案件占比最高，占48%，以股东抽逃出资和一人有限公司财产混同为由申请追加的案件分别列第二和第三位，分别占比28%和18%，三种事由占据了此类案件绝对多数，类型集中特点明显（见图4）。

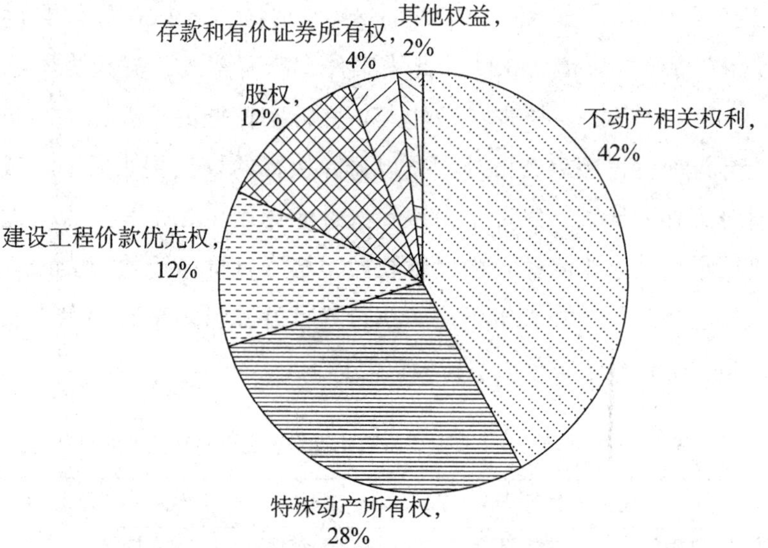

图3　2019年至2021年宁波地区执行异议之诉审结案件所涉民事权益类型

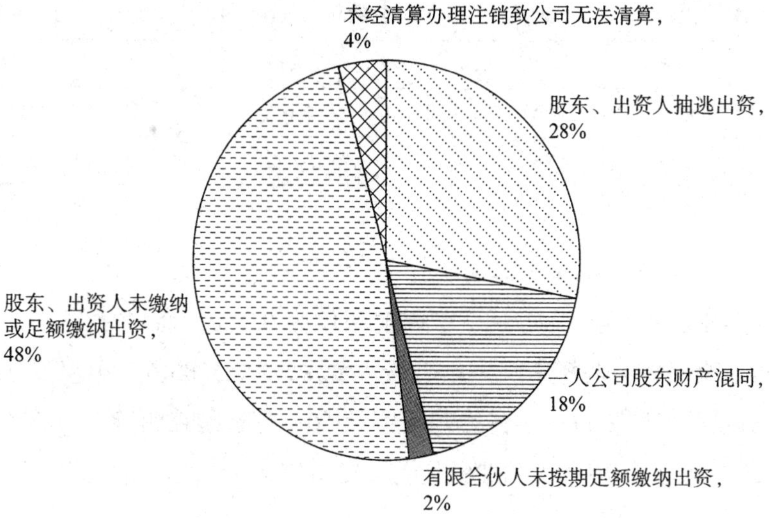

图4　2019年至2021年全省法院追加变更被执行人异议之诉审结案件追加事由类型

（二）案件审理情况

1. 原告胜诉率偏低

三年中，全省法院共审结执行异议之诉一审案件 3956 件，支持原告诉请案件 893 件，占 22.57%；其中案外人执行异议之诉一审案件 3314 件，支持原告诉请 750 件，占 22.63%；申请执行人执行异议之诉案件 642 件，支持原告诉请 143 件（此类案件意味着案外人异议也不成立），占 22.27%（见表 2）。原告（案外人）胜诉率偏低的主要原因在于：一是执行异议前置程序审查案外人据以排除执行的权利主张后，已裁定驳回了部分案外人异议，发挥了一定筛选过滤作用；二是案外人未能有效举证证明享有足以排除执行的民事权益，难以对抗申请执行人的合法金钱债权；三是部分案外人出于拖延执行等目的，明知享有的民事权益不能阻却执行，仍提起案外人执行异议之诉。

表 2　2019 年至 2021 年全省法院执行异议之诉一审案件统计

年份	案外人执行异议之诉			申请执行人执行异议之诉		
	结案量（件）	支持原告诉请（件）	占比	结案量（件）	支持原告诉请（件）	占比
2019	1249	297	23.78%	266	53	19.92%
2020	1074	230	21.42%	228	52	22.81%
2021	991	223	22.50%	148	38	25.68%
合计	3314	750	22.63%	642	143	22.27%

2. 矛盾激烈、纠纷化解难

三年中，执行异议之诉一审调解率仅为 0.5%，撤诉率为 28.46%；全部诉讼程序中，调解率仅为 0.63%，撤诉率为 25.85%。相较于近三年全省法院民事案件 29%左右的调解率及 50%左右的撤诉率，明显偏低。三年中，全省法院共受理执行异议之诉二审案件 1533 件，上诉率

38.75%，共受理申请再审案件297件，申请再审率[1]为7.5%；共受理执行分配方案异议之诉[2]二审案件151件，上诉率为27.21%，申请再审案件16件，申请再审率为2.88%（见表3至表5）。而同期全省法院民事案件上诉率在8.5%左右，申请再审率在1.4%左右。上述指标反映执行程序中的异议之诉案件矛盾冲突激烈，纠纷化解困难。究其原因有两点：一是申请执行人与案外人对特定执行标的均主张民事权益，被执行人多无其他责任财产，案件难以调解。部分高院出台的审理指南还基于此类案件涉及执行行为评价而明确规定禁止调解。[3] 二是执行程序中的异议之诉案件裁判规则存在不统一情况，当事人对裁判结果缺乏可预期性而选择穷尽诉讼程序。

表3　2019年至2021年全省法院案外人执行异议之诉二审、申请再审案件统计

年份	一审结案量（件）	撤诉（件）	占比	二审收案数（件）	上诉率	申请再审收案数（件）	申请再审率
2019	1249	344	27.54%	452	36.19%	75	6%
2020	1074	298	27.75%	422	39.29%	75	6.98%
2021	991	325	32.80%	401	40.46%	99	9.99%
合计	3314	967	29.18%	1275	38.47%	249	7.51%

表4　2019年至2021年全省法院申请执行人执行异议之诉二审、申请再审案件统计

年份	一审结案量（件）	撤诉（件）	占比	二审收案数（件）	上诉率	申请再审收案数（件）	申请再审率
2019	266	70	26.32%	99	37.22%	15	5.64%

① 由于数据来源限制，二审上诉率按当年二审收案数除以一审案件结案数估算得出，再审申请率以当年申请再审收案数除以一审案件结算数估算得出。

② 由于《民事案件案由规定》2020年12月29日第二次修改前，未将追加变更被执行人异议之诉作为单独案由予以规定，因此追加变更被执行人异议之诉案件2019年至2021年上诉率及申请再审率相关数据无法获得。

③ 例如，江苏省高级人民法院印发的《执行异议及执行异议之诉案件办理指南（一）》第一条第六款明文确立禁止调解原则。

（续表）

年份	一审结案量（件）	撤诉（件）	占比	二审收案数（件）	上诉率	申请再审收案数（件）	申请再审率
2020	228	45	19.74%	72	31.58%	13	5.7%
2021	148	44	29.73%	87	58.78%	20	13.51%
合计	642	159	24.77%	258	40.19%	48	7.48%

表5　2019年至2021年全省法院执行分配方案异议之诉二审、申请再审案件统计

年份	一审结案量（件）	二审收案数（件）	上诉率	申请再审收案数（件）	申请再审率
2019	232	64	27.59%	6	2.59%
2020	194	56	28.87%	4	2.06%
2021	129	31	24.03%	6	4.65%
合计	555	151	27.21%	16	2.88%

3. 案件疑难复杂，实体处理争议大

三年中，执行异议之诉二审发改率为12.81%，裁定再审率为25%；执行分配方案异议之诉二审发改率为28%，裁定再审率为13.79%；追加变更被执行人执行异议之诉二审发改率为18.2%（见表6至表8）。相较于同期全省法院民事案件平均二审发改率约10%，裁定再审率在20%左右，执行程序中的异议之诉二审发改率、裁定再审率相对偏高。究其原因有两点：一是此类案件缺乏明确统一的裁判规则，裁判尺度存在不统一情况；二是案件疑难复杂，个别法官业务能力不足，难以准确把握案件实体处理。

表6　2019年至2021年全省法院案外人执行异议之诉
二审案件发改与申请再审案件裁定再审情况统计

年份	二审结案数（件）	发改数（件）	二审发改率	申请再审结案数(件)	提审/指令（件）	裁定再审率
2019	455	46	10.11%	117	33	28.21%
2020	432	48	11.11%	143	24	16.78%
2021	390	56	14.36%	87	21	24.14%
合计	1277	150	11.75%	347	78	22.48%

表7　2019年至2021年全省法院申请执行人执行异议之诉
二审案件发改与申请再审案件裁定再审情况统计

年份	二审结案数（件）	发改数（件）	二审发改率	申请再审结案数(件)	提审/指令（件）	裁定再审率
2019	100	6	6%	13	6	46.15%
2020	84	29	34.52%	19	13	68.42%
2021	93	14	15.05%	17	2	11.76%
合计	277	49	17.69%	49	21	42.86%

表8　2019年至2021年全省法院执行分配方案异议之诉
二审案件发改与申请再审案件裁定再审情况统计

年份	二审结案数（件）	发改数（件）	二审发改率	申请再审结案数(件)	提审/指令（件）	裁定再审率
2019	61	21	34.43%	8	1	12.5%
2020	59	15	25.42%	4	1	25%
2021	30	6	20%	17	2	11.76%
合计	150	42	28%	29	4	13.79%

二、案件审理中存在的问题与困难

（一）程序区分难

1. 案外人行为异议与实体异议区分难，与破产程序衔接规则不明

行为异议与实体异议的区别并非泾渭分明，案外人基于实体权利提出的异议并非均适合导入执行异议之诉。例如，案外人以抵押权设立前的租赁权对抗执行，实体上无法支持，程序上应作为何种异议存在争议。司法实务中，因案外人并无区分两类异议的专业知识，经常一并提出实体异议和行为异议事由，或者仅要求“纠正违法的执行行为”，而未明确排除执行的民事权益类型或者在审理中不断变更异议事由，难以准确界定案外人异议性质，导致执行法院错误告知后续救济渠道，程序空转的情况时有发生。

同时，执行异议之诉与破产程序衔接规则不清。企业破产法第十九条规定，人民法院受理破产申请后，有关债务人财产的保全措施应当解除，执行程序应当中止。但企业破产法第二十条规定，人民法院受理破产申请后，已经开始而尚未终结的有关债务人的民事诉讼或者仲裁应当中止；在管理人接管债务人的财产后，该诉讼或者仲裁继续进行。最高人民法院也有生效裁判认为执行异议之诉继续审理对于确认债务人财产范围具有一定参考价值[①]，以何为准争议较大。

2. 执行分配方案异议之诉的适用范围不清，与破产程序的关系不明

一是企业法人是否适用执行分配方案异议之诉争议不断。根据《民诉法解释》第五百零六条、第五百一十四条的规定，适用执行分配方案异议之诉的被执行人范围限定为公民或者其他组织，企业法人作为被执行人不能清偿所有债务的，执行法院应当移送破产。但最高人民法院（2019）最高法民再146号民事裁定又认为，对于企业法人作为被执行人

① 详见最高人民法院（2019）最高法民终333号民事裁定。

的执行分配方案所涉实体争议应当允许当事人提起执行分配方案异议之诉，部分高院也持这一观点。[①] 二是如果企业法人适用执行分配方案异议之诉，参与分配的债权顺位，特别是劳动报酬债权、被执行人历史欠税债权的顺位能否参照适用企业破产法规定不明，争议很大。

3. 追加变更被执行人异议之诉与破产程序衔接规则不明

根据《最高人民法院关于适用〈中华人民共和国企业破产法〉若干问题的规定（二）》第二十二条规定，在被执行人破产的情形下，其股东因出资不实、财产混同等原因而承担的民事责任对应的财产应归入破产财产，而追加变更被执行人异议之诉如判决支持追加股东为被执行人，将直接导致股东对债权人的个别清偿，如何避免这一矛盾的规则不明；此外，一旦此类案件生效判决认定作为被执行人的企业“财产不足以清偿生效法律文书确定的债务”并判令追加股东为被执行人后，债权人是否可以根据该生效判决主张被执行人企业具备破产原因，申请企业破产，目前也缺乏相应规则。

（二）事实查明难

在执行异议之诉中，申请执行人并非案外人与被执行人法律关系的参与主体；在执行分配方案异议之诉中，参与分配的合法债权也相互独立；在追加变更被执行人异议之诉中，股东出资是否到位、财产是否独立于公司与执行依据并无直接关联。

以占比近半的涉不动产执行异议之诉为例，案外人往往根据《执行异议复议规定》第二十八条、第二十九条规定的物权期待权或第三十一条规定的租赁权要求排除执行。一方面，申请执行人并未参与案外人主张的买卖、租赁关系，甚至案外人提出异议前根本不知道存在相关法律关系，交易的真实性难以查明，申请执行人难以提供反驳证据；另一方面，不动产未办理过户、租赁合同未备案登记本身就是因为当初交易不

① 参见广东省高级人民法院《关于审查处理执行裁决类纠纷案件若干重点问题的解答》。

规范，欠缺对外公示，而案外人提起诉讼距离交易时间间隔较长，即使存在真实交易关系，也往往难以提供完整的款项支付、最初占有使用的证据材料。因此，法官往往难以查明买卖、租赁等关系的真实性，也难以形成内心确信。

（三）法律适用难

由于执行程序中的异议之诉涉及的问题日趋复杂，执行程序中的异议之诉同案不同判问题严重。

1. 执行异议之诉中足以排除强制执行的"民事权益"难以规范界定

《民诉法解释》第三百零九条至第三百一十一条规定了执行异议之诉中案外人需举证证明享有"足以排除强制执行的民事权益"，但是何种民事权益足以排除强制执行以及人民法院应以何种规范、标准作出判决尚未明确。各地高院虽在指导意见中以列举的方式将所有权、用益物权、担保物权、租赁权作为"足以排除强制执行的民事权益"，但标准把握仍存在差异,[①] 对于离婚协议、借名买房、以房抵债、隐名持股是否可以排除执行等常见争议问题，不同法院可能存在不同的处理方式。

2. 执行分配方案异议之诉中可参与分配的债权确定规则不明确

现行法律、司法解释对实践中常见的税务机关对被执行人历史欠缴税款是否可以参与分配、是否享有法定优先权，无执行依据的劳动报酬是否可以参与分配、有执行依据的劳动报酬是否属于优先债权、地方政府或职能部门垫付的劳动报酬能否优先参与分配，诉讼费是否属于优先债权等实体问题缺乏规定。

3. 追加变更被执行人异议之诉中未届出资期限的股东追加规则不清

公司法将公司注册资本实缴制修改为注册资本认缴制，但是现有公

① 《北京市高级人民法院关于审理执行异议之诉案件适用法律若干问题的指导意见（试行）》第6条将所有权、用益物权、租赁权以及股权明确列为异议事由；《浙江省高级人民法院关于审理案外人异议之诉和许可执行之诉案件的指导意见》第8条将基于共有关系的所有权、部分担保物权如质权和留置权也纳入异议事由的范畴之中；《黑龙江省高级人民法院关于审理执行异议之诉案件若干问题的解答》第9条对异议事由作出了更大范围的认定，将信托财产权、抵押权以及部分债权请求权也列入异议事由。

司法司法解释仍从以注册资本实缴制为基础的原公司法司法解释修改而来，未规定注册资本认缴制下认缴期限未届满的股东追加原则、范围，造成追加变更被执行人执行异议之诉是否可以适用《九民会纪要》第6条规定的出资加速到期规则，以及未届出资期限的股东在认缴期限届满前转让股权后是否仍应承担出资义务等问题，争议不断。

（四）利益平衡难

执行异议之诉是执行中两种合法民事权益之间的比较与对抗，最终只能保护一种民事权益，裁判结果非此即彼，不存在缓冲地带。在被执行人责任财产有限的情况下，支持一方，则另一方民事权益难以实现。如何妥善平衡各方主体享有的民事权益也是执行异议之诉案件的审理难点。

同时，部分财产的权属认定规则与人民群众的朴素正义观有出入，人民法院经常面对制度正义与个案正义的选择困境。比如，错汇银行账户款项的执行异议之诉案件，从制度正义角度看，错汇人对账户名义人享有不当得利之债与银行账户内资金归账户名义人所有的裁判规则并无根本冲突。但是个案中账户名义人往往已丧失清偿能力，一旦准许执行将导致错汇人只理论上享有债权，与人民群众朴素正义观存在冲突。

（五）执审衔接不畅

执行程序中的异议之诉系基于执行行为产生的诉讼程序，因此包括执行分配方案制作在内的执行行为规范化程度，将对案件审理产生重大影响。执行审查程序系执行异议之诉、追加变更被执行人异议之诉的法定前置程序，执行审查的程序选择、当事人列明、证据认证、事实认定等也直接影响上述两类诉讼的产生与顺利推进。

（六）惩戒机制缺失，防范打击难

1. 拖延执行惩戒机制缺失

从调研情况看，以执行程序中的异议之诉拖延执行主要表现为：（1）案外人在执行异议审查程序中选择性提交部分证据，待异议被裁定驳回提起案外人执行异议之诉后才提交完整证据，并坚持穷尽诉讼程序；（2）案外人作为承租人明知或在案证据足以证明其对不动产所享有的租赁权设立于申请执行人享有的抵押权等担保物权之后，或承租动产时明知出租人已将动产抵押给申请执行人，为延长租赁物使用期限，仍基于租赁权提出执行异议，被裁定驳回后坚持穷尽诉讼程序；（3）针对法院制作的执行分配方案，被执行人以对金额较小的债权存在异议等为由对分配方案提出异议，进而提起执行分配方案异议之诉，坚持穷尽诉讼程序。

目前，针对案外人利用执行异议审查程序、执行程序中的异议之诉拖延执行缺乏制裁手段，打击力度不足。虽然《民诉法解释》第三百一十三条第二款对被执行人与案外人恶意串通的情形作出规定，但是《民诉法解释》第一百零九条规定，对恶意串通的证明标准需达到“人民法院确信该待证事实存在的可能性能够排除合理怀疑的”程度，实践中较难认定，且这一规则对非恶意串通型的拖延执行行为并不适用。

2. 虚假诉讼甄别认定难

调研发现，追加变更被执行人异议之诉案件尚未发现存在虚假诉讼问题，执行异议之诉和执行分配方案异议之诉案件虚假诉讼主要表现为：（1）执行异议之诉案件中，被执行人与案外人通过虚构或者倒签合同以租赁、买卖、离婚分割等形式在不动产、动产标的上设定法律关系等，以享有合法权利等为由要求排除执行；（2）执行分配方案异议之诉案件中，被执行人与案外人串通虚构劳务关系或者劳动关系，或者将建设工程施工过程中的工程款债权、买卖合同债权伪造为农民工工资，取得生效裁判文书或调解书后，申请参与分配，以农民工工资属于劳动报酬应优先受偿为由对分配方案提出异议，进而提起执行分配方案异议之诉。

实践中，执行程序中的异议之诉虚假诉讼案件存在明显的甄别难、取证难问题。大部分执行程序中的异议之诉虚假诉讼案件是在当事人已构成虚假诉讼罪的前提下，由相关部门移送线索后才得以发现。其根源在于虚假诉讼行为人以提起诉讼的合法形式掩盖非法目的，采取的行为手段具有极强的欺骗性和隐蔽性。例如，案外人和被执行人合谋提供的证据往往较为充分，而重要证据的司法鉴定难度较大；申请执行人或其他债权人并非争议法律关系的参与主体，举证能力普遍不足；等等。故人民法院审查当事人是否构成虚假诉讼存在一定障碍。

（七）专业化审判力量不足

执行程序中的异议之诉案件不仅程序杂糅、事实查明难、法律适用难，而且所涉法律依据极为分散复杂。执行异议之诉中，案外人主张基于特定民事权益排除执行的实体法律依据涉及物权、合同、担保、公司、知识产权、婚姻家庭等诸多实体法领域。执行分配方案异议之诉中，可以申请参与分配的债权人包括有执行依据的债权人以及有优先权、担保物权的债权人，实体法律依据除了民法典物权编外，还包括税收征收管理法、海商法等相关规定。追加变更被执行人异议之诉实体法律依据主要为合伙企业法、公司法和公司法司法解释等。以上各种权益纵横交错，涉及执行、民事、商事、海事、破产等多个领域，准确判断和厘定当事人主张的民事权益以及顺位需要更为专业化的审判力量。目前，根据浙江法院的职能分工，执行程序中的异议之诉案件由审监庭或者负责民事审监职能的部门审理，但中基层法院的审监庭或者负责审监业务的综合审判庭不同程度存在人员流动性偏大、知识结构老化、专业能力积淀不足的问题，整体业务能力薄弱。两者结构性的错位，加上裁判规则的不统一，直接影响执行程序中的异议之诉案件审判质效。

三、规范执行程序中的异议之诉案件审理的相关建议

（一）加强执审兼顾，形成工作合力

1. 树立执审兼顾工作理念

《最高人民法院关于人民法院立案、审判与执行工作协调运行的意见》对立案、审判、执行工作的有序衔接和高效运行进行了规范，目的更多在于解决执行难，强调的是审判部门在案件审理、调解及裁判文书制作中应加强与执行部门的衔接、配合。由于执行程序中的异议之诉系从执行程序衍生出来的诉讼，因此执行机构与执行程序中的异议之诉审判部门的协同配合对于此类案件审理尤为重要。在强调审判兼顾执行的同时，还需重视执行兼顾审判，特别是兼顾执行程序中的异议之诉的审判。

2. 加强执行机构与执行程序中的异议之诉审判部门的联动

建立联席会议制度，定期就审查及审理中发现的普遍性问题交换意见并协商改进措施，以统一裁判规则，减少程序空转；建立个案磋商机制，加强个案重大疑难复杂问题的沟通协商；对群体性案件或系列案件，探索执行异议审查与执行程序中的异议之诉案件联合办理机制，以节约司法资源，提高诉讼效率。

3. 建立执行程序中的异议之诉反馈情况纳入执行案件考核内容的机制

将执行程序中的异议之诉审判过程反映的执行行为对审判的影响以及审判结果对执行裁定的变更情况等与执行案件考核指标挂钩，从制度上调动执行兼顾审判的主动性和积极性。

（二）明确法律规则，统一裁判尺度

建议最高人民法院加快出台针对执行程序中的异议之诉案件的司法解释或者指导性案例。因执行程序中的异议之诉相当多的实体、程序问

题实务中争议较大，相关裁判观点不一致的情况较多，裁判规则不统一，最高人民法院应加快出台针对此类案件审理的司法解释或者指导性案例。

浙江高院应加强调研，针对实践中常见的但存在较大争议的法律适用问题，在前期出台审理执行异议之诉疑难问题解答的基础上，进一步通过发布典型案例、类案裁判指引等形式予以指导，实现裁判规则的相对统一。

（三）加强实质审查，注重利益平衡

1. 加强实质审查

执行程序中的异议之诉属于执行程序中的诉讼程序，应当将公正价值放在首位。在事实查明方面，要适度加强诉讼指导，根据当事人主张的民事权益性质及时释明构成要件，引导当事人对案件事实和主要证据进行有效、积极举证、辩论，衡平双方当事人的诉讼权利义务，必要时依职权主动调查核实关键事实，最大限度查明事实真相；为防止当事人拖延执行甚至虚假诉讼，严格适用自认规则，即使被执行人承认案外人的主张，案外人仍应就其对执行标的物享有足以排除强制执行的民事权益事实承担举证责任。在法律适用方面，要从民事权益的性质出发，基于执行标的权属变化及基础性实体法律关系判断实际权属，不能简单地根据权利外观及程序性法律规定审查权利归属，权利外观因素应置于类型化的交易环境中作为评判案外人过错大小的重要因素予以考量。

2. 坚持制度正义与个案正义平衡，生存利益优先

审理中需依据相关法律、司法解释规定，分析当事人对执行标的民事权益的性质和效力，探寻相关法律规范之间层级关系、背后蕴含的价值判断及立法目的，综合作出认定。但法律制度本身是利益选择结果，在保护市场交易相对弱势一方时需以符合法律规定精神为前提，不能为实现个案正义而牺牲制度正义，特别是不能过于宽松解读法律尚无明文规定的民事权益（如不动产物权期待权）的构成要件，不宜将例外上升为基本规则，从而冲击制度基础。目前形成广泛共识的是，在涉及不动

产执行案件中，要特别注重保护当事人的生存权利。若案外人对不动产的权利直接关系其生活保障功能，则在坚持依法审理的前提下，遵循消费者生存利益优先于银行、企业等主体经营利益原则，在兼顾双方利益保护的同时，可以适度向相对弱势一方倾斜。①

（四）加强专业化建设，提升业务能力

1. 加强人员配置，确定专人审理，保障审判稳定性

基于执行程序中的异议之诉案件的复杂性与疑难性，需加强此类案件审判力量的配置，安排学习能力强、业务素养好的法官负责审理此类案件，并相对固定案件审理法官，强化业务培训，实现审理法官的相对专业化，以保证此类案件审判的稳定性。

2. 全面推广跨部门合议庭，确保案件审理质量

针对现阶段人员力量配备受限的情况下，必须着眼于审判权机制优化，要全面推广跨部门合议庭审理执行程序中的异议之诉案件机制。根据当事人所依据的实体法律规定，组建由对应条线业务庭法官共同参与的跨部门合议庭审理案件，疑难复杂案件提交跨部门专业法官会议讨论，在相互沟通交流中提升案件审理质量。

（五）完善防范机制，加大打击力度

1. 完善滥用执行程序中的异议之诉防范机制，推广申请执行人提供担保后继续执行制度

正确理解《民诉法解释》第三百一十三条第一款前半段规定，在案外人执行异议之诉审理期间，视情推进非处分性的执行措施，落实《民诉法解释》第三百一十三条第一款后半段规定的申请执行人提供担保后继续执行制度，按照浙江高院下发的《关于申请执行人提供担保后继续执行工作指引（试行）》切实推进此项工作机制；借鉴浙江省舟山、温

① 参见王毓莹、翟如意：《执行异议之诉中排除执行的民事权利类型化研究》，载《人民司法·应用》2019 年第 28 期。

岭等地经验推广执行责任保险，申请执行人以购买保险的较小代价，推进财产变现，确保自身权益尽快得到实现。

2. 加大对借执行程序中的异议之诉拖延执行、虚假诉讼行为的处罚

对利用执行程序中的异议之诉拖延执行的当事人，通过诉讼费承担、罚款等方式加大制裁力度。对虚假诉讼参与人，要依照民事诉讼法第一百一十三条规定适度加大罚款、拘留等妨碍民事诉讼强制措施的法律适用力度，案外人、被执行人涉嫌拒执犯罪的，主动移交公安机关处理。支持申请执行人提出的要求被执行人、案外人赔偿因此造成的损失的主张。

3. 加强司法宣传和舆论引导

发布以执行程序中的异议之诉拖延执行、虚假诉讼的典型案例，加强公众对此类案件法理基础、制度构架、诉讼要点的认识，明确滥用执行程序中的异议之诉拖延执行甚至虚假诉讼逃避执行的法律后果，对拖延执行、虚假诉讼行为形成有效震慑，引导公众合理主张权利，切实维护债权人合法权益，进一步规范司法秩序、提升司法公信力。

约稿函

《民事审判指导与参考》由最高人民法院民事审判第一庭编。自2000年创办以来，本书以传播最高人民法院民事审判政策和指导意见、介绍最高人民法院和全国地方各级人民法院的优秀审判工作经验以及审判实践中疑难问题的解决思路为己任，对全国法院民事审判工作起到了重要的指导与参考作用，并为全国民事审判工作人员及其他关注、研究民事审判工作的法律工作者提供了一个广阔、互动的交流平台。为了能够有更多优秀稿件更好地反映各地民事审判研究成果，特在此向全国法院系统人员征集与民事审判相关的稿件：

【业务文章】 主要收录民事审判实体法律适用以及裁判方法、审判理念等方面的文章，文章应立足审判实践，言之有物、论证有据、观点明确，切忌拖沓，每篇6000字左右为宜。

【地方法院案件解析】 主要收录各地法院审结具有典型性和一定指导意义的案件，主要包括基本案情、审判情况及对涉及的法律问题的评析。每篇文章不超过5000字。

【热点调研】 主要收录各地法院针对民事审判实践中的新情况、新问题进行调研形成的调研成果，调研文章应当数据翔实、分析论证透彻，并提出相应的意见和建议。每篇文章以1万字左右为宜。

【地方法院传真】 主要收录各地法院有关民事审判工作的规范性意见和文件等，为各地法院提供一个信息共享、经验交流的平台。

来稿请发送到以下电子邮箱，并注明联系人电话等联系方式，写作规范及体例请参照已出版图书相应栏目的文章。

联 系 人：韦大
电　　话：010-67556736
电子邮箱：zuigaofaminyiting@ 163. com

最高人民法院民事审判第一庭
《民事审判指导与参考》编辑部